대항해시대의 탄생

일러두기

1. 본문에 나오는 지명, 인명 등의 고유명사 표기는 국립국어원 외래어 표기법에 따랐다.
2. 인명은 출신지의 발음 및 표기를 따르는 것을 원칙으로 하되, 우리에게 익숙한 표기법이 있는 경우 그에 따랐다.
   예) 크리스토발 콜론Cristobal Colon(스)/크리스토포로 콜롬보Cristoforo Colombo(이) → 크리스토퍼 콜럼버스Christopher Columbus(영)
   퍼디낸드 마젤란Ferdinand Magellan → 페르디난드 마젤란Ferdinand Magellan
3. 두 개 이상의 국가나 지역과 연관된 고유명사(조약·전투 등)는 영어식 표기를 따랐다.
   예) 토르데시야스 조약: Tratado de Tordesilhas(포)/Tratado de Tordesillas(스) → Treaty of Tordesillas(영)
4. 주요 인물들의 경우, 인명과 함께 국왕은 재위 연도, 그 외 인물은 생몰년을 병기했다.
5. 본문에 나오는 영어의 표기는《브리태니커》백과사전에 등재된 단어를 기준으로 했다.
6. 지명의 경우, 현재의 표기를 원칙으로 하되 역사 용어로 더 익숙한 이름은 예외적으로 표기했다.
   예) 말루쿠Maluku(인니) → 몰루카Moluccas(영)
7. 아랍어, 페르시아어, 터키어 등 우리에게 익숙하지 않은 고유명사는 영어 표기로 대체했다.
8. 모든 고유명사의 원어 표기는 처음 단어의 등장 시 한 번만 병기하는 것을 원칙으로 하나, 강조가 필요할 때 예외적으로 다시 표기했다.

세계사의 흐름을 바꾼 위대한 모험

대항해시대의 탄생

송동훈 지음

시공사

Prima ego velivolis ambivi cursibus Orbem,
Magellane novo te duce ducta freto.
Ambivi, meritoq́s vocor VICTORIA: sunt mî
Vela, alæ; precium, gloria; pugna, mare.

런던의 웨스트민스터 사원Westminster Abbey은 오랜 세월 세계사의 주역
이었던 영국의 판테온이다. 튜더 왕조의 창건자인 헨리 7세와 엘리자베
스 1세를 비롯한 역대 국왕들과 대정치가, 작가, 과학자, 예술가의 무덤
혹은 기념비가 빽빽하게 들어차 있다. 그곳에 들어서면 찬란했던 영국의
역사가 한 편의 파노라마처럼 펼쳐진다. 죽었으나 업적으로써 불멸의 존
재가 된 위인들을 통해서. 수많은 사람들 중에 특히 내 눈길을 끈 묘비는
데이비드 리빙스턴David Livingstone, 1813~1873의 것이었다. 어린 시절 세계
위인 전집으로 접했던 기억만 남아 있는 인물이었다. 묘비에 새겨진 그
의 직업은 세 가지다.

'Missionary, Traveller, Philanthropist'

선교사, 여행가, 박애주의자. 리빙스턴은 선교를 위해서 아프리카로
갔다. 아프리카가 궁금해서 여행을 했다. 아프리카를 알게 될수록 사랑
하게 돼서 그 땅에 사는 사람들을 위해 봉사했다. 그래서 웨스트민스터
에 왕들과 함께 묻혔다. 우리의 상식으로는 잘 이해가 되지 않는다. 영국

인들은 이해한다. 리빙스턴은 1841년부터 1873년까지 30년이 넘는 세월 동안 아프리카 내륙 곳곳을 여행했다. 리빙스턴 이전에 유럽인들은 아프리카 중부와 남부의 내륙 지방으로 들어가지 않았다. 그곳은 무지의 땅이었고 공포의 공간이었다. 리빙스턴으로 인해 아프리카 내륙의 사정이 알려졌다. 이를 계기로 해안가에 머물던 유럽인들이 아프리카 내륙으로 진출하기 시작했다.

아프리카의 식민화가 본격화됐다. 영국이 앞장섰다. 특히 리빙스턴이 여행했던 지역 대부분은 대영제국의 식민지가 됐다. 아이러니다. 리빙스턴이 제국주의의 첨병이었던가? 물론 아니다. 그렇다면 왜 이런 결과가 나왔을까? 리빙스턴이 가져다준 정보와 지식 때문이다. 영국 사회는 그를 통해 아프리카 내륙의 사정에 대해 누구보다도 많이 알게 됐다. 정보는 더 많은 정보를 낳았고, 그렇게 축적된 정보는 지식으로 체계화됐다. '아는 것이 힘이다'는 빈말이 아니다. 아프리카를 알게 된 영국은 대륙의 가장 많은 부분을 지배했다. 여행가의 의도와 무관하게 결과적으로 리빙스턴은 아프리카가 영국을 비롯한 유럽 열강의 식민지가 되는 데 일조한 셈이 됐다.

여행은, 탐험은, 항해는 결국 그런 것이다. 호기심과 용기를 가지고 남이 가지 않았던 곳으로 나아가는 것. 스스로 길을 만들어 미지의 세계로 나아가는 것. 무지에 대한 도전이며, 공포를 극복하는 위대한 행위다. 정보, 지식, 지배는 그 결과다. 유럽이라는 작은 대륙에 옹기종기 모여 있던 소국小國들은 이러한 과정을 거쳐 세계를 지배하는 강대국으로 성장했다.

지중해 문명권의 가장 변방에 있었던 포르투갈이 먼저 시작했다. 항해왕으로 널리 알려진 엔히크 왕자가 진두지휘했다. 그들은 대서양으로 나아갔고, 아프리카 대륙을 따라 남하했다. 그들의 전진 하나하나가 최초였고, 역사가 됐다. 포르투갈의 '홀로 항해'에 도전장을 던진 것은 이웃 나라 스페인이었다. 이사벨 여왕의 결단이었다. 포르투갈보다 70년 이상 뒤쳐진 상황이었지만 여왕은 일거에 판세를 뒤집었다. 콜럼버스의 신대륙 발견을 통해서였다.

두 나라는 교황의 중재하에 온 세상을 둘로 나눴다(토르데시야스 조약, 1494). 교만에 가까운 자신감이 하늘을 찔렀다. 그러나 세상은 두 나라 뜻대로 굴러가지 않았다. 먼 바다 저편의 가능성을 본 네덜란드, 영국, 프랑스가 게임에 참전했기 때문이다. 치열한 경쟁이 시작됐다. 대서양, 인도양, 태평양으로 경쟁의 무대가 확산됐고, 유럽과 비非유럽 간 문명의 충돌이 곳곳에서 벌어졌다. 양상은 다양했다. 단기간에 한쪽이 일방적인 승리를 거둔 경우도 있었고, 오랜 세월에 걸쳐 양측이 엎치락뒤치락하기도 했다. 궁극적으로 모든 충돌의 승자는 바다를 건너 온 유럽이었다. 패자는 땅에 머물던 각 지역의 토착 문명과 거대 왕국이었다. 예외는 없었다. 그러나 용기, 욕망, 의지에 기술적 우월성까지 갖춘 유럽인들의 승리는 무차별적인 폭력에 기반을 두었다. 폭력은 당연히 비극을 낳았는데, 그 비극의 크기는 감히 측정할 수 없을 정도다.

중남미 원주민들의 운명이 가장 비참했다. 수천 년간 살아왔던 삶의 터전을 잃었을 뿐 아니라 유럽인들이 옮긴 전염병으로 90퍼센트에 달하는 원주민이 목숨을 잃었다는 것이 학계의 정설이다. 북미 원주민들은 조상 대대로 살아왔던 터전을 잃고 척박한 외지로 내몰렸다. 지금도 그들은 조상의 땅에서 소수자이자 소외자로 살아가고 있다.

아프리카인들은 거대한 노예 산업 생태계의 희생양이 되어야 했다. 노예의 후예들은 오랜 세월을 비참하게 살았고, 지금도 상대적으로 힘겹게 살아가고 있다. 아시아도 다를 바 없었다. 수천 년 동안 인류의 문명을

대항해시대의 탄생

이끌어왔던 거대 제국들은 하나둘씩 유럽 제국주의에 굴복했다. 그 거대한 비극과 희생 위에 새로운 시대가 열린 것이다. 역사는 이 시대를 대항해시대, 혹은 발견의 시대라 부른다.

대항해시대는 왜 중요할까? 대항해시대를 왜 알아야 할까? 그 시대가 낳은 결과가 너무나 심대했고, 아직까지 진행형이기 때문이다. 이때 역사의 주도권을 차지한 서구 국가들과 그 후예 국가들이 여전히 선진국으로 인류의 문명을 이끌고 있다. 그들의 도전과 욕망에 희생된 문명들은 대부분 중후진국에 머물고 있다. 더 중요한 사실은 지금, 제2의 대항해시대가 시작됐다는 것이다. 대상은 우주다. 바다와는 비교가 무의미한 광활한 공간이다. 인류의 미래다.

국내 미디어에서 소개하는 우주개발 관련 뉴스만 봐도 현란할 정도다. 우주 시대의 선두 주자 미국은 달 궤도에 우주정거장을 건설 중이다. 이 우주정거장을 발판으로 달은 물론 화성으로 우주인들을 보내고 정착촌을 건설하겠다는 것이 미국의 계획이다. 기한은 2030년대. 얼마 남지 않았다. 중국의 도전도 거세다. '우주 굴기'를 국가 목표로 하고 있는 중국은 2018년 달 탐사선 창어 4호를 달 뒷면에 착륙시키는 데 성공했다. 인류 최초다. 2020년에도 창어 5·6호를 계속 달로 보내고, 2020년대에는 화성 탐사에 나설 계획이다.

일본의 움직임도 활발하다. 소형 탐사선 '하야부사 2호'는 2019년 지구로부터 2억 8,000만 킬로미터 떨어져 있는 소행성 '류구'의 표면에 착륙한 뒤 표면의 암석 조각을 채취하는 데 성공했다. 지표 아래의 암석 조각을 채취한 후 2020년 말까지 지구로 돌아오는 것을 목표로 하고 있다. 귀환에 성공한다면 소행성 연구가 비약적인 성과를 낼 가능성이 크다. 러시아, EU, 인도도 우주개발의 주요 참전국에 속한다.

각국 정부뿐 아니라 민간 기업들의 우주로의 도전도 만만치 않다. 테슬라 창업자인 일론 머스크의 우주 기업 스페이스X는 화성에 식민지를 건설하는 것이 목표다. 구글의 창업자 래리 페이지는 이 스페이스X에 10억 달러를 투자했다. 래리 페이지는 우주 광물을 채취하는 또 다른 우주 기업 '플래니터리 리소시스'에도 투자했다. 투자 이익에 대한 구체적인 계획은 없다. 30~50년 앞을 내다본 투자이기 때문이다.

아마존 창업자인 제프 베이조스도 우주 사업의 선구자 중 한 명이다. 그가 창업한 블루오리진은 우주여행 상용화를 목표로 하고 있다. 물론 1차 목표일 뿐이다. 아마존으로 세상을 바꾼 기업가는 블루오리진으로 더 크게 세상을 바꿀 야망에 불타고 있다. 그는 2019년 2월 "태양계는 1조 명의 인류가 살 수 있는 자원을 제공할 수 있고, 미래 인류는 우주 식민지에서 살 게 될 것"이라고 뉴욕에서 열린 한 강연회에서 말했다. 허황되다고? 천만에! 1519년 마젤란이 향료 제도를 찾아 대서양을 건널 때 그는 지구의 바다에 대해 아는 것이 거의 없었다. 지금의 인류는 태양계에 대해 마젤란이 바다를 알았던 것보다 훨씬 많이 알고 있다는 게 과학계의 중론이다. 그토록 열악한 상황에서도 마젤란은 도전했고 세계 일주라는 위대한 위업을 달성했다.

불가능에의 도전! 추구하는 가치를 위한 희생! 지구에 존재하는 종種 중 유일하게 호모사피엔스만이 가진 특징이다. 우주를 향한 도전은 이미 시작됐다. 미국과 중국을 필두로 한 강대국들과 베이조스, 머스크, 페이지, 브랜슨 등 선구자들이 주인공이다. 그들이, 혹은 그들의 뒤를 잇는 새로운 도전자들이 우주를 개척하고, 우주를 장악할 것이다. 더 나아가 인류의 미래를 결정하게 될 것이다. 그 여파는 15세기 포르투갈과 스페인에서 시작된 대항해시대가 인류의 역사에 끼친 바와는 궤를 달리할 것이

대항해시대의 탄생

다. 훨씬 심도 있고, 강력하며, 오래 지속될 것이다.

안타까운 것은 대한민국이다. 그저 바라만 보고 있다. 우리 사회의 리더들 중 누구도 우주와 미래에 대해 진지하고 지속적이며 의미 있는 화두를 던지지 않고 있다. 더 안타까운 것은 15세기에는 우리를 비롯한 세계의 대부분이 유럽에서 일어나던 변화에 무지했던 반면에, 지금은 우리를 포함한 세계의 대부분이 지구촌에서 일어나는 변화를 안다는 것이다. 그럼에도 불구하고 아무것도 하지 않고 있다! 몰랐기 때문에 머물렀던 사람들과, 알면서도 머무는 사람들. 이 둘의 차이는 크다. 그 결과로 훗날 감당해야 할 현재 리더들의 역사적 몫도 천양지차일 것이다.

더 중요한 것은 우리다. 결국 우리의 다음 세대부터는 우주 시대를 살아가야 하기 때문이다. 이 책은 600년 전부터 바다로 나아가, 바다를 개척하고 세상을 쟁취했던 포르투갈과 스페인 두 나라의 이야기다. 유럽의 변방에서 세계의 중심으로 비상했던 두 나라. 그들의 역사를 아는 것은 오늘의 변화를 이해하는 근간이 되어줄 것이다. 그리고 미래를 대비하는 자양분이 되어줄 것이다.

이 책은 아직 젊기에 반드시 우주 시대를 살아가게 될 청춘들과, 혁명적인 변화를 앞둔 지구촌의 현실을 직시하고, 사랑하는 후손들의 미래를 고민하는 시민들에게도 추천한다.

책이 나오기까지 함께 고민하고 도움을 줬던 동료들과 시공사분들에게 감사의 뜻을 전한다.

2019년 3월
송동훈

차례

787년 코르도바
이슬람 문명의 전성기

보르도

프 랑 스

아스투리아스

빌바오

포르투갈

스 페 인

테 주 강

톨레도

코르도바

과 달 키 비 르 강

지 중 해

세비야

그라나다

대 서 양

코르도바Córdoba의 대大모스크로 사람들이 모여들었다. 784년부터 3년에 걸친 공사 끝에 탄생한 대모스크는 도시 전체를 압도했다. 거대한 문들을 통해 안으로 들어가면 오렌지 나무가 가득한 정원이었고, 주렁주렁 달린 오렌지에서 풍기는 달콤하고 화사한 향기가 천지에 진동했다. 모스크 안은 화려함의 극치였다. 벽면은 정교한 이슬람 양식으로 장식했고, 빽빽하게 들어선 대리석 기둥은 우아한 말굽 모양 아치들로 연결되어 있었다. 거대하고 화려하기로 유럽에서 으뜸인 건물다웠다.

모스크가 사람들로 가득 차자 아브드 알 라흐만 1세'Abd al-Raḥmān Ⅰ, 재위 756~788가 등장했다. 오십 대 중반의 알 라흐만에게서는 젊은 시절에 풍기던 호탕한 기운을 찾아보기는 힘들었지만, 대신 시간이 갈수록 깊어진 지혜로움이 묻어났다. 30년 넘게 이베리아 반도 전역을 다스리고 있는 절대군주 알 라흐만 1세. 그는 원래 이슬람 역사상 최초의 왕조였던 시리아 우마이야 Umayyad 왕조의 왕자였다. 이란의 호라산Khorāsān에서 발원한 아바스'Abbāsid 왕조가 우마이야 왕조를 멸망시킬 때 그는 유일하게 살아남았다. 긴 세월을 도망자로 전전하던 알 라흐만은 이곳 이베리아 반도의 코르도바까지 와서 자신만의 나라를 세우는 데 성공했다. 입지전적인 인물이다. 그런 그에게 모두의 시선이 집중됐고, 침묵이 찾아왔다. 그는 도대체 무엇을 이야기하려는 것일까?

　　"사람에 대한 증오를 부추겨 부당하게 행동하지 않도록 하라."

　이 땅에 이슬람 세력이 들어와 로마 제국을 멸망시키고 이베리아 반도를 지배하던 서고트Visigothic 왕국을 무너트린 것이 불과 70여 년 전의 일이다 (711). 알 라흐만 1세는 서고트 왕국이 무너진 이후 40여 년 동안 계속된 이슬람 세력의 급속한 정복과 혼란스러운 통치의 시간을 끝내고, 자신의 나라를 세웠다. 지금 그의 입에서 터져 나온 한마디는 그가 세운 나라의 국시國是였다. 관용이 허용되는 사회, 상대를 인정하는 문화. 한때 로마 제국의 일부였고, 얼마 전까지 게르만 왕국이었던 이베리아 반도에 무슬림이 주도하는 새로운 왕국, 새로운 문명은 그렇게 세워졌고, 뿌리내리기 시작했다.

무슬림, 이베리아 반도를 정복하다

　로마 제국이 멸망한 이후 이베리아 반도 전역에서는, 제국의 대부분에서 그러했듯이 수많은 게르만 부족들이 쟁탈전을 벌였다. 이베리아 반도의 최종 승자는 서고트족이었다. 그들은 8세기 초반까지 그 어떤 외세의 방해도 없이 견고하게 이베리아 반도를 통치했다. 이베리아 반도에 무슬림이 도착한 것은 711년 봄이었다. 왕위를 두고 경쟁하던 당파 중 하나가 북아프리카의 무슬림에게 도움을 청했다. 그렇게 무슬림 군대는 이베리아 반도에 들어왔다.

7,000여 명의 군대를 이끈 장군은 타리끄Tāriq ibn Ziyād였다. 그의 탁월
함은 서고트 왕국 입장에서는 불행이었다. 장군에게 주어진 임무는 정찰
과 원조였지만 타리끄는 지금이야말로 이베리아 반도에 진출할 때라고
판단했다. 그는 서고트 왕국의 분열된 군대를 손쉽게 제압했다. 북아프
리카에서 원군이 들어오면서 전세는 되돌릴 수 없게 됐다. 무슬림 군대
는 파죽지세로 이베리아 반도를 정복해나갔다. 외적이 너무 강해서가 아
니라 내부에서 스스로 무너졌기 때문이다. 천험의 요새인 톨레도Toledo를
버리고 도망갈 정도로 서고트 왕국의 지배층은 유약하고 비겁했다.
　　무슬림 군대는 불과 4년 만에 이베리아 반도의 대부분을 장악했다. 그

〈푸아티에 전투〉(Charles de Steuben, 1837)

들은 피레네 산맥Pyrenees 너머의 풍요로운 갈리아Gallia 지방을 다음 목표로 삼았다. 오늘날의 프랑스다. 732년 무슬림 군대는 피레네 산맥을 넘어 프랑스로 들어갔다. 보르도Bordeaux를 약탈하고 푸아티에Poitiers로 진격했다. 푸아티에에서 샤를 마르텔Charles Martel, 재위 715~741이 이끄는 프랑크Frank 군대와 격돌했다. 프랑크가 이겼다. 무슬림으로서는 유럽에 발을 디딘 이래의 첫 패배였다. 무슬림은 피레네 산맥 이남으로 후퇴했다.

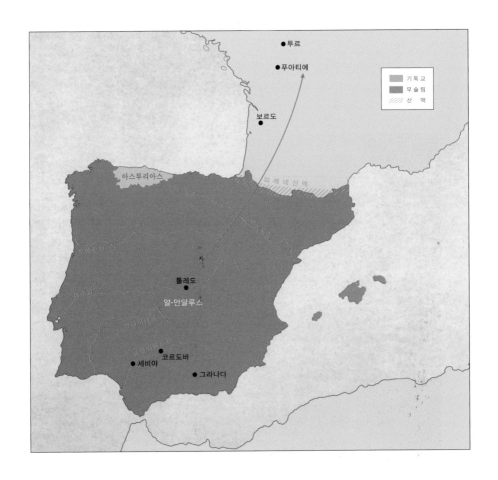

대항해시대의 탄생

피레네 산맥을 기준으로 무슬림은 이베리아 반도에 뿌리를 내리기 시작했다. 무슬림은 자신들이 지배하는 이베리아 영토를 '알 안달루스Al-Andalus'라 불렀다. 가까스로 살아남은 기독교 세력은 반도 북서쪽의 험준한 산악 지대로 숨어 들어갔다. 불과 10년 만에 반도 대부분을 잃은 기독교 세력이 '아스투리아스Asturias'라 불리는 땅에서 할 수 있었던 최선은 '살아남기'였다.

문명의 빛 코르도바

톨레도가 서고트 왕국의 중심이었다면 무슬림 왕국의 중심은 남부의 코르도바였다. 코르도바를 축으로 이베리아 반도 전역에 무슬림 지배의 기틀을 마련한 이는 아브드 알 라흐만 1세였다. 우마이야 왕조의 일원인 알 라흐만은 이슬람 세계의 주인이 아바스 왕조로 교체되는 정치적 대격변기(750)에 가까스로 살아남아 이슬람 세계의 서쪽 끝인 알 안달루스까지 왔다.

알 안달루스에 첫발을 디뎠을 때 알 라흐만에게는 그를 따르는 고작 1,000여 명의 북아프리카 출신 베르베르Berber 기병이 전부였다. 그러나 그에게는 강인한 의지와 불굴의 용기가 있었다. 아바스 왕조의 추격을 피해 도망 다닌 5년의 시간이 그를 진정한 리더로 단련시켰던 것이다. 불과 1년 만에 알 라흐만은 코르도바에 입성하며 자신을 안달루시아Andalucía의 새로운 아미르Amīr(태수, 아랍·이슬람 세계의 장을 지칭한다)로 선포했다. 아바스 왕조를 자극하지 않기 위해 '독립'을 선포하지 않고 칼리프Caliph 밑의 아미르임을 자처했다. 그러나 사실상의 독립국이었고, 왕

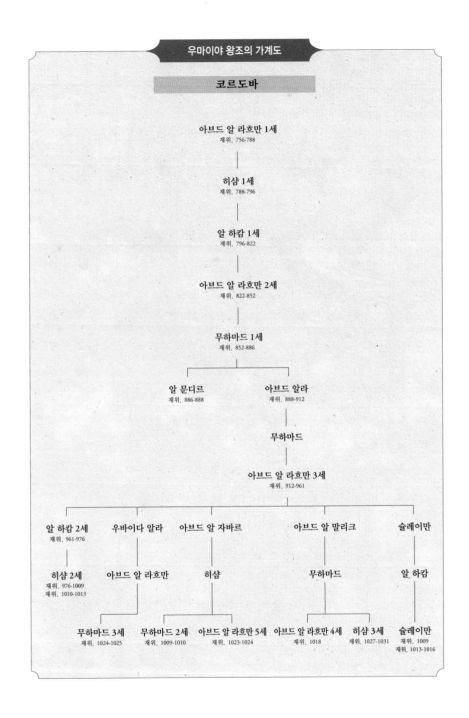

우마이야 왕조의 가계도

코르도바

아브드 알 라흐만 1세
재위. 756-788

히샴 1세
재위. 788-796

알 하캄 1세
재위. 796-822

아브드 알 라흐만 2세
재위. 822-852

무하마드 1세
재위. 852-886

알 문디르
재위. 886-888

아브드 알라
재위. 888-912

무하마드

아브드 알 라흐만 3세
재위. 912-961

알 하캄 2세
재위. 961-976

우바이다 알라

아브드 알 자바르

아브드 알 말리크

술레이만

히샴 2세
재위. 976-1009
재위. 1010-1013

아브드 알 라흐만

히샴

무하마드

알 하캄

무하마드 3세
재위. 1024-1025

무하마드 2세
재위. 1009-1010

아브드 알 라흐만 5세
재위. 1023-1024

아브드 알 라흐만 4세
재위. 1018

히샴 3세
재위. 1027-1031

술레이만
재위. 1009
재위. 1013-1016

대항해시대의 탄생

화려함의 극치를 보여주는 코르도바의 대모스크. 서고트 왕국 시대에는 교회였다.
기독교 세력이 탈환한 이후로는 다시 교회로 바뀌었다.

으로서 모든 권한을 행사했다.

코르도바 태수국을 안정시키기 위해 알 라흐만은 '열린 정권'을 추구
했다. 종족, 부족, 종교의 경계를 초월해 모두에게 공평무사한 정권을 만
들겠다는 것이다. 열린 정권의 다음 목표는 '콘비벤시아Convivencia'가 존
재하는 사회였다. 관용과 상호 의존을 뜻하는 콘비벤시아 사회란 무슬
림·기독교인·유대인이 종교와 상관없이 함께 살아가는 '공존의 문명'을
의미했다.

열린 정권과 공존 사회가 코르도바 정권의 정책 기조가 된 데는 물론
현실적인 이유가 있었다. 수적으로 소수인 무슬림이 다수인 기독교인과

유대인을 지배하려면 그들의 동의와 협조가 필요했다. 특히 알 라흐만의 정권은 무슬림 내에서도 소수였고, 바그다드Baghdad의 칼리프 정권과는 상극이었다. 힘으로 지배하고, 인재를 출신 성분을 이유로 배제시키기에는 정권의 기반이 너무나 취약했다. 결과적으로 코르도바를 수도로 한 안달루시아는 콘비벤시아의 토대 위에 번영을 누렸다. 유럽의 대부분이 원시적인 물물교환 경제에 머물러 있을 때, 안달루시아에서는 코르도바 정부가 주조한 은화를 매개로 화폐경제가 발달할 정도였다.

알 만수르의 독재와 칼리프 국가의 멸망

코르도바 태수국은 아브드 알 라흐만 3세Abd al-Raḥmān Ⅲ, 재위 912~961에 이르러 번영의 정점에 도달했다. 알 라흐만 3세는 그 힘을 바탕으로 스스로를 이슬람 최고 지도자를 뜻하는 '칼리프'라 칭했다(929). 바그다드에 칼리프가 있는데도 칼리프의 자리에 오른 것은 이제 더 이상 아바스 왕조의 눈치를 볼 필요가 없다는 자신감의 표출이었다. 아바스 왕조에 의해 세상에서 사라진 우마이야 왕조의 재건이기도 했다.

그러나 세상에 영원한 것은 존재하지 않는다. 인간이 유한한 존재이듯, 인간이 세우고 이끌어가는 국가도 마찬가지다. 코르도바 칼리프국의 몰락은 10세기 후반 알 하캄 2세al-Ḥakam Ⅱ의 죽음과 함께 시작됐다(976). 뒤이어 칼리프가 된 히샴 2세Hishām Ⅱ, 재위 976~1008, 1010~1013가 어렸기 때문에 칼리프를 도와 국정을 책임질 사람이 필요했다. 알 만수르al-Manṣūr가 칼리프의 최측근으로 떠올랐다. 대단한 능력의 소유자였던 알 만수르는 지적이고 기민한 동시에 야심만만하고 무자비했다. 그는 모든

대항해시대의 탄생

〈대사를 접견하는 알 라흐만 3세〉(Dionisio Baixeras Verdaguer, 1885)

정적을 제거하고 사실상 어린 칼리프를 대신해 권력을 행사했다.

　내정에서 경력을 쌓았으나, 군사 지도자로서의 능력도 탁월했던 알 만수르는 가톨릭 국가들을 끊임없이 공격했다. 대부분의 독재자가 그러하듯이 알 만수르에게도 힘을 과시하고, 명성을 높일 기회가 필요했던 것이다. 더군다나 당시의 전쟁은 승리하면 엄청난 전리품을 약탈할 수 있는 기회였기 때문에 군대와 시민 모두에게 인기가 있었다. 그리고 알 만수르는 지는 법이 없는 상승장군常勝將軍이었다! 알 만수르가 완벽할수록 칼리프는 허수아비가 되어갔다. 동시에 지나친 전쟁으로 국력도 조금씩 소진되고 있었다. 과유불급이었다. 특히 칼리프가 국정에서 배제됨으로써 국가의 기본이 흔들렸다.

　1002년 알 만수르가 죽고, 그의 아들 아브드 알 말리크'Abd al-Malik가 뒤를 이었다. 아버지의 여러 자질 중에 현명함과 신중함을 물려받은 알 말리크는 선대의 성공적인 정책을 이어나갔다. 기독교 국가들을 상대로 한 전쟁도 계속됐다. 그러나 알 말리크의 군사적 재능은 알 만수르를 따라갈 수 없었다. 알 말리크의 전쟁은 알 만수르 때보다 수익이 덜했고, 사람들 사이에서는 불평이 터져 나오기 시작했다. 그 와중에 알 말리크가 쓰러져 죽었다(1008. 10.).

서른세 살의 젊고 건강하던 그가 왜 급사했을까? 동생인 아브드 알 라흐만Abd al-Raḥmān에 의한 독살설이 유력하게 퍼졌다. 최고 권력은 다시 동생에게로 넘어갔다. 불행히도 알 라흐만은 난봉꾼일 뿐이었다. 현명함과 신중함과는 거리가 멀었다. 그는 아버지와 형이 수십 년 간 최고 권력을 가지고 있으면서도 절대로 하지 않았던 일을, 권력을 잡자마자 해버렸다. 자식이 없는 칼리프 히샴 2세에게 자신을 차기 칼리프로 지명해달라고 요구한 것이다!

역성혁명이었다. 무기력하고 겁 많은 칼리프는 알 라흐만의 요구를 뿌리치지 못했다. 그러나 우마이야 왕조 사람들과 귀족들은 달랐다. 그들은 분노했다. 1009년 2월 기독교 국가들을 공격하기 위해 수도인 코르도바를 떠남으로써 알 라흐만은 자신이 얼마나 어리석은지를 드러냈다. 정권이 안정되지 않은 상황에서, 왕실과 귀족들의 분노가 어느 정도인지도 모른 채 수도를 비운 것이다. 떠나자마자 반란이 일어났다. 반란 세력은 평생을 알 만수르 가문의 꼭두각시로 살아온 히샴 2세를 폐위하고, 초대 칼리프의 후손인 무하마드 2세Muḥammad Ⅱ, 재위 1009~1010를 새로운 칼리프로 추대했다.

톨레도에서 반란 소식을 접한 알 라흐만은 군대를 돌려 코르도바에 가기로 결정했다. 그러나 군대가 알 라흐만을 따르기를 거부했다. 그는 근

대항해시대의 탄생

레온

나바라

카스티야

아라곤

카탈루냐

타 이 파

기 독 교
무 슬 림

타이파 분열(1037)

위대에게 살해당했다. 알 라흐만은 자신의 군대조차 장악하지 못한 채 권력만을 탐한 비루한 사람이었던 것이다. 그의 시신은 말발굽에 짓밟힌 후, 십자가에 매달렸다. 머리는 따로 잘려 창끝에 걸렸다. 이로써 30년간 절대 권력을 휘두른 알 만수르 가문이 끝장났다.

타이파 국가 시대의 시작

최후를 맞이한 것은 알 만수르 가문만이 아니었다. 코르도바 칼리프국도 멸망했다. 칼리프와 알 만수르의 자리를 놓고 치열한 싸움이 벌어졌기 때문이다. 권력 다툼에 군사 쿠데타가 더해지면서 혼란은 걷잡을 수 없이 퍼졌고, 급기야는 내전으로 번졌다. 1031년, 내전의 소용돌이 속에서 코르도바 칼리프국은 외침이 아닌, 내분에 의해서 멸망했다. 20여 년 전까지만 해도 이베리아 반도 대부분을 지배하고 북아프리카에 강력한 영향력을 미쳤던 나라의 최후치고는 너무나 허망했다.

이제 이슬람의 세력권은 타이파Taifa라 불리는 소국으로 분열됐다. 코르도바 칼리프국의 멸망과 타이파들로의 분열은 이베리아 반도 북쪽에서 숨죽이며 생존에 여념이 없던 기독교 국가들에 뜻밖의 기회를 제공하게 된다. 이슬람 군대가 이베리아 반도에 도착한 지 300년 만에 역사의 물줄기가 크게 바뀌기 시작한 것이다.

대항해시대의 탄생

1212년 라스 나바스 데 톨로사
기독교의 반격

두에로강

포르투갈

테주강

과디아나강

과달키비르강

바다호스

세비야

파루

알헤시라스

스 페 인

사라고사

에브로강

톨레도

발렌시아

라스 나바스 데 톨로사

코르도바

하엔

그라나다

1212년 7월 13일, 톨레도를 출발했던 십자군이 라스 나바스 데 톨로사Las Navas de Tolosa에 도착했다. 카스티야Castilla 왕국이 주축이 된 다국적 군대였다. 칼리프의 군대도 코르도바를 출발해 라스 나바스 데 톨로사에 닿았다. 두 군대는 대치한 상태에서 최후의 결전을 준비했다. 전투는 7월 16일에 시작됐다. 아라곤Aragón과 나바라Navarra의 왕들은 칼리프 군대를 상대로 협공을 펼쳤고, 카스티야 왕은 용감하게 전진해 적의 전열을 흩어놓았다. 나바라 왕 산초 7세Sancho Ⅶ, 재위 1194~1234가 견고한 흑인 노예 군단의 방어막을 뚫고 칼리프의 막사를 공격한 것이 승패를 갈랐다.

놀란 칼리프는 후방 도시 하엔Jaén까지 쉬지 않고 도망갔다. 칼리프를 잃은 무슬림 군대의 사기는 땅에 떨어졌다. 십자군은 완벽한 승리를 거두었다. 무슬림 전사 수천 명의 시신이 전투 현장에 나뒹굴었고, 십자군은 막대한 전리품을 챙겼다. 전투의 승리 이후 며칠 동안 십자군은 예닐곱 개의 성채를 정복했고, 바에사Baeza를 비롯한 몇몇 주요 도시를 손에 넣었다.

하지만 보급품이 부족하고 때마침 전염병까지 창궐한 탓에, 승리의 여세를 몰아 코르도바까지 진군하는 데는 실패했다. 십자군은 톨레도로 회군했다. 그러나 그것만으로도 충분했다. 이 한 번의 결정적인 승리로 무와히드

기독교의 반격

al-Muwaḥḥidūn 제국의 위협은 영원히 제거됐다. 패배의 충격에서 벗어나지 못한 무와히드 제국은 몰락의 길을 걷게 됐고, 아슬아슬하게 유지되던 이베리아 반도의 힘의 균형은 급격하게 기독교 국가들 쪽으로 기울었다. 코르도바 칼리프 국가의 멸망으로 시작된 이슬람 세력의 쇠퇴는 이제 돌이킬 수 없는 현실이 되고 말았다.

전성기를 구가하던 코르도바 칼리프 국가의 갑작스러운 멸망은 타이파의 난립으로 이어졌다. '분파' 혹은 '당파'를 의미하는 타이파는 대개 하나의 주요 도시와 그 주변의 배후지를 기반으로 발달한 작은 제후국이었다. 코르도바 칼리프 국가가 멸망한 직후에는 23개에 달하는 타이파가 들어설 정도로 분열이 극심했다. 그들은 50년 동안 서로 싸웠다. 타이파 제후국들은 반세기에 걸친 합종연횡과 무력 투쟁 끝에 10개 정도로 정리가 되었다. 세비야Sevilla를 중심으로 한 타이파가 가장 강력했으나 톨레도, 사라고사Zaragoza, 발렌시아Valencia, 바다호스Badajoz, 코르도바의 타이파들도 만만하지 않았다. 수가 감소한 만큼 살아남은 타이파 제후국들의 덩치는 커졌으나 어느 곳도 옛 통일 왕국의 국력과 위상에는 미치지 못했다.

살아나는 기독교 국가들

300년 가까운 평화와 번영의 시대 이후에 찾아온 혼란과 파괴는 동시대를 살아가는 모든 사람들에게 고통이었고 비극이었다. 그러나 이런 급격한 상황 변화는 이베리아 반도의 북쪽에 몰려 살아남기에 급급했던 기

〈라스 나바스 데 톨로사 전투〉(Francisco de Paula Van Halen, 1864)

독교 국가들 입장에서는 뜻밖의 행운이었다. 11세기 초 북쪽의 기독교 세력은 레온León, 카스티야, 나바라, 아라곤 네 왕국을 중심으로 뭉쳐 있었다. 워낙 소국이라 이슬람 세력이 코르도바를 중심으로 하나의 깃발 아래 버티고 있을 때는 전혀 힘을 쓰지 못했지만 이제는 양상이 바뀌기 시작했다.

타이파 제후국들은 같은 핏줄, 같은 신앙, 같은 역사를 공유한 다른 타이파를 치기 위해, 한때 적이었던 기독교 왕국들에 주저 없이 도움을 요

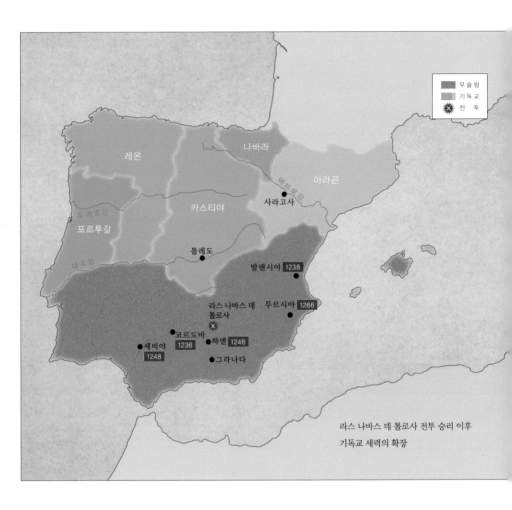

무슬림
기독교
전 투

레온
나바라
아라곤
에브로강
사라고사
카스티야
두에로강
포르투갈
테주강
톨레도
발렌시아 1238
라스 나바스 데
톨로사
무르시아 1266
코르도바
하엔 1246
세비야 1236
1248
그라나다

라스 나바스 데 톨로사 전투 승리 이후
기독교 세력의 확장

청했다. 8세기 초 서고트족이 무슬림에게 나라를 빼앗길 때 벌어졌던 일
들이 300년 만에 재현됐다. 다만 입장이 바뀌었을 뿐이었다. 이제 기독
교 왕국들은 앞다투어 영토를 남쪽으로 확장하기 시작했다.

대항해시대의 탄생

톨레도를 정복하다

초창기 기독교 국가 중 가장 강력한 나라는 레온 왕국이었다. 11세기 초반에는 피레네 산맥 부근의 나바라 왕국이 산초 3세Sancho Ⅲ. 재위 1000?~1035의 강력한 지도하에 기독교 세계를 선도하는 국가로 성장했다. 그러나 산초 3세는 죽을 때 왕국을 여러 아들에게 나눠줬다. 자신이 평생 추구했던 왕국의 통일을 스스로 저버린 것이다. 결국 산초 3세의 아들들은 기독교 세계 안에서 우위를 차지하기 위해 서로 싸웠다. 코르도바 칼리프국이 무너지고 이베리아 중남부가 타이파 제후국들로 잘게 쪼개졌기 때문에 가능한 일이었다. 치열한 경쟁 끝에 산초 3세의 아들 중 카스티야를 물려받은 페르난도 1세Fernando Ⅰ. 재위 1035~1065가 형제들을 물리치고 패권을 장악했다. 이때부터 카스티야는 이베리아 반도에서 가장 돋보이는 국가로 성장하기 시작했다.

페르난도 1세의 아들 중 레온 왕국과 카스티야 왕국을 함께 통치하게

〈산초 3세〉(António de Holanda, 1530~1534)와 〈페르난도 1세〉(Antonio Maffei Rosal, 1855)

세비야 스페인 광장에 있는 알폰소 6세의 톨레도 정복 타일 벽화

된 알폰소 6세Alfonso Ⅵ, 재위 1065~1109는 당대 최강의 군주가 됐다. 그는 톨
레도를 원했다. 톨레도의 전략적 가치뿐 아니라, 서고트 왕국의 수도였
다는 상징적 가치를 알고 있었기 때문이다. 하지만 톨레도는 난공불락의
요새 도시였다. 힘이 좀 세졌다고 함부로 넘볼 수 있는 도시가 아니었다.
더군다나 당시 톨레도 타이파는 알 마문Yahyāal-Ma'mūn, 재위 1043~1075이라
는 유능한 통치자 밑에서 번영을 누리고 있었다. 알폰소 6세는 알 마문
이 죽을 때까지 기다려야 했다.

　알 마문의 후계자는 손자 알 카디르Yahyāal-Qādir, 재위 1075~1092였다. 할아

대항해시대의 탄생

버지와 달리 알 카디르는 무능하고 변덕스러웠다. 스스로의 힘으로 나라를 지키려 하지 않고, 카스티야에 조공을 바치고 군사원조를 받는 쉽지만 어리석은 길을 택했다. 그는 권위와 신뢰를 모두 잃었고, 백성들에 의해 쫓겨났다. 알 카디르는 알폰소 6세에게 도움을 청했다. 레온과 카스티야의 왕은 기꺼이 알 카디르를 도와 톨레도 정복에 나섰다. 다른 타이파들이 알폰소 왕의 눈치를 보느라 원군을 보내지 않자, 고립되고 제대로 된 지도자조차 없는 톨레도가 오래 버틸 수는 없었다. 1년 가까이 수성전을 펼친 끝에 톨레도는 굴복하고 성문을 열었다.

1085년 5월, 알폰소 6세는 톨레도를 정복했다. 톨레도의 원래 주인이었던 알 카디르는 톨레도를 알폰소 6세에게 넘기고, 자신은 발렌시아로 물러났다. 톨레도 탈환은 이베리아 반도 역사에서 하나의 전환점이었다. 이를 계기로 기독교 세력은 수세에서 벗어나 공세를 펼치기 시작했다. 알폰소 6세는 기독교인과 무슬림에게 똑같은 처우를 약속했다. '두 종교의 왕'이 될 것임을 자처했다. 그의 관용은 결국 기독교 세력이 톨레도를 탈환했음에도 무슬림을 무시하거나 박해할 수준까지는 이르지 못했음을 뜻했다. 레콩키스타Reconquista의 완성까지는 아직 400년 이상의 시간이 더 필요했다.

북아프리카의 역습

톨레도의 함락으로 타이파 제후국들에 비상이 걸렸다. 그동안 세비야, 그라나다Granada, 바다호스 타이파의 왕들은 기독교 국가에 조공을 바치며 평화를 유지하는 전략을 선호해왔다. 이제 톨레도가 무너짐으로써 카스티야-레온 왕국이 조공을 토대로 한 평화에서 무기력한 타이파 제후국들에 대한 정복으로 정책을 전환했다고 판단한 타이파의 왕들은 비상

수단에 의존하기로 했다. 그들이 택한 방법은 바로 북아프리카를 중심으로 강력한 제국으로 성장하고 있는 무라비트Murabit에 도움을 요청하는 것이었다.

이베리아 반도의 타이파 제후국들과 북아프리카의 무라비트 제국은 서로를 못마땅하게 생각했지만 지금은 그런 것을 따질 상황이 아니었다. 1086년 6월 무라비트의 대군이 남부 알헤시라스Algeciras를 통해 들어왔다. 알폰소 6세의 군대와 무라비트의 군대는 1086년 10월 바다호스 북동쪽에 위치한 잘라카Zallāqah(지금의 사그라자스)에서 격돌했다. 북아프리카 군대가 승리했다. 알폰소 6세는 자존심을 구겼지만 영토를 많이 잃지 않았고 톨레도도 지켜냈다. 기독교 세계와 이슬람 세계 사이에는 세력균형이 확립됐다.

라스 나바스 데 톨로사로 가는 길

두 세계의 세력균형은 이슬람 세계의 변화에 의해 흔들렸다. 북아프리카와 이베리아 반도의 중남부를 지배하던 무라비트 제국이 무너지고, 새롭게 무와히드 제국이 들어선 것이다. 무라비트보다 훨씬 호전적이고 원리주의적이었던 무와히드 제국은 이베리아 반도의 기독교 세력을 상대로 대대적인 군사 원정을 펼쳤다. 무와히드의 타깃은 특히 레콩키스타의 선두 주자이며, 톨레도를 탈환해 간 카스티야 왕국이었다. 1195년 6월 무와히드 제국의 칼리프 알 만수르Abū Yūsuf Ya'qūb al-Manṣūr, 재위 1184~1199가 직접 이끄는 대군이 안달루시아로 들어왔다. 그는 성전聖戰을 선포하고 코르도바를 거쳐 북쪽으로 진군했다.

무와히드 군대의 첫 목표는 과디아나Guadiana 강변에 새롭게 지어진 칼라트라바Calatrava 기사단의 성채였다. 무슬림 군대에 맞서기 위해 당시 카스티야의 국왕이었던 알폰소 8세Alfonso Ⅷ, 재위 1158~1214도 서둘러 남진했다. 두 군대는 칼라트라바 성채 근처의 알라코스Alarcos에서 격돌했다. 무와히드 군대의 압승. 치명적인 패배를 당한 알폰소 8세의 군대는 무질서하게 톨레도로 도망갔다. 무와히드의 군대는 톨레도로 향하는 길목을 지키는 요새들을 차례로 접수했다.

그러나 기독교 왕국들 입장에서는 운 좋게도, 알 만수르는 톨레도를 포위하는 대신 막대한 전리품을 싣고 세비야로 돌아갔다. 칼리프는 아마 다음을 기약했을 것이다. 그러나 칼리프를 비롯한 누구도 그때는 알 수 없었다. 알라코스 전투가 무슬림이 이베리아 반도에서 거두는 최후의 대승이 되리라는 것을.

레콩키스타의 완성을 향해서

알라코스의 패배로부터 기력을 추스른 카스티야 왕국은 과감하게 무와히드 제국을 상대로 레콩키스타를 재개했다. 아라곤 왕국도 발렌시아 지방을 향해 레콩키스타를 활발하게 펼쳤다. 기독교 국가들의 도발에 분노한 무와히드 제국의 칼리프는 다시 대군을 이끌고 지브롤터 해협을 건넜다(1211. 5.). 이때의 칼리프는 알라코스 전투의 승자인 알 만수르의 아들, 알 나시르Muḥammad al-Nāṣir, 재위 1199~1213였다. 그도 아버지와 같은 대승의 꿈을 안고 이베리아 반도로 건너왔다.

초기 전황은 칼리프에게 유리하게 전개됐다. 칼리프의 군대는 칼라트라바 기사단이 본부로 사용하는 살바티에라Salvatierra 성을 공격했다. 무슬림 영토 안에서 버티고 있는 이 성은 알라코스 전투의 패배에도 불구하고 꺾이지 않은 기독교 세계의 불굴의 정신을 상징했다. 칼리프는 이 성을 정복해, 기독교 세계의 정신을 무릎 꿇리고자 했다. 칼라트라바 기사단은 목숨을 걸고 항전했다. 많은 사람들이 기대했던 페르난도 왕자도 죽음으로 성을 지켰다. 그러나 알폰소 8세는 그들을 구원하는 것이 불가능함을 깨닫고 항복을 명했다. 남은 기사들이라도 살려야 한다는 절박함 때문이었다.

성이 함락됐다. 성 하나가 함락된 것이 아니라 불굴의 정신이 꺾였다. 겨울이 다가왔기 때문에 알 나시르는 코르도바로 돌아갔다. 비록 칼리프의 승리는 빛났지만 살바티에라가 생각보다 오래 항전함으로써 그해 톨레도를 상대로 한 작전을 펼치지 못한 것은 옥의 티였다. 칼리프는 다가오는 봄에 군사작전을 재개하기 위한 준비에 들어갔다. 카스티야도 봄에 시작될 전쟁을 준비하느라 분주한 겨울을 보냈다.

알폰소 8세는 알라코스 전투의 패배를 되풀이할 생각이 없었다. 압도적인 전력의 열세를 만회하기 위해서는 원군이 필요했고, 왕은 원군 구하기에 최선을 다했다. 카스티야 교계의 수장인 톨레도 대주교를 직접 로마로 보내 십자군 결성을 선포해달라고 요청했다. 교황 인노켄티우스 3세Innocentius Ⅲ, 재위 1198~1216는 왕의 요청에 응해 프랑스의 주교들에게 카스티야 왕을 돕기 위한 군대 조성을 서두르라는 편지를 보냈다. 동시에 카스티야 이웃 국가의 왕들에게 무슬림과의 전쟁을 앞두고 기독교인끼리 전쟁을 일으켜서는 안 된다고 강력하게 충고했다.

아라곤과 나바라의 왕들은 원조를 약속했다. 무와히드 제국에 맞서 기독교 세계를 지키기 위해 레온과 포르투갈에서도 많은 기사들이 자발적으로 톨레도로 모였다. 프랑스에서도 십자군들이 속속 톨레도에 도착했다. 다국적 군대가 이례적으로 짧은 기간 안에 형성됐다. 그만큼 상황이

대항해시대의 탄생

급박했던 것이다. 기독교 군대는 1212년 6월 20일 톨레도를 떠나 남쪽으로 진군을 시작했다. 앉아서 기다리기보다는 나아가 싸우는 쪽을 선택한 것이다. 그리고 승리했다.

1212년의 승리를 토대로 기독교 국가들은 활발하게 이슬람 세력이 지배하는 땅, 알 안달루스를 정복해나갔다. 라스 나바스 데 톨로사의 패배로 무와히드 제국이 쇠락하기 시작하면서 알 안달루스가 다시 예전의 타이파 제후국 시스템으로 돌아갔기 때문에 가능했다. 가장 큰 승리의 과실은 이슬람 세계와의 최전선에서 가장 큰 위험을 무릅썼던 카스티야에게로 돌아갔다. 알폰소 8세의 외손자로 카스티야 왕위를 물려받은 페르난도 3세Fernando Ⅲ, 재위 1217~1252는 1236년 6월, 코르도바를 굴복시켰다.

한때 '세상의 보석'이라 불렸던, 칼리프 제국의 찬란한 수도였던 코르도바를 드디어 기독교 국가가 정복한 것이다. 페르난도 3세는 코르도바 주민들에게 관용을 베풀었다. 떠나고 싶은 사람은 누구라도 자신의 물건을 가지고 떠나도록 허용했다. 남고 싶은 사람에게는 종교의 자유와 법의 보호를 약속했다. 관용을 펼침으로써 페르난도 3세는 본인이 탁월한 정치 감각을 지닌 온화한 왕임을 만천하에 알렸다.

알 안달루스의 민심은 페르난도 3세에게 호의적으로 바뀌어갔다. 코르도바를 정복함으로써 카스티야는 남부의 가장 중요한 강인 과달키비르Guadalquivir 유역으로 가는 길을 열었다. 그 강을 따라가면 알 안달루스의 가장 중요한 도시, 세비야다. 페르난도 3세는 1248년에 세비야마저 손에 넣었다. 이로써 알 안달루스의 이슬람 세력권은 그라나다와 말라가를 중심으로 한 지역으로 급격하게 축소됐다.

같은 시기에 아라곤 왕국과 포르투갈의 레콩키스타도 의미 있는 성과를 거뒀다. 아라곤 왕국은 발렌시아를 손에 넣었다(1238). 포르투갈은 알

〈페르난도 3세〉(Carlos Múgica y Pérez, 1850)

대항해시대의 탄생

가르브Algrave의 파루Faro를 정복함으로써 자국 영토 안에서 레콩키스타를 완성했다(1249). 이베리아 반도의 주도권이 500여 년 만에 다시 기독교 국가들에게로 넘어갔다. 그러나 평화와 안정은 찾아오지 않았다. 이베리아 반도의 패권을 놓고, 이제는 기독교 국가 간의 경쟁이 시작됐기 때문이다.

1385년 알주바로타

새로운 포르투갈의 시작

보르도

비스케이만

프랑스

빌바오

포르투갈

스페인

알주바로타

바탈랴

테주강

톨레도

산타렝

리스본

몬티엘

에보라

베자

안달루시아

지중해

대서양

1385년 8월 14일의 날이 밝았다. 평소에는 고요하기 그지없었던 알주바로타Aljubarrota의 아침이 이날만큼은 확연히 달랐다. 알주바로타 곳곳에는 수많은 천막이 산재했고, 그 사이를 무장한 군인들이 바삐 오갔다. 여기저기 휘날리는 깃발들. 포르투갈 왕실의 문장이 새겨져 있었다. 팽팽한 긴장감으로 대기는 당장이라도 터져 나갈 듯했다. 주앙João I, 재위 1385~1433은 천천히 알주바로타를 둘러봤다. 이르면 오늘, 늦어도 내일이면 이곳에서 전쟁이 벌어진다. 주앙 개인에게는 인생에서 가장 중요한 순간이 될 터였다. 건국 이래로 246년 동안 독립을 유지해온 포르투갈 왕국에도 마찬가지다. 주앙은 포르투갈과 함께 역사의 망루 위에 선 것이다.

　그와 포르투갈을 위협하는 세력은 지금 이 순간에도 알주바로타를 향해 몰려오고 있는 카스티야의 대군이었다. 그 선두에 카스티야의 왕 후안 1세 Juan I, 재위 1379~1390가 있었다. 후안 1세는 지난 2년 동안 주앙과 더불어 포르투갈의 왕좌를 놓고 다툰 가장 강력한 경쟁자였다. 포르투갈의 주앙과 카스티야의 후안. 두 사람은 누구이며, 포르투갈의 왕좌를 두고 싸우게 된 이유는 무엇일까? 원인은 선대에 있다.

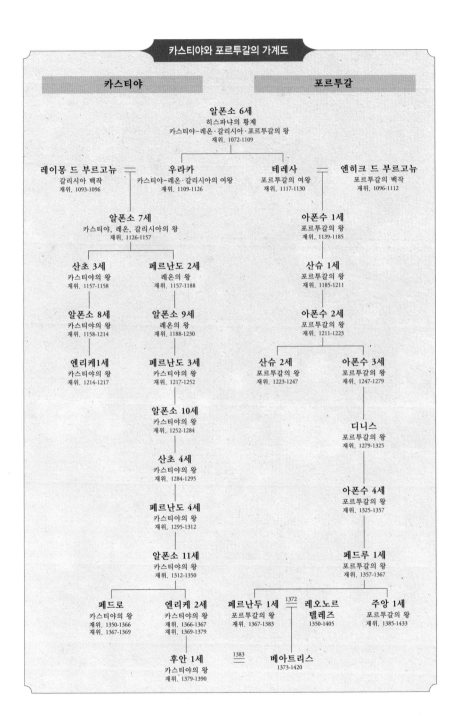

카스티야와 포르투갈의 가계도

카스티야 | **포르투갈**

알폰소 6세
히스파냐의 황제
카스티야-레온·갈리시아·포르투갈의 왕
재위. 1072-1109

레이몽 드 부르고뉴
갈리시아 백작
재위. 1093-1096

우라카
카스티야-레온·갈리시아의 여왕
재위. 1109-1126

테레사
포르투갈의 여왕
재위. 1117-1130

엔히크 드 부르고뉴
포르투갈의 백작
재위. 1096-1112

알폰소 7세
카스티야, 레온, 갈리시아의 왕
재위. 1126-1157

아폰수 1세
포르투갈의 왕
재위. 1139-1185

산초 3세
카스티야의 왕
재위. 1157-1158

페르난도 2세
레온의 왕
재위. 1157-1188

산슈 1세
포르투갈의 왕
재위. 1185-1211

알폰소 8세
카스티야의 왕
재위. 1158-1214

알폰소 9세
레온의 왕
재위. 1188-1230

아폰수 2세
포르투갈의 왕
재위. 1211-1223

엔리케1세
카스티야의 왕
재위. 1214-1217

페르난도 3세
카스티야의 왕
재위. 1217-1252

산슈 2세
포르투갈의 왕
재위. 1223-1247

아폰수 3세
포르투갈의 왕
재위. 1247-1279

알폰소 10세
카스티야의 왕
재위. 1252-1284

디니스
포르투갈의 왕
재위. 1279-1325

산초 4세
카스티야의 왕
재위. 1284-1295

페르난도 4세
카스티야의 왕
재위. 1295-1312

아폰수 4세
포르투갈의 왕
재위. 1325-1357

알폰소 11세
카스티야의 왕
재위. 1312-1350

페드루 1세
포르투갈의 왕
재위. 1357-1367

페드로
카스티야의 왕
재위. 1350-1366
재위. 1367-1369

엔리케 2세
카스티야의 왕
재위. 1366-1367
재위. 1369-1379

페르난두 1세
포르투갈의 왕
재위. 1367-1383

1372

**레오노르
텔레즈**
1350-1405

주앙 1세
포르투갈의 왕
재위. 1385-1433

후안 1세
카스티야의 왕
재위. 1379-1390

1383

베아트리스
1373-1420

대항해시대의 탄생

새로운 나라, 포르투갈의 탄생

포르투갈은 십자군이 세운 나라다. 레콩키스타 과정에서 두각을 나타냈던 프랑스 부르고뉴Bourgogne 출신의 십자군 전사 엔히크Henrique, 1066~1112가 카스티야 왕의 사위 자격으로 포르투갈 백작에 임명된 것이 건국의 시작이었다. 그는 지칠 줄 모르는 활력과 용기, 적을 압도하는 무예의 소유자였다. 거기에 야심까지 컸던 엔히크는 '백작'이라는 자리에 만족하지 않았다. 그의 꿈은 더 원대했다. 그러나 꿈꾸는 모든 이가 꿈을 이룰 수 있는 것이 아니듯, 엔히크의 꿈도 한순간에 물거품이 됐다. 급사한 것이다. 정적에 의한 독살설이 유력하다.

비록 엔히크는 죽었지만, 그의 아내 테레사Teresa는 남편보다 18년을 더 살았다. 그 기간 동안 테레사 백작부인은 어린 아들을 대신해 섭정으로서 포르투갈 백작령을 지켰다. 사실 백작령의 통치권은 카스티야-레온 왕국(중세 이베리아 반도 북부의 가장 강력했던 기독교 국가)의 왕이었던 알폰소 6세Alfonso Ⅵ 재위 1072~1109의 서녀庶女인 테레사에게 있었다. 남편 엔히크 백작이 뛰어난 전사였다면, 아내 테레사 백작부인은 탁월한 정치가였다. 아버지의 나라 카스티야-레온 왕국으로부터 포르투갈을 독립시키고자 했던, 그래서 스스로 여왕이 되고자 했던 테레사는 백작령에 소속된 귀족과 백성에게 열정적으로 독립 정신을 고취시켰다.

엔히크와 테레사의 꿈은 아들 아폰수 엔히크스Afonso Henriques, 1109/1111~1185에 이르러 이뤄졌다. 아폰수 엔히크스는 아버지로부터 군사적 재능을, 어머니로부터 정치적 재능을 동시에 물려받았다. 거기에 물러서지 않는 강철 같은 의지와 주어진 환경을 최대한 활용할 줄 아는 넓은 안목까지 갖추어 12세기 초 유럽에서도 가장 돋보이는 인물이었다.

그는 포르투갈 백작령의 영역을 확장하는 데 전력투구하며 결정적인 순간을 기다렸다. 그 순간은 아폰수 엔히크스가 무슬림 지배하에 놓인 포르투갈 백작령 남부 깊숙한 곳까지 군대를 몰고 가 오우리크Ourique에서 무슬림 군대를 상대로 승리를 거뒀을 때 찾아왔다. 승리의 기쁨에 들뜬 병사들은 전쟁터에서 아폰수 엔히크스를 왕으로 추대했다(1139). 새로운 나라, 포르투갈의 탄생이었다.

아폰수 엔히크스 백작은 이제 아폰수 1세Afonso I, 재위 1139~1185가 됐다. 왕국을 물려받은 왕보다, 왕국을 세운 왕에게는 업적이 더욱 절실하다. 물려받은 왕에게는 전통과 역사라는 자산이 있지만, 왕국을 세운 왕에게는 그 배경이 없기 때문이다. 전통과 역사를 대신할 만한 뛰어난 업적이 없다면 누가, 무슨 이유로 그를 왕으로 인정할 것인가? 레콩키스타의 시대에 전사왕戰士王이 보여줄 수 있는 가장 큰 업적은 전쟁에서의 승리와 이를 통한 정복지 확장이었다. 무슬림을 상대로 한 아폰수 1세의 정복 전쟁은 더욱 치열해졌다. 결과는 대성공이었다. 카스티야-레온 왕국도 마지못해 포르투갈의 독립을 인정했다(사모라 조약, 1143).

정복왕 아폰수 1세의 진격

1147년, 아폰수 1세의 군대는 포르투갈 중부의 전략적 요충지인 산타렝Santarém을 정복했다. 산타렝은 포르투갈의 중앙을 가로질러 흐르는 테주Tejo강 중류에 있다. 당시 기독교 세력의 목표는 자연 경계선인 테주강까지 범위를 확장하는 것이었다. 이는 포르투갈 왕국 건국 이전부터의 목표였다. 산타렝은 그 목표를 달성하기 위한 첫 단계였다. 이곳을 장악해야만 테주강 중류를 지배할 수 있다. 또한 산타렝은 테주강 하구에 자리 잡은 또 다른 전략적 요충지인 리스본Lisbon을 정복할 수 있는 발판이

대항해시대의 탄생

었다.

아폰수 1세의 진격은 거침이 없었다. 산타렝을 정복한 같은 해, 그가 이끈 포르투갈 군대는 리스본마저 점령해버렸다. 테주강 중류와 하류의 요충지인 산타렝과 리스본을 한 해에 손에 넣은 것이다. 놀라운 업적이 었다. 특히 아폰수 1세는 리스본 정복 과정에, 팔레스타인으로 가기 위해 포르투갈에 잠시 들렀던 잉글랜드를 비롯한 서유럽 각국의 십자군 전사들을 동원하는 기지를 발휘했다. 12세기의 십자군은 당대 유럽 최고의 전사였다. 그들의 도움은 신생국가 포르투갈의 군대가 리스본을 정복하는 데 결정적이었다. 아폰수 1세는 십자군 전사들을 설득해 도움을 얻어낼 정도로 수완가였던 셈이다.

테주강이라는 자연 방어선까지 국경을 확장함으로써 포르투갈의 남쪽은 상당한 수준의 안전을 확보하게 됐다. 개국 군주 아폰수 1세의 명성은 높아졌고, 왕실의 안정 역시 보장됐다. 아폰수 1세는 그러나, 여기서 멈추지 않았다. 그의 군대는 테주강을 넘어 무슬림 땅 깊숙이 쳐들어갔다. 베자Beja(1162), 에보라Évora(1165)가 연이어 포르투갈군에 함락됐다. 포르투갈의 국경선은 더욱 남쪽으로 확장됐다. 무슬림 세력은 급격하게 위축됐다. 1185년 아폰수 1세가 세상을 떠났을 때, 포르투갈은 안정적이고 독립된 왕국으로 자리 잡는 데 성공했다. 그에게는 '정복왕o Conquistador'이라는 합당한 칭호가 붙었다. 포르투갈 왕국은 그렇게 성립됐다.

이 왕국은 아주 운이 좋았다. 아폰수 1세의 뒤를 이은 초창기 국왕들은 평균 이상의 능력과 자질을 갖췄고, 또한 장수했다. 왕정 국가에서 왕들의 장기 집권은 왕권의 안정과 직결되는 문제였다. 특히 사망률이 높고 평균연령이 낮던 중세에는 아주 중요한 이슈였다. 왕들의 능력도 평균적으로 훌륭한 편이어서 포르투갈은 작지만 단단한 국가로 성장하며 이베리아 반도의 서쪽 끝에 확고하게 뿌리내렸다.

부르고뉴 왕조의 끝이 다가오다

시작이 있으면 끝이 있는 것이 역사의 숙명. 호모사피엔스가 지구상에 출현한 이래 그 어떤 강력한 제국도, 그 어떤 부유한 왕국도, 그 어떤 활기찬 사회도, 그 어떤 위대한 영웅도 피할 수 없었다. 역사의 숙명을 뛰어넘는 우주의 법칙 아닐까? 부르고뉴 왕조의 끝은 페르난두 1세^{Fernando} I. 재위 1367~1383와 함께 찾아왔다. 그는 아폰수 1세가 세운 부르고뉴 왕조의 아홉 번째 왕이자 마지막 왕이다. 페르난두 1세는 페드루 1세^{Pedro} I. 재위 1357~1367의 유일한 적자였다. 1345년에 태어나서 1367년 왕위에 올랐다. 그에게는 영어로 'the Handsome'과 'the Fickle'이라는 별칭이 붙었다. 잘생겼고, 변덕스럽다는 의미다. 이 두 별칭이 페르난두 1세의 캐릭터를 있는 그대로 보여준다. 두 가지 특징 중 '잘생겼다'는 사실 왕에게는 무의미한 평이다. 정작 포르투갈의 신민民에게 중요하게 작용하는 것은 '변덕스럽다'는 평가다.

변덕스럽다는 것은 왕이 국가의 정책을 이리저리 바꿨다는 뜻이다. 왜 정책을 바꿨을까? 처음부터 국내외적으로 무리한 정책을 밀어붙였기 때문이다. 왜 무리한 정책을 시작했을까? 주제 파악을 못했기 때문이다. 페르난두에게는 자신의 능력과 포르투갈의 국력을 제대로 파악하는 자질이 부족했다. 그런데 열정만은 넘쳤다. 과대망상은 자연스런 수순이었다. 페르난두 1세의 과대망상은 언제나 무리한 정책 추진으로 이어졌고,

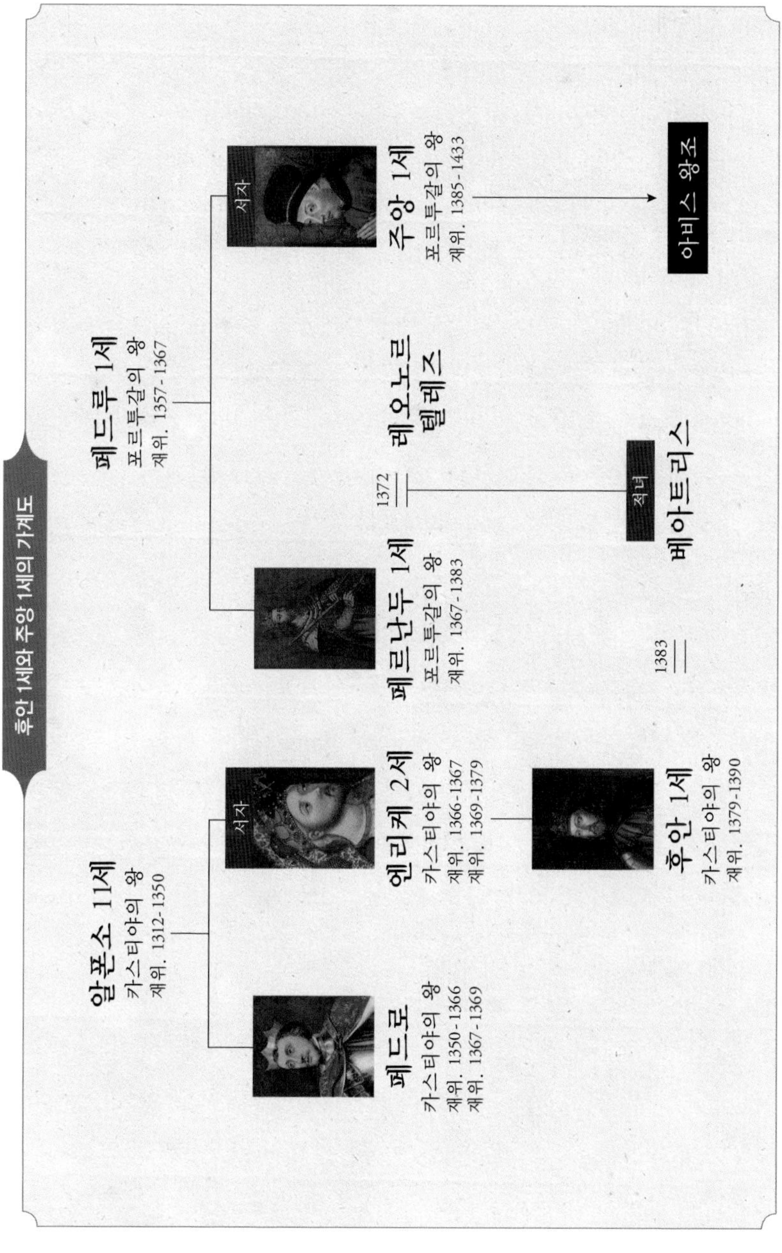

알폰소 11세
카스티야의 왕
재위. 1312-1350

페드루
카스티야의 왕
재위. 1350-1366
재위. 1367-1369

엔리케 2세
카스티야의 왕
재위. 1366-1367
재위. 1369-1379

후안 1세
카스티야의 왕
재위. 1379-1390

페드루 1세
포르투갈의 왕
재위. 1357-1367

서자

주앙 1세
포르투갈의 왕
재위. 1385-1433

페르난두 1세
포르투갈의 왕
재위. 1367-1383

레오노르 텔레즈

1372

서녀

베아트리스

1383

→ 아비스 왕조

새로운 포르투갈의 시작

현실의 벽에 부딪히면 어쩔 수 없이 정책 방향을 바꿔야 했다. 그는 재위 기간 내내 똑같은 실수를 반복했다. 역사와 경험에서 교훈을 얻지 못하는 리더. 포르투갈은 결국 페르난두 1세로 인해 멸망 직전까지 내몰리게 된다.

카스티야의 계승 위기

왕에게 과대망상을 심어준 비극의 씨앗은 이웃 나라 카스티야에서 날아왔다. 카스티야의 왕이 살해되면서 계승 위기가 발생한 것이다. 카스티야는 13세기부터 이베리아 반도의 최강국으로 성장했다. 이때의 왕은 페드로Pedro, 재위 1350~1369였다. 그는 함부로 권력을 행사했고, 항의하는 이들은 잔인하게 죽였다. 특히 프랑스 왕족 출신의 왕비, 부르봉의 블랑쉬Blanche de Bourbon, 1339~1361를 모질게 대했다. 사랑하는 여자가 따로 있었기 때문이다. 그녀의 이름은 마리아María de Padilla, 1334?~1361. 카스티야 귀족 가문 출신인 마리아는 아름답고 지적이었다. 애인에 대한 열정은 왕비에 대한 냉정으로 이어졌다. 페드로 왕은 왕비를 톨레도의 알카사르Alcazar에 감금했다.

왕의 이 같은 처사는 국내외로 큰 비난에 직면했다. 카스티야와 친선 관계를 유지해온 프랑스 왕실의 분노는 컸다. 교황도 마찬가지였다. 그러나 더 큰 분란은 카스티야 내부에서 터져 나왔다. 마리아의 가문은 왕의 총애를 등에 업고 지나치게 큰 권력을 휘둘렀다. 많은 귀족과 도시, 정치 세력들이 이에 반발했다. 그들은 왕비의 복권을 명분으로 내세웠다. 트라스타마라Trastámara의 영주 엔리케Enrique de Trastámara, 1334~1379가 앞장섰다. 엔리케는 페드로 왕의 동갑내기 이복형이었다.

왕은 반대파를 힘으로 진압했고, 철저하게 탄압했다. 이복형제도, 고

대항해시대의 탄생

위 귀족들도 살려두지 않았다. 반란의 뿌리를 뽑기 위해, 8년 동안이나 감금되어 있던 왕비 블랑쉬의 목도 쳤다. 왕에게는 'the Cruel(잔인한 자)'이라는 별칭이 붙었다. 왕의 명성은 곤두박질쳤다. 불온한 반란의 기운이 왕국 전체로 퍼졌다. 반反왕 세력은 카스티야의 이웃 국가인 아라곤으로 도망쳤다. 다시 프랑스로 망명한 트라스타마라의 엔리케를 중심으로 결집했다.

1366년 초, 엔리케는 카스티야로 돌아왔다. 프랑스에서 활동하던 막강한 용병대와 프랑스 왕이 가장 아끼는 장군, 뒤 게클랭Bertrand du Guesclin, 1320?~1380과 함께였다. 용병대를 고용하는 데 필요한 돈은 프랑스 왕과 교황, 아라곤 왕이 댔다. 당시 프랑스 왕은 발루아Valois 왕조의 샤를 5세 Charles Ⅴ, 재위 1364~1380였다. 그는 페드로 왕에게 처형당한 왕비 블랑쉬의 오촌 조카뻘이었다. 또한 샤를 5세의 왕비 잔Jeanne de Bourbon, 1338~1378은 블랑쉬의 친언니였다. 프랑스 왕 샤를 5세에게는 카스티야 왕 페드로에게 복수를 해야 할 이유가 충분했던 것이다. 교황과 아라곤 왕은 각각의 정치적 전략적 이유로 프랑스 왕과 손을 잡았다.

새로운 왕의 추대

막강한 군대와 함께 카스티야로 돌아온 엔리케는 반왕파에 의해 새로운 왕으로 추대됐다. 사실상 반역이었으나 페드로 왕의 잔혹 행위에 질린 민심은 반역자의 편이었다. 트라스타마라의 엔리케는 신속하게 카스티야의 심장부로 진군했다. 페드로 왕도 빠르게 부르고스Burgos에서 톨레도로, 다시 세비야로 후퇴했다. 혼자 힘으로는 엔리케의 군대를 상대할 수 없다고 판단한 페드로 왕은 동맹을 구하기 위해 포르투갈로 갔다.

페드로 왕의 모후 마리아Maria de Portugal, 1313~1357가 포르투갈 왕 아폰수 4세^{Afonso Ⅳ, 재위 1325~1357}의 딸이었기 때문에 포르투갈은 그에게 외가였다. 당시 포르투갈 왕은 페르난두 1세의 아버지 페드루였다. 카스티야의 페드로에게는 외삼촌이었다. 그러나 포르투갈 왕은 흔쾌히 조카에게 손을 내밀지 않았다. 분위기가 우호적이지 않다는 것을 눈치챈 카스티야의 페드로 왕은 지체하지 않고 프랑스 아키텐^{Aquitaine} 공국의 보르도로 떠났다. 새로운 동맹을 구하기 위해서였다. 당시 프랑스 남서부 대부분을 차지하고 있던 아키텐 공국은 잉글랜드 왕의 땅이었다. 그리고 잉글랜드는 프랑스와 한창 백년전쟁(1337~1453)을 치르는 중이었다. 프랑스가 트라스타마라의 엔리케를 지원하고 있다면, 잉글랜드는 반^反엔리케일 가능성이 컸다.

가능성을 현실로 바꾸기 위해 페드로 왕은 카스티야 북부의 빌바오^{Bilbao}를 비롯한 6~7개의 지역을 지원 대가로 주겠다고, 잉글랜드의 왕위 계승권자인 흑태자 에드워드^{Edward the Black Prince, 1330~1376}에게 제안했다. 일시적인 동맹이 성립됐다. 페드로 왕은 흑태자와 함께 자신의 나라 카스티야로 쳐들어갔다. 흑태자의 개입을 보고 트라스타마라의 엔리케는 이복동생인 페드로 왕을 '여왕, 왕자들, 귀족들에 대한 살해죄'로 고발하고 자신의 행동을 정당화했다. 또한 엔리케는 역사에서 대의명분을 찾았다.

"우리의 선조인 고트족(이베리아 반도를 지배한 게르만 부족의 일파)이 스페인을 다스릴 때, 그들은 자신들을 다스릴 자격이 있는 사람 가운데 한 명을 왕으로 뽑았다. 이 관례는 오랜 세월 이 땅에서 지속되어왔고, 오늘날에도 마찬가지다. 그러므로 신의 뜻과 만백성의 뜻으로 주어진 이 같은 권리가 우리에게 있음을 믿는다. 그대(흑태자)는 어떤 이유로도 우리를 방해하지 마라."

결국 이 문제는 말이 아닌 칼로 해결될 성질의 것이었다. 내전이 본격
화됐다. 흑태자의 지원을 받은 페드로 왕이 전세를 유리하게 이끌었다.
그러나 페드로 왕의 운은 거기까지였다. 흑태자가 건강을 이유로 보르도
로 돌아간 것이다. 이와 달리 이복형 엔리케는 항전의 의지를 굽히지 않
고 버텼다. 프랑스도 엔리케에 대한 후원을 멈추지 않았다. 이제 전세는
엔리케에게 유리하게 돌아가기 시작했다.

정당한 왕은 누구인가

엔리케는 톨레도를 향해 진군했고, 페드로 왕은 안달루시아로 다시 후
퇴했다. 페드로 왕은 최후의 수단으로 엔리케 군대의 핵심 인물인 프랑
스 장군 뒤 게클랭을 매수하고자 했다. 매수는 실패했다. 오히려 뒤 게클
랭은 페드로 왕을 은신처인 몬티엘Montiel 요새에서 자신의 막사로 꾀어
냈다. 1369년 3월 23일 한밤중이었다. 그 자리에 참석했던 엔리케는 직
접 칼을 들어 이복동생 페드로 왕을 죽였다. 새로운 왕조가 열리는 순간
이었다. 엔리케는 엔리케 2세로서 치세를 시작했다.

그러나 트라스타마라 엔리케의 왕위 계승에는 당시로서는 받아들이기
힘든 치명적인 결격사유가 있었다. 엔리케가 서자라는 점이었다. 왕은
하나님의 축복 속에 탄생하는 성스러운 존재였다. 당연히 왕의 자리에는
하나님의 축복으로 교회에서 맺어진 정당한 결혼을 통해 태어난 자식만
이 오를 수 있었다. 엔리케에게는 그 정당성이 없었다. 아무리 대의기관
인 코르테스Cortes(국회에 해당하는 대의기관)의 지지를 받아도 그가 서자라
는 사실은 변하지 않았다. 또한 아무리 폭군이라도 하나님의 축복 속에

왕위에 오른 정당한 왕을 살해했다는 비난으로부터도 엔리케는 자유로울 수 없었다. 그렇다면 살해당한 페드로 왕의 뒤를 이을 정당한 왕은 누구인가? 바로 포르투갈의 페르난두 1세였다.

포르투갈 페르난두 1세의 할머니 베아트리스Beatriz de Castilla, 1293~1359는 카스티야 산초 4세Sancho Ⅳ, 재위 1284~1295의 딸이었다. 그러므로 페르난두 1세와 살해당한 카스티야의 페드로는 육촌 간이었다. 자격은 있었다. 문제는 실현 가능성이었다. 카스티야의 여론은 엔리케 2세 편이었다. 카스티야의 누구도 외국 왕조 출신의 왕을 원하지 않았다. 문제는 페르난두 1세에게 카스티야를 상대로 자신의 의지를 관철시킬 힘이 있느냐에 달렸다. 작은 나라였던 포르투갈에 그런 힘이 있을 리 만무했다. 그러나 페르난두 1세는 앞서 설명했듯이 주제 파악에 약했다.

1367년 여름, 이제 막 포르투갈 왕위에 오른 페르난두 1세가 느닷없이 자신을 카스티야의 왕으로 선포했다. 모든 사람이 놀랐으나, 왕은 아무 생각 없이 카스티야를 상대로 전쟁을 시작했다. 이후의 역사는 상식적인 사람이라면 누구라도 예측할 수 있는 방향으로 전개되었다. 카스티야의 엔리케 2세는 불굴의 의지를 가진 용사였다. 그는 이복동생 페드로를 상대로 평생을 싸웠다. 아라곤, 프랑스 등으로 망명하는 순간에도, 잉글랜드의 흑태자에게 패했을 때도 포기하지 않았다. 그런 엔리케 2세가 왕좌를 내놓을 리 만무했다. 이제 막 왕위에 오른 과대망상증 환자 페르난두 1세에게 질 리도 없었다. 심지어 국력도 카스티야가 더 강했다. 두 나라의 전쟁(1369~1371)은 카스티야의 완승으로 끝났다(1371. 3.).

왕조를 안정시키고 평화를 불러오기 위해 엔리케 2세는 패자인 페르난두 1세에게 자신의 딸을 시집보내기로 했다. 결혼 동맹으로 두 나라 사이에 평화가 찾아오는 듯했다. 그러나 이 동맹은 어이없게도 페르난두 1세가 파혼을 선언함으로써 끝이 났다. 페르난두 1세가 따로 사랑하는 사람을 만났기 때문이다. 그녀의 이름은 레오노르 텔레즈Leonor Teles de Meneses, 1350?~1386?로 포르투갈 명문가 출신이었다. 왕을 만났을 당시 그녀는 유부녀였다. 페르난두 1세는 자신의 사랑을 이루기 위해 그녀를 이혼시켰다. 자신은 카스티야의 공주와 파혼함으로써 양국 관계를 긴장으로 몰고 갔다. 변덕스러운 사람을 뜻하는 'the Fickle'이라는 별칭은 괜히 붙은 것이 아니었다.

이후 포르투갈과 카스티야는 두 차례 더 전쟁을 벌이게 된다. 그때마다 포르투갈은 패배했다. 과대망상에 빠진 왕이 벌이는 전쟁놀이의 피해는 언제나 백성들 차지였다. 엔리케 2세가 죽고 후안 1세가 즉위한 이후 벌어진 전쟁(1381~1382)에서도 결과는 마찬가지였다. 승자 카스티야는 페르난두 1세의 유일한 자식인 어린 베아트리스Beatriz, 1373~1420?를 후안 1세의 왕비로 요구했다. 베아트리스가 어렸기 때문에 일단 두 사람의 약혼이 진행됐다(1383. 4.).

만약 페르난두 1세가 더 이상의 후사를 남기지 못하고 죽는다면, 후안 1세와 베아트리스 사이에서 자식이 태어난다면, 포르투갈의 왕위는 베아트리스를 통해 후안 1세와 그의 후손들에게 상속될 터였다. 이는 카스티야의 포르투갈 합병을 뜻했다. 합병의 기회는 생각보다 너무 일찍 찾아왔다. 병약했던 페르난두 1세는 베아트리스가 약혼한 그해 가을에 사망했다(1383. 10. 22.). 카스티야의 후안 1세는 본인이 직접 포르투갈의 왕좌를 차지하겠다고 선언했다.

포르투갈인들에게는 최악의 상황이었다. 카스티야에서 독립해 250년 가까이 키우고 지켜온 나라를 단지 왕의 사위라는 이유 때문에 다시 카스티야 왕에게 넘겨줄 수는 없었다. 코임브라Coimbra에서 코르테스가 소집됐다. 코르테스는 카스티야 왕의 왕위 계승권을 부인하고, 페르난두 1세의 서제庶弟 주앙을 국왕으로 선출했다. 장차 '대왕'으로 불릴 주앙 1세가 바로 이 사람이다.

알주바로타에 서다

권력은 쟁취하는 것이다. 카스티야의 왕이 이 간단한 이치를 모를 리 없다. 코르테스의 선택 따위로 포르투갈 왕좌를 향한 카스티야 왕의 야망을 멈출 수는 없었다. 더군다나 주앙은 서자에 불과했다. 포르투갈에는 카스티야 후안 1세의 정통성을 지지하는 귀족들도 분명 존재했다. 다시 전쟁이 시작됐고, 카스티야의 대군이 리스본을 향해 진군을 시작했다. 그러나 후안 1세는 포르투갈의 선대왕과 마찬가지로 상황을 오판했다. 포르투갈 역시, 카스티야가 그러했듯이 외국인 출신 왕을 원치 않았던 것이다. 그들은 비록 서자라 할지라도 포르투갈의 혈통이 왕위를 잇기를 원했다. 더군다나 주앙 1세는 장차 밝혀지겠지만, 1급 정치가였다. 주앙 1세는 왕좌는 싸워서 쟁취하는 것이라는 이치를 누구보다 잘 알았고, 자신을 지지하는 포르투갈의 민심도 정확하게 파악하고 있었다.

그는 코르테스가 열리기 전에 이미 잉글랜드로 사신을 보내 원군을 청했다. 잉글랜드는 수는 적었지만 강력한 궁수 부대를 보내줬다. 주앙 1세는 자신의 열렬한 추종자이며 탁월한 전략가인 누누 알바르스 페레이라 Nuno Álvares Pereira, 1360~1431를 총사령관에 임명했다. 훗날 성인聖人의 자리에 오르는 포르투갈의 국민 영웅 중 한 사람이 바로 페레이라다. 총사령관은 리스본에서 적을 기다리지 말고 나아가 싸우자고 왕에게 조언했다.

대항해시대의 탄생

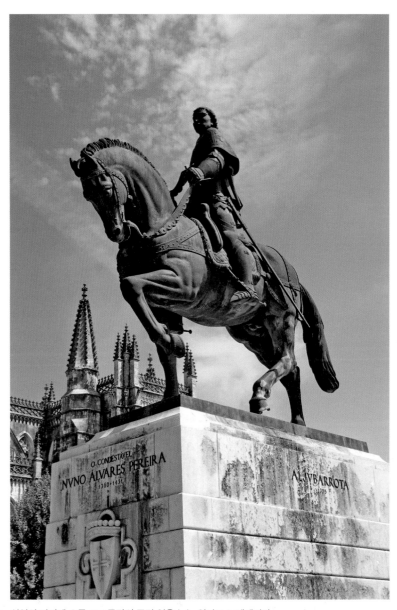

성인의 자리에 오른 포르투갈의 국민 영웅 누누 알바르스 페레이라

주앙 1세는 받아들였다. 그의 군대는 리스본을 떠나 카스티야군의 길목을 차단하고 진을 쳤다. 그곳이 바로 알주바로타였다. 군의 사기는 높았다. 그러나 수적으로 너무 열세였다. 포르투갈군은 대략 6,500명에 불과했다. 카스티야군은 3만 명을 넘어섰다. 사기만으로 꺾을 수 있는 규모가 아니었다. 전투 전날, 주앙 1세는 성모 마리아에게 기도했다. 기적을 내려달라고.

다음 날 오랜 강행군 끝에 카스티야군이 전장에 도착했다(1385. 8. 14.). 카스티야의 후안 1세는 단박에 적군의 위치가 유리함을, 아군이 지쳤음을 간파했다. 후안 1세는 전투를 다음 날로 미루라고 명령을 내렸다. 현명한 명령이었으나 이행되지 않았다. 승리를 자신했던 성급한 카

〈알주바로타 전투〉(Jean de Warvin, 15세기)

대항해시대의 탄생

포 르 투 갈

카
스
티
야

1385
알주바로타 전투

✝바탈랴

테 주 강

● 산타렝

리스본
●

● 에보라

● 베자

대 서 양

스티야의 기사들이 왕명을 무시하고 적진으로 돌격했던 것이다. 이 순간을 기다렸던 포르투갈-잉글랜드 연합군의 화살이 다가오는 적의 기사들을 향해 빗발쳤다. 화살은 기사들의 갑옷을 뚫기에는 역부족이었지만 말을 쓰러트리기에는 충분했다. 말이 쓰러지고 나면 그걸로 전쟁터에서 기사의 역할은 끝이었다. 중세 기사들의 갑옷은 너무 무거웠기 때문에 말에서 떨어지면 혼자 힘으로 일어서는 것조차 어려웠다. 그렇게 카스티야 군의 주력은 무력화됐고, 그들은 치명적인 패배를 당했다. 한 시간이라는 짧은 시간에 포르투갈의 새 주인이 결정됐다.

이제 주앙 1세의 왕위는 확고해졌고, 카스티야 후안 1세의 꿈은 사라졌다. 승리의 원인은 신속한 전진, 유리한 입지 선점, 궁수 부대의 적절한 활용, 그리고 무엇보다 카스티야 기사들의 어리석은 무모함에 있었지만 주앙 1세는 성모 마리아에게 공^{功}을 돌렸다. 당시의 관념으로는 인간의 노력으로 얻은 승리보다 신이 가져다준 승리가 더욱 중요했다. 서자 출신이었기 때문에 신의 축복을 받고 태어나지 못했던 주앙에게는 신이 가져다준 성스러운 승리가 더욱 절실했다. 그는 승리에 대한 보답으로 성모 마리아에게 포르투갈 역사에 길이 남을 거대한 수도원을 지어 바치겠노라고 약속했다. 이제 포르투갈에 새로운 왕조가 시작됐다. 이 아비스^{Avis} 왕조와 더불어 포르투갈은 완전히 새로운 역사를 창조하게 될 운명이었다.

바탈랴 수도원. 주앙 1세는 알주바로타 전투 승리의 공을 성모 마리아에게 돌리며 그에 대한 보답
으로 이 거대한 수도원을 지어 바쳤다.

새로운 포르투갈의 시작

1415년 세우타
포르투갈의 첫 해외 원정

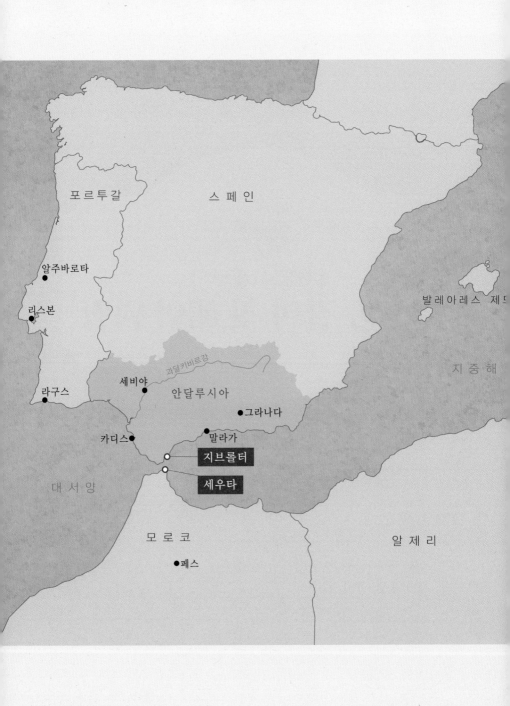

포르투갈

스 페 인

알주바로타

리스본

발 레 아 레 스 제 도

과달키비르강

라구스

세비야

안달루시아

지 중 해

그라나다

카디스

말라가

대 서 양

지브롤터

세우타

모 로 코

알 제 리

●페스

거대한 포르투갈 함대가 모습을 드러낸 것은 1415년 8월 21일 아침이었다. 세우타Ceuta 도시 전체가 패닉에 빠졌다. 무슬림 총독에서 요새의 수비군, 항구를 가득 메운 배의 선원에서 거리의 수많은 상인에 이르기까지 모두 마찬가지였다. 예상치 못했던 등장이었으니 어쩌면 당연한 반응이었다. 그러나 정말 예상치 못했을까? 어떻게 그럴 수가 있을까?

아프리카 대륙 북서쪽에 위치한 세우타는 '전략적 요충지'라는 표현만으로는 부족할 정도로 중요한 도시다. 유럽의 지브롤터Gibraltar와 더불어 지브롤터 해협에 위치한 두 관문 중 하나다. 지브롤터 해협은 좁다. 가장 가까운 곳 사이의 거리가 13킬로미터에 불과하다. 이 좁은 해협이 지중해와 대서양이라는 두 바다와 유럽과 아프리카라는 두 대륙을 잇고 있다. 양안兩岸의 전략적 가치는 그래서 무궁무진하다. 해협을 확실히 통제할 수 있으니까.

지브롤터는 칼처럼 뾰족하게 튀어나와 남쪽의 아프리카 대륙을 찌르는 형태다. 세우타는 방패처럼 동서로 길게 뻗어 그 칼을 막아서는 모양새다. 절묘한 조합이다. 더군다나 두 곳은 천혜의 양항良港이다. 고대 사람들에게, 특히 지중해를 누비던 페니키아인과 그리스인에게 지브롤터와 세우타는 더욱 중요했다. 그들은 영웅 헤라클레스가 대서양과 지중해를 가로막고 있는 산을 쪼갤 때 세우타와 지브롤터가 생겨났다고 믿었다. 그리고 해협 건너는 지옥의 신 하데스가 지배하는, 인간이 갈 수 없는 금지된 구역이라 여겼다. 그 신화의 땅 세우타에 포르투갈의 대함대가 나타난 것이다. 함대의 선두에는 포르투갈 국왕 주앙 1세와 그의 장성한 세 아들, 두아르테Duarte, 1391~1438, 페드루Pedro, 1392~1449, 엔히크Henrique, 1394~1460가 서 있었다. 신화의 도시를 둘러싼 전쟁이 막 벌어질 참이었다.

모두가 해외 원정을 원하고 있다

아비스 왕조는 1385년 알주바로타 전투의 승리를 통해 태어났다. 그러나 왕조의 창건자인 주앙 1세는 서자라는 한계를 벗어나기 힘들었다. 잉글랜드와의 전략적 동맹, 도시와 상인 계층의 굳건한 지지, 왕의 권위를 드높이기 위한 바탈랴 수도원Mosteiro da Batalha의 건립으로도 포르투갈의 왕좌를 탐하는 카스티야 왕을 완전히 물리치지 못했다. 포르투갈과 카스티야 두 나라 사이의 확고한 평화는 1411년이 되어서야 찾아왔다. 주앙이 왕위에 오른 지 26년이라는 긴 시간이 지난 뒤였다. 그러나 평화는 포르투갈 왕국에 또 다른 문제를 가져왔다.

포르투갈은 이베리아 반도에서 벌어졌던 십자군 전쟁 와중에 탄생했고(1139), 성장했다. 그들에게 십자군 전쟁은 숙명이었다. 그런데 포르투갈의 레콩키스타는 13세기에 일찌감치 끝났다. 그 후의 백 년은 이웃 국가인 카스티야와의 영토 분쟁이었다. 14세기 초 유럽의 많은 군주들은 프랑스 왕의 요청에 호응해 성전기사단을 해체시켰지만 포르투갈은 그러지 않았다. 당시의 디니스 왕Dinis, 재위 1279~1325은 교황에게 특별히 청

대항해시대의 탄생

주앙 1세의 아비스 왕조 가계도

아비스 왕조

주앙 1세
포르투갈의 왕
재위, 1385–1433

=

필리파
랭커스터
1360–1415

두아르테
포르투갈의 왕
재위, 1433–1438

=

페드루
코임브라 공작
1392–1449

=

엔히크
비제우 공작
1394–1460

이사벨
1397–1471

=

주앙
산티아고 기사단장
1400–1442

페르난두
아비스 기사단장
1402–1443

이사벨
우르헬
1409–1459

이사벨
바르셀로스
1402–1466

레오노르
아라곤
1402–1445

필리프
부르고뉴 공작
1396–1467

아폰수 5세
포르투갈의 왕
재위, 1438–1481

페르난두
비제우의 공작
1433–1470

레오노르
1434–1467

=

프리드리히 3세
신성 로마 황제
1434–1467

샤를
부르고뉴 공작

주앙 2세
포르투갈의 왕
재위, 1481–1495

=

레오노르
1458–1525

마누엘 1세
포르투갈의 왕
재위, 1495–1521

원해 성전기사단을 그리스도 기사단으로 이름만 바꿔 살려두었다. 카스티야와의 영토 분쟁에 그들이 필요했기 때문이다. 1383년 페르난두 1세 사망부터 1385년 알주바로타 전투까지 계속된 계승 전쟁도 결국은 카스티야로부터 독립을 지키기 위한 투쟁이었다.

이제 투쟁의 시대가 가고 평화의 시대가 왔다. 오랜 기간의 전쟁을 통해 나라를 건국하고 확장하고 지켜온 전투적인 귀족들에게 평화는 오히려 독이었다. 전쟁에서 공을 세워야 명예와 찬사라는 사회적 자산을 얻을 수 있었다. 세속적 자산인 작위와 영지도 마찬가지였다. 전쟁 중 전리품 획득은 중요한 재산 증식 수단이었다. 이처럼 귀족들에게는 전쟁이 삶인 동시에 숙명이었다. 그들에게는 전쟁이 필요했다. 중세를 거치며 꾸준하게 성장하고 있는 상인 계층에게도 돌파구가 필요하기는 마찬가지였다.

포르투갈은 지정학적으로 지중해 문명권의 서쪽 끝이었다. 지중해를 중심으로 짜인 교역 구조의 주변부일 수밖에 없었다. 그 열악한 환경에서도 포르투갈의 상인들은 잉글랜드와 저지대 국가(오늘날의 벨기에, 네덜란드에 해당하는 지역. 당시 프랑스 왕가 출신의 부르고뉴 공작이 지배하던 영토를 이른다)에 와인을 수출하면서 자본을 축적했다. 평화와 안정은 상인 계층에게는 절호의 기회였다. 카스티야에 맞서 주앙 1세를 지지했던 도시와 상인 계층은 이제 새로운 시장, 새로운 교역로를 욕망했다. 성직자들도 귀족, 상인과 다르지 않았다. 건국 정신을 계승해 기독교 세력을 팽창시켜야 한다고 믿었다. 새로운 선교지, 하나님을 몰라 방황하는 가련한 영혼들이 필요했다. 이렇게 포르투갈 사회의 주요 구성원 모두의 욕구가 일치했다. 바다 건너 어딘가로 나아가야 했다. 그게 어디인지는 차후의 문제였다.

대항해시대의 탄생

현명한 주앙 1세는 여기에 자신의 정치적 필요와 부성애를 더했다. 정치적 필요란 바로 업적과 위신이었다. 만약 구성원들의 열망에 부응해 해외 원정에 성공할 수만 있다면? 영광스러운 업적은 왕과 왕실의 위신을 한껏 높여줄 것이었다. 서자 출신이라는 한계는 완벽하게 극복될 터였다. 부성애는 성년에 달한 아들들에게 영광과 명성을 안겨줄 기회를 주고자 함이었다.

주앙 1세와 왕비인 필리파 Filipa de Lencastre, 1360?~1415 에게는 다섯 아들이 있었다. 그중 장남 두아르테, 차남 페드루, 삼남 엔히크는 기사 서임을 앞두었다. 그들에게는 용기를 증명해 보일 기회가 필요했다. 전쟁은 왕자들에게도 소중한 기회가 될 터였다. 기사도에 불타는 청년 왕자들 역시 열렬하게 해외 원정을 지지했다. 특히 삼남 엔히크가 가장 열광적이었다고 포르투갈 연대기 작가 주라

라구스에 있는 항해왕 엔히크의 동상. 그는 포르투갈의 대항해시대를 이끈 주역이었다.

라Gomes Eanes de Zurara, 1410~1474는 전하고 있다.

목표는 세우타다

주앙 1세는 면밀한 검토 끝에 북아프리카의 전략적 요충지인 세우타를 타깃으로 삼았다. 세우타를 목표로 한 이유는 차고 넘쳤다. 당시 모로코Morocco를 지배하고 있던 마린Marinid 왕조는 스페인 남부 안달루시아에 위치한 그라나다 왕국의 버팀목이었다. 모로코의 마린 왕조와 그라나다의 나스르Nasrids 왕조의 사이가 친밀하지는 않았지만, 이슬람교를 매개로 전략적 동반자 관계를 유지했다. 기독교 국가인 카스티야의 침공이 거세

지면 모로코 왕국은 군대, 무기와 말, 식량 등의 군수품을 그라나다 왕국으로 보냈다.

여기에 기대어 그라나다 왕국은 저항하고 버텼다. 이 물품들의 통로가 바로 세우타에서 안달루시아 최대 항구인 말라가Malaga로 이어지는 바닷길이었다. 엔히크 왕자는 특히 이 점에 주목했다. 만약 세우타를 정복하게 된다면 말라가를 통해서 그라나다로 가는 길이 열린다. 포르투갈로서는 이베리아 반도 최후의 무슬림 왕조를 멸망시키는 역사적인 과업을 달성할 기회를 갖게 되는 것이다. 십자군의 이상에 불타던 젊은 왕자는 세우타에 집착했다.

군사적 이유만큼이나 경제적인 이유도 중요했다. 세우타는 지중해의 주요 상업항이었다. 북아프리카 이슬람 세계 최대의 밀 수출항인 세우타의 대규모 곡물 창고에는 북아프리카와 유럽 각지로 수출될 밀이 산더미처럼 쌓여 선적을 기다렸다. 교역 항구로서의 명성은 더 대단했다. 세우타는 사하라 지역을 오가는 대상隊商 무역의 북아프리카 종착지 중 하나였다. 유럽의 은과 북아프리카의 각종 물품이 세우타를 통해 사막 건너 사하라 남부에 자리 잡은 강력한 무슬림 왕국들로 운반됐다. 대상들은 그곳에서 노예, 금, 상아를 비롯한 각종 사치품을 싣고 세우타로 되돌아왔다. 특히 유럽이 절실히 필요로 하는 금의 주요 수출항이었다. 세우타가 언제나 기독교 세계에서 몰려온 상인들로 붐볐던 이유다.

발레아레스Baleares 제도에 근거지를 둔 유대인 상인을 비롯해 카탈루냐Cataluña, 아라곤, 카스티야에서 온 상인들이 오랜 세월 세우타에서 거래했다. 그러나 가장 강력한 상인 집단은 이탈리아 도시국가 제노바Genova 출신이었다. 제노바 상인들은 세우타와 안달루시아의 주요 항구인 세비야·카디스Cadiz를 연계하는 상업망을 구축해 막대한 이익을 올렸다. 포르투갈의 상인들에게 세우타는 매력적일 수밖에 없었다.

그러나 세우타 원정에 반대하는 목소리도 높았다. 세우타는 전략적·군사적 요충지답게 강력한 요새의 보호하에 있었다. 중세의 전쟁에서 강력한 요새나 성채는 난공불락에 가까웠다. 그런 세우타를 공략하려면 장기간에 걸쳐 대대적인 준비가 필요했다. 비밀이 지켜질 수 있을까? 세우타를 공략한다는 사실이 알려지면 모로코 왕국은 홈그라운드에서 만반의 준비를 갖추고 험한 바다를 건너오는 포르투갈군을 상대할 것이다. 원정군이 이길 가능성은 극히 낮았다.

군대와 군수품을 나를 선박도 문제였다. 포르투갈 내에는 세우타를 정복할 만큼의 대군을 태울 충분한 선박을 구할 수 없었기 때문에 새로 건조하거나 다른 나라로부터 빌려야 했다. 그 과정에서 역시 비밀이 모로코 왕국으로 새어 나갈 가능성이 컸다. 설혹 세우타 정복에 성공하더라도 문제였다. 세우타 같은 전략적 요충지를 빼앗기고도 모로코 왕국이 두 손 놓고 있을 리 만무했다. 세우타를 되찾으려는 모로코 군대에 맞서려면 상당한 규모의 주둔군이 필요했다. 포르투갈에는 그런 여력이 없었다. 다른 선택은 세우타를 정복하고 철저하게 약탈한 뒤 철군하는 것이었다. 이 역시 만족스럽지 않았다. 고작 세우타 하나 약탈하자고 막대한 돈을 들여 전쟁을 벌이는 것은 수지에 맞지 않았다.

또 다른 전략적 고려도 필요했다. 안달루시아의 그라나다 왕국은 모로코 왕국의 지원으로 연명하는 처지였다. 세우타를 잃으면 모로코는 그라나다 왕국을 효율적으로 지원하기 힘들어진다. 이는 카스티야 왕국의 공격 앞에 그라나다 왕국이 취약해지는 결과를 낳게 된다. 만약 모로코 왕국의 세우타 상실이 카스티야 왕국의 그라나다 왕국 정복으로 이어진다면? 포르투갈 입장에서는 오랜 세월 적대 관계에 있었던 숙적의 힘을 키

대항해시대의 탄생

위주는 꼴이 된다. 세우타 원정을 위해 포르투갈 전군이 본토를 비운 사이에 카스티야가 평화협정을 깨고 쳐들어올 가능성도 무시할 수 없었다.

마지막으로 포르투갈의 군사 행동에 분노한 모로코 왕국과 다른 무슬림 왕국들이 보복 차원에서 포르투갈 남부와 서부에 길게 늘어선 해안가를 따라 기습할 수도 있었다. 왕의 자문 회의는 분열됐다. 격론이 오갔으나 쉽게 결정 내리지 못했다. 결국 공은 왕에게로 넘어갔다. 주앙 1세는 고민하고 또 고민했다. 결론은 많은 반대에도 불구하고 세우타를 공략한다는 것이었다.

반드시 이기고 돌아오라

왜 그런 과감한 결정을 내렸을까? 탁월한 국제적 안목을 가지고 있었던 주앙 1세는 카스티야와 모로코의 상황을 면밀히 검토했다. 우선 카스티야. 1412년 당시 카스티야의 왕은 후안 2세Juan Ⅱ, 재위 1406~1454였다. 1405년에 태어났다. 아버지 엔리케 3세Enrique Ⅲ, 재위 1390~1406의 급사로 태어난 지 1년 만에 왕위에 올랐다. 젖먹이였다. 모후와 삼촌이 공동으로 섭정했다. 여전히 일곱 살 어린아이였다. 왕권이 약할 수밖에 없었다. 포르투갈 침공이라는 중대한 결정을 내릴 가능성은 없다고 판단했다. 또한 세우타를 통한 모로코 왕국의 지원을 받지 못한다고 그라나다 왕국을 공격할 힘도 없다고 생각했다.

다음 모로코. 당시 모로코를 지배하던 마린 왕조는 내분에 휩싸여 있었다. 포르투갈의 세우타 군사 행동에 대한 적개심을 해외 원정으로 되갚을 능력이 없다고 판단했다. 무모하리만치 성공을 확신하고 있던 삼남 엔히크를 비롯한 아들들의 호소도 왕에게는 의지가 됐다. 왕자들은 이교도와의 전쟁은 '하나님의 의지'이기 때문에 포르투갈의 승리가 확실하다는, 십자군에 나섰던 모든 이가 예전부터 주장해왔던 논거를 펼쳤다. 역사를 보면 이런 무모한 주장은 비극적인 결과로 이어졌지만, 이번 세우타 공략에서만큼은 다른 결과를 얻게 된다.

이제 포르투갈은 적극적으로 세우타 공략 준비에 돌입했다. 철저하게 비밀에 부친 가운데 전국의 항구와 해안에서 배를 징발하고, 수리하고, 건조했다. 유럽 전역에서 군대를 모집했다. 이 같은 포르투갈의 행동을 불안한 눈으로 바라보는 유럽의 군주들을 안심시키기 위해 비밀리에 사절단을 보내 절대 기독교 국가들을 향한 군사 행동이 아니라는 것을 설명했다. 특히 모로코 왕국을 속이기 위해서 교역 문제 때문에 저지대 국가에 불만이 있다는 소문을 내는 한편, 저지대 국가에는 이것이 진짜 적을 속이기 위한 작전임을 알렸다.

1415년 여름으로 접어들면서 원정 준비가 끝났다. 그러나 갑작스럽게 발생한 전염병으로 많은 사람들이 쓰러지면서 출정이 연기됐다. 왕비 필리파까지 감염됐다. 왕비는 다시 일어서지 못했다(1415. 7. 19.). 잉글랜드 왕가 혈통인 왕비는 열렬한 세우타 원정 지지자였다. 임종을 앞두고 그녀는 출전하는 세 아들에게 특별히 제작한 검을 하사했다. '반드시 이기고 돌아오라'는 왕비이자 어미의 염원이 담긴 검이었다. 그녀의 죽음은 많은 사람에게 불길한 징조로 비쳤다. 왕비의 격에 맞는 장례를 치르기 위해서는 시간이 필요하다는 이유를 내세워 세우타 원정에 반대하는 목소리가 다시 커졌다. 이에 다시 엔히크를 비롯한 왕자들이 반대에 반대하는 목소리를 냈다.

"당신의 죽음으로 십자군 원정이 위태로워지는 것은 결단코 어머님의 참뜻이 아니다."

대항해시대의 탄생

왕자들은 단호했다. 다시 이겼다. 모든 장례 절차가 간소화됐다. 왕비가 서거한 지 일주일 후인 7월 25일부터 26일에 걸쳐 포르투갈의 대함대가 리스본 항구를 떠나 테주강 어귀로 나아갔다. 역사적인 출정이었다.

포르투갈 함대, 드디어 출정하다

4년 가까이 포르투갈이 국력을 총동원해 진행한 거대한 프로젝트가 세상에 모습을 드러냈다. 대함대는 200척이 넘는 다양한 배로 구성됐다. 군대의 규모도 2만 명이 넘었다. 포르투갈인이 중심이었지만 잉글랜드, 프랑스, 독일 등 유럽 각지에서 몰려온 기사와 용병이 대거 포함되었다. 국왕 주앙 1세와 그의 장성한 세 왕자가 동참했다. 왕과 왕위 계승 서열 1~3위의 참전. 이 원정에 포르투갈 왕실의 운명을 걸었다는 결기를 내보이기에 충분했다.

7월 28일 대함대는 포르투갈 남부의 라구스항에 도착했다. 여기서부터 문제가 발생했다. 역사적으로 포르투갈은 육상 국가였다. 왕을 비롯한 지휘관 전원이 기사였다. 바다를 아는 사람들은 소수의 상인이나 어부였다. 이토록 많은 배가, 이토록 많은 사람과 물자를 싣고 움직여본 적이 없다. 군대 지휘관들은 바다 경험이 없었고, 심지어 배를 이끌어야 하는 도선사導船士들도 지브롤터 해협에 대한 기초 지식이 부족했다. 함대를 이끌고 세우타 맞은편에 있는 카스티야령 안달루시아 해안으로 나아가는 것조차 쉽지 않아 일주일이나 정체됐다. 결국 원정이 실패로 끝나는 것 아니냐는 우려가 진중에 퍼져 나가기 시작했다.

8월 12일, 우여곡절 끝에 포르투갈 함대는 세우타를 향했다. 도중에

지브롤터는 칼처럼 뾰족하게 튀어나와 있다. 고대 사람들은 헤라클레스가 대서양과 지중해를 가로막은 산을 쪼갤 때 세우타와 지브롤터가 생겼다고 믿었다.

함대가 둘로 쪼개졌다. 왕이 지휘하는 전투선인 갤리Galley들은 세우타 주변에 제대로 도착했다. 군대를 실은 수송선인 상선들은 해협의 물살과 바람을 이기지 못해 그라나다 왕국의 주요 항구인 말라가 방향으로 떠밀려 가버렸다. 만약 세우타나 말라가에서 해군을 출동시켰다면 대참사가 벌어질 뻔한 아찔한 순간이었다. 다행히 비극은 일어나지 않았다. 대신 포르투갈 측이 기대했던 기습의 가능성은 사라졌다.

포르투갈 함대를 발견한 세우타의 총독은 수비를 강화하고, 모로코 왕국의 수도 페스Fez로 즉각 원군을 요청했다. 포르투갈 측의 유일한 소득

대항해시대의 탄생

은 세우타 주변에 머무는 동안 주앙 1세가 상륙 포인트와 공격 지점을 면밀하게 검토할 수 있었다는 것이었다. 이틀 후 군대를 실은 수송선이 겨우 세우타에 접근했다. 행운은 여전히 포르투갈 편이 아니었다. 폭풍이 다가오고 있었기 때문이다.

전군은 다시 카스티야 해변으로 되돌아갔다. 다시 작전 회의가 열렸다. 격론이 오갔다. 기습의 가능성이 사라졌고, 본토에서 원군이 올 게 뻔한데 강력한 성벽으로 보호받는 세우타를 공격해서 빼앗는 것이 가능할까? 원정을 중단해야 한다는 주장이 거셌다. 일부 자문관들은 차선으로 세우타 대신 그라나다 왕국을 공격하자고 제안했다. 왕자들은 또다시 열정적으로 처음 계획을 고수하자고 아버지를 설득했다. 왕은 원래대로 세우타를 공격하기로 결정했다.

대항해시대를 이끌 리더의 탄생

8월 21일 아침, 포르투갈 함대가 세우타 항구 앞에 모습을 드러냈다. 우려했던 이슬람 함대의 공격도, 본토에서 보냈을 것으로 예상했던 원군도 없었다. 세우타의 방어막도 느슨했다. 도대체 무슨 일이 있었던 것일까? 며칠 전 모습을 드러냈으나 하릴없이 해안가에 머물다, 폭풍을 피해 허둥대며 물러가는 포르투갈 함대의 모습에 세우타가 방심했기 때문이다. 세우타의 총독은 이것으로 포르투갈의 공격은 끝났다고 지레짐작했다. 총독은 페스로 다시 사람을 보내 원군 요청을 철회했다. 틀렸다고 할 수는 없다. 실제로 포르투갈 수뇌부에서는 진지하게 철군하거나 공격 방향을 그라나다 왕국으로 바꾸자는 논의가 이뤄졌으니까. 그러나 안보에

리스본

포르투갈

카스티야

세비야

그라나다 왕국

라구스

말라가

대서양

카디스

알보란해

1415
세우타 함락

마린 왕조

●페스

범례

이슬람
국가

함대의
예상루트

전투

대항해시대의 탄생

'지레짐작'은 있을 수 없는 일이다.

총독의 실수는 치명적이었다. 포르투갈군은 항구의 성벽 방어막이 느슨해진 틈을 타서 급습했다. 전투는 요새에 대한 대대적인 포격으로 시작됐다. 포르투갈은 이 순간을 위해 수많은 대포를 배에 실어 이곳까지 날랐던 것이다. 중세 전투에서는 보기 드문 광경이었다. 그러나 전투를 승리로 이끈 결정적인 요인은 대포가 아니라 열정이었다. 여기까지 오는 동안 보여줬던 왕자들의 승리와 영광에 대한 집념이 분출했다. 왕위 계승권자인 두아르테 왕자는 직접 상륙작전을 이끌었다. 가장 용감하게 싸운 이는 셋째 왕자 엔히크였다. 그는 공격의 선두에 섰고, 성문이 부서지자 가장 먼저 성안으로 내달았다. 용맹을 넘어서는 무모함이었다. 그를 지키기 위해 많은 병사가 희생됐다. 그러나 방어하던 무슬림 병사들의 간담을 서늘하게 하고 공격군의 사기를 올리기에는 충분했다.

열세 시간의 쉼 없는 공격 끝에 세우타는 정복됐다. 주앙 1세는 세 아들을 기사로 서임함으로써 그들의 용맹을 만천하에 알렸다. 또한 왕은 세우타를 지켜 포르투갈의 땅으로 만들겠노라 선언했다. 세우타와 관련된 일은 엔히크 왕자에게 일임했다. 궁정의 일부는 반대했다. 무슬림에 둘러싸여 고립된 땅을 지키는 데 들어갈 막대한 돈과 인력에 대한 우려 때문이었다. 왕은 의지를 꺾지 않았다. 9월 초 왕과 본진本陣은 귀국했다. 그러나 3,000명의 수비대는 뒤에 남았다. 그들은 비잔틴과 이슬람의 요새 위에 포르투갈의 요새를 짓기 시작했다.

세우타 정복은 전 유럽을 경악하게 했다. 대군을 이끌고 바다를 건너 이슬람 왕국의 전략적 요충지인 세우타를, 그것도 열세 시간이라는 짧은 순간에 정복했으니 놀라는 게 당연했다. 결과는 포르투갈 측의 대성공이었으나 돌이켜보면 원정이 좌초될 위기는 여러 차례 있었다. 그때마다

세우타 요새의 현재 모습.
세우타를 정복한 뒤 포르투갈은 비잔틴과 이슬람 요새 위에 자신들의 요새를 지었다.

초심을 잃지 않고 원정을 밀어붙인 데는 엔히크를 비롯한 왕자들의 열정
이 결정적이었다. 그리고 행운의 여신은 용기 있는 자의 편이었음을 증
명했다. 이로써 포르투갈은 역사상 처음으로 해외 영토를 갖게 됐다. 세
우타는 작은 도시였지만 이곳을 토대로 포르투갈은 제국에 대한 정치 감
각을 키우고, 동시에 제도와 행정이라는 측면에서 다양한 실험을 하게
된다. 또한 세우타 정복 과정에서 장차 포르투갈의 대항해시대를 이끌
'항해왕' 엔히크가 탄생했다. 결국 세우타는 대항해시대와 포르투갈 제
국의 출발점이다.

대항해시대의 탄생

1419년 사그레스
대항해시대의 전진 기지

포르투갈

●코임브라

●토마르

리스본

스 페 인

아조레스 제도

사그레스

○라구스

지브

세우

대 서 양

마데이라 제도

모 로 코

알 제 리

보자도르곶●

서 사 하 라

포르투갈 왕국의 왕자 엔히크Henrique o Navegador가 사그레스Sagres에 모습을 드러냈다. 포르투갈의 첫 해외 영토인 세우타에서 3개월을 머물다 귀환한 직후인 1419년이었다. 소규모 수행단이 함께했다. 알가르브라 불리는 포르투갈 왕국 최남단 지역 안에서도 가장 끄트머리에 위치한 곳이다. 사그레스는 웅장함을 뛰어넘어 운명적인 비장미가 감도는 해안가의 절벽 위에 자리 잡고 있다. 옛 그리스 시인의 노래처럼 서사적이다.

사그레스는 바다를 향해 툭 튀어나와 있다. 초미니 반도다. 대신 높다. 전체적으로 해안가가 50미터 정도의 높은 절벽으로 이뤄졌다. 그 좁디좁고, 높디높은 사그레스의 삼면을 바다가 휘감고 있다. 절벽에 부딪히는 파도는 포말과 함께 포효하고, 저 멀리 펼쳐진 수평선은 바람과 더불어 침묵한다. 바다만이 연출할 수 있는 풍광. 그러나 사그레스 앞에 펼쳐진 바다는 유럽의 중심에서 흔히 볼 수 있는 지중해가 아니다.

로마 제국은 위대했고, 강력했으며, 광활했다. 그들은 바다를 둘러 유럽과 아프리카, 아시아 세 대륙을 지배했다. 자신들의 영토 안에 바다를 가뒀다. 감히 바다를 '로마의 호수'라 불렀다. 호연지기의 스케일이 다른 제국이 로마였다. 그러나 거꾸로 생각하면 '로마의 호수'라는 칭호 자체가 지중해의 한계를 뜻했다. 사그레스 앞에 펼쳐진 바다는 지중해와 격이 달랐다. 지중해처럼 대륙 사이에 갇힌 바다가 아니었다. 반대로 대륙을 가둔 바다, 대서양이었다. 물론 고대와 중세의 유럽인들은 그 사실을 몰랐다.

항해왕 엔히크의 땅

도대체 왕자가 궁벽한 이곳까지 왜 온 것일까? 누구도 이유를 알지 못했다. 어쩌면 왕자 스스로도 이곳에 서기 전까지는 자신의 운명을 예상하지 못했던 것 아닐까? 황량하고 비장한, 거칠고 서사적인 사그레스에서 왕자는 무엇을 느꼈을까? 바다를 향한 알 수 없는 열망, 신으로부터 거대한 소명을 받았다는 세우타 정복 이래로의 확신, 비록 셋째 왕자로 태어나 왕이 될 가능성은 없었지만 더 큰 업적을 남기고 싶다는 야망이 젊은 왕자를 온통 사로잡았을 것이다. 그는 사그레스를 자신의 거처로 삼았다. 바다밖에 없는 왕국의 변경에 집을 지었다. 엔히크가 사그레스를 방문하기 위해 수도 리스본의 왕궁을 떠났을 때, 그가 안락한 왕자의 삶을 포기하고 누구도 가지 않은 길을 향해 나아갈 거라고 예상한 사람이 있었을까? 모두의 예상을 뒤엎는 결단. 이로 인해 포르투갈의 운명은 바뀐다. 유럽과 세계의 운명도 함께 바뀌게 된다.

엔히크는 사그레스를 자신의 터전으로 삼았다. 오늘날 사그레스에는 이런저런 건물이 들어서 있지만 엔히크 때의 흔적은 사라졌다. 엔히크는 이곳에 무엇을 세웠던 것일까? 사그레스의 역사적 정체는 모호하다. 기록의 부재, 전쟁의 피해, 자연의 파괴가 이유다. 혹자는 이곳에 항해 학교와 천문대가 있었다고 한다. 혹자는 항해와 관련된 모든 기록을 연구

대항해시대의 탄생

하고 보관하는 연구소와 도서관이 있었다고 믿는다. 구체적인 기관이 존재했다기보다는 엔히크를 중심으로 한 일종의 인적 네트워크가 있었고, 사그레스는 하나의 상징이라고 주장하는 학자도 있다. 의견이 다양함에도 모두가 인정하는 것이 하나 있다. 이곳이 바로 항해왕 엔히크의 땅이었다는 사실이다.

이 척박한 곳에서 엔히크는 무한히 펼쳐진 바다를 발견했고, 바다와 정면으로 마주했다. 그 바다와 온몸으로 부딪혔다. 수천 년 동안 유럽에 사는 모두에게 대서양은 넘을 수 없는 한계였다. 오직 엔히크만이 그 바다를 극복 가능한 장애로 인식했다. 그러나 현실은 녹록지 않았다. 당시의 배는 부실했고, 항해 도구들은 조악했다. 항해술은 초보 단계에 불과했다. 특히 대서양이라는 거대한 바다에 대한 정보는 없는 것이나 마찬가지였다. 이 모든 것을 극복하고 바다를 개척하려면, 혹은 바다를 개척

사그레스 요새. 좁고 높은 사그레스의 삼면을 대서양이 둘러싸고 있다.

해 이 모든 것을 극복하려면, 막대한 돈이 필요했다. 열정은 넘쳤지만 엔히크 왕자에게는 그럴 만한 돈이 없었다. 그러나 행운의 여신은 무모하지만 간절한 왕자의 편이었다.

그리스도 기사단의 단장이 되다

1420년 봄, 아버지 주앙 1세가 엔히크 왕자를 리스본으로 불러들였다. 5월 25일, 왕은 아들에게 새로운 지위를 하사했다. 그리스도 기사단 the Military Order of Christ의 총책임자 자리였다. 성전기사단Templar의 후신인 그리스도 기사단은 포르투갈 내에서 가장 영향력 있고, 막대한 부와 강력한 힘을 가진 일종의 엘리트 그룹이었다. 주앙 1세는 그리스도 기사단을 엔히크 왕자에게 주기 위해 오랜 시간 교황청에 공을 들였다. 공식적으로 모든 기사단은 교황 직속 기관이기 때문이다. 그런 기사단의 수장에 왕자를 임명하는 것은 극히 드문 일이었다.

물론 처음은 아니었다. 2년 전인 1418년, 주앙 1세는 또 다른 강력한 기사단인 산티아고 기사단the Order of Santiago의 총책임자에 엔히크의 동생인 주앙João, 1400~1442 왕자를 앉혔다. 연이어 왕자들에게 기사단을 맡긴 것은 강력한 기사단들을 왕실의 영향력 아래 둠으로써 왕권을 강화하기 위해서였다. 왕권 강화는 신생 왕조의 개창자인 주앙 1세 입장에서 언제나 최우선 과제였다. 더군다나 주앙 1세는 왕위 계승 자격이 없는 왕실의 서자였다.

그는 포르투갈 출신 왕을 원하는 민심과 알주바로타에서의 승전(1385)에 힘입어 왕좌를 차지했다. 그렇다고 포르투갈의 왕권에 대한 카스티야의 권리가 소멸된 것은 아니었다. 카스티야의 왕들은 그 소중한 권리를 공식적으로 포기하지 않았다. 주앙 1세의 왕권은 언제나 허약할 수밖에

대항해시대로 인해 유행한 포르투갈
특유 마누엘 양식의 대표적인 유산인
토마르의 성당 창문 장식

없었다. 주앙 1세는 재임 초반에 귀족들을 자신의 편으로 끌어들이기 위해 과도하게 특혜를 베풀었다.

1383년부터 1385년까지 이어진 계승 전쟁에서 포르투갈의 많은 귀족 가문이 카스티야의 권리를 지지했다. 그들의 상당수는 알주바로타 전투에서 전사했거나, 패전 직후 카스티야로 망명했다. 그러나 한 집안 전체가 일괄적으로 카스티야의 후안 1세를 지지하는 경우는 드물었다. 대부분의 귀족 가문이 분열됐다. 그 가운데 젊은 세대를 중심으로 한 귀족들이 서자임에도 코르테스에서 선출된, 리스본과 포르투Porto를 비롯한 대도시들의 지지를 받고 있는 주앙 1세 편에서 싸웠다. 계승 전쟁 과정에서 가장 큰 공을 세운, 사실상 아비스 왕조의 공동 창업자라 할 수 있는 누누 알바르스 페레이라도 그런 경우였다. 그의 형제 중 둘은 알주바로타에서 카스티야 편에서 싸웠던 것이다.

무엇보다 주앙 1세에게 위협적이었던 것은 가장 강력한 힘과 영향력을 가진 8대 가문이었다. 메네스Menese, 알부케르크Albuquerque, 카스트루Castro, 소자Sousa, 실바Silva, 쿠냐Cunha, 파쉐코Pacheco, 페레이라Pereira 가문은 포르투갈의 전前 왕조인 부르고뉴 왕조와 밀접한 관계를 갖고 있었다. 동시에 카스티야의 왕실과도 이런저런 인연을 맺고 있었다. 이베리아 반도의 복잡한 역사가 만들어낸 결과였다. 주앙 1세는 이들이 카스티야 편에 붙는 것을 방지하기 위해 신중하게 다룰 필요가 있었다. 이처럼 권력 기반이 취약했기 때문에 왕은 관대할 수밖에 없었다.

주앙 1세는 자신을 지지한 귀족들에게 알주바로타에서 전사하거나 패전 이후 카스티야로 망명한 귀족들의 재산과 지위를 나눠줬다. 왕실은 약했고, 귀족은 강했다. 그러나 주앙 1세는 탁월한 정치가였다. 그는 은밀하게 그리고 점진적으로 왕권을 강화하고 중앙집권화를 추진했다.

대항해시대의 탄생

1411년, 카스티야와 최종적으로 평화조약이 맺어지자 왕은 좀 더 노골적으로 행동했다. 세우타 원정의 성공으로 왕가의 위신이 높아진 것, 그 과정에서 젊은 왕자들이 탁월한 능력을 선보인 것 역시 왕실에는 큰 도움이 됐다. 그런 정치적인 배경에서 주앙 왕자는 산티아고 기사단의 단장에, 엔히크 왕자는 그리스도 기사단의 단장에 임명됐다.

미래를 예측한다는 것은 참 어려운 일이다. 주앙 1세도, 교황도, 포르투갈의 그 어떤 귀족도 엔히크 왕자의 그리스도 기사단장 임명이 가져올 역사의 후폭풍을 예측하지 못했다. 만약 미세하게나마 그 결과를 내다볼 수 있었다면 교황은 절대 엔히크 왕자에게 그리스도 기사단을 안기지 않았을 것이다.

하나님의 전사들, 성전기사단

그리스도 기사단의 총괄 책임자가 된 엔히크 왕자는 기사단의 총사령부가 위치한 토마르Tomar로 향했다. 토마르는 포르투갈 중부의 전략적 요충지다. 옛 수도 코임브라에서 현 수도 리스본으로 이어지는 포르투갈 대동맥의 중앙에 위치했다. 풍요롭기로는 왕국에서도 으뜸이었다. 시장이 발달하고, 거대한 유대인 공동체가 존재하는 활력 넘치는 도시였다. 이 도시의 풍요와 활력의 원천은 토마르 배후의 산 위에 당당하게 서 있는 거대한 성이었다. 단단한 성벽 뒤로는 웅장한 성당과 수도원이 자리 잡고 있었다. 그리스도 기사단 본부였다. 엔히크는 이곳에 기사단 단장으로서 입성했다. 처음 토마르의 성에 들어서는 날, 엔히크는 감개무량했을 것이다. 당시의 그에게 토마르는, 모든 포르투갈 사람들에게 그러

●코임브라

✝
○토마르   테 주 강

●산타렝

리스본●

포 르 투 갈

카
스
티
야

대 서 양

●
라구스
○

1419
사그레스

하듯 역사인 동시에 전설이었다. 이곳이 성전 기사단의 본부였기 때문이다.

포르투갈은 십자군에 의해 건국된 나라다. 이베리아 반도를 무슬림으로부터 되찾는 재정복운동, 즉 레콩키스타 과정에서 탄생했다. 레콩키스타는 하루아침에 이뤄지지 않았다. 500년 가까운 세월이 걸렸다. 기독교 세력과 이슬람 세력은 일진일퇴를 거듭했다. 온 반도에 유혈이 낭자했다. 포르투갈을 건국한 아폰수 1세는 탁월한 통치자이며 최고의 전사였다. 그의 재임 기간 동안 포르투갈은 테주강 유역의 전략적 요충지인 리스본과 산타렝을 정복하며 남쪽으로 밀고 내려갔다. 그러나 무슬림으로부터 땅을 되찾는 것도 어려웠지만, 지키는 것은 더 힘들었다. 누가 지킬 것인가? 가장 적합한 주체는 십자군의 산물인 기사단이었다.

기사단은 수사修士와 기사騎士가 결합한 하나님의 전사였다. 그들은 결혼도 하지 않은 채 수사처럼 집단생활을 했다. 교황과 기사단장의 명령에만 복종했고, 하나님의 적과 싸우는 것만이 삶의 이유였다. 그렇다면 어떻게 지킬 것인가? 기사가 중세의 가장 강력한 칼이라면, 가장 유용한 방패는 성城이었다. 전

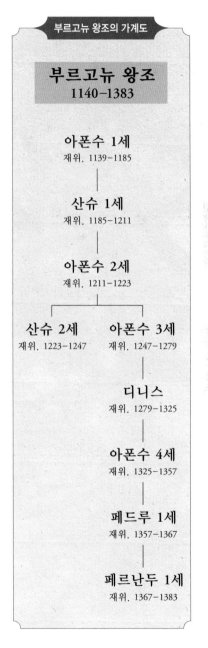

부르고뉴 왕조의 가계도

부르고뉴 왕조
1140-1383

아폰수 1세
재위. 1139-1185

산슈 1세
재위. 1185-1211

아폰수 2세
재위. 1211-1223

산슈 2세
재위. 1223-1247

아폰수 3세
재위. 1247-1279

디니스
재위. 1279-1325

아폰수 4세
재위. 1325-1357

페드루 1세
재위. 1357-1367

페르난두 1세
재위. 1367-1383

략적으로 중요한 언덕이나 산등성이에 세워진 육중한 성은, 화약이 사용되기 이전에는 난공불락에 가까웠다. 레콩키스타 과정에서 포르투갈의 통치자들은 기사단에 아낌없이 방대한 정복지를 나눠줬다. 기사단은 그들의 영지 내에서 가장 중요한 전략적 요충지에 육중한 성들을 세웠다. 그 과정의 가장 큰 수혜자가 성전기사단이었다.

성전기사단은 1차 십자군의 결과로 예루살렘 왕국Kingdom of Jerusalem이 세워진 직후인 1119년 성지聖地에서 출범했다. 목표는 예루살렘 수호와 순례자 보호였다. 유럽의 많은 왕과 귀족이 성전기사단에 앞다투어 기부했다. 젊은 귀족들은 기사단에 투신했다. 유럽 전역에 성전기사단의 지부가 생겨났다. 단시일에 성전기사단은 유럽에서 가장 막강하고 부유한 국제조직으로 성장했다. 무슬림과 치열하게 싸우며 영토를 확장해가던 이베리아 반도에서도 예외가 아니었다. 아폰수 1세의 어머니 테레사 백작부인은 1128년 포르투갈 백작령의 섭정 자격으로 성전기사단을 받아들이고 무슬림과의 국경 지대에 위치한 방대한 토지를 기증했다.

아폰수 1세의 별칭 중 하나가 정복왕이다. 그만큼 영토를 넓혔기 때문이다. 포르투갈 영토가 남쪽으로 확장되면서 성전기사단 본진도 남하했다. 1160년 성전기사단은 아폰수 1세로부터 하사받은 토마르에 본부를 세웠다. 지금 엔히크 왕자 눈앞에 서 있는 거대한 교회와 웅장한 성채는 이때 지어졌다. 그러나 막강한 무력과 막대한 재산으로 기독교 세계 위에 군림하던 성전기사단에도 종말이 찾아왔다. 가진 자의 교만 위에, 없는 자의 질시가 더해진 탓이다. 프랑스 왕 필리프 4세Philippe Ⅳ, 재위 1285~1314가 앞장섰다.

프랑스 왕은 성전기사단에 이단 혐의를 씌웠다. 힘없는 교황 클레멘스 5세Clemens Ⅴ, 재위 1305~1314는 프랑스 왕의 주장에 맞서지 못했다. 성전기

대항해시대의 탄생

웅장한 중정이 돋보이는 토마르의 그리스도 수도원 내부

사단은 해체됐고(1312), 주요 인물들은 불타 죽었다(1314). 성전기사단의
막대한 재산은 그들의 가장 큰 채무자였던 프랑스 왕이 차지했다. 기사
단 해체의 여파는 전 유럽으로 퍼졌다. 당시 포르투갈 왕이었던 디니스
는 현명한 군주였다. 디니스 왕은 성전기사단을 해체하되 그들을 새롭게
창단하는 '그리스도 기사단'에 통합할 수 있도록 해달라고 교황청에 요
청했다. 교황은 허락했다.

　포르투갈의 성전기사단은 프랑스에서처럼 비극적인 최후를 맞이하지
않았다. 그들은 그리스도 기사단으로 신분을 세탁하는 데 성공했고, 여
전히 막강한 부와 권력을 포르투갈에서 누리게 됐다. 디니스 왕은 왜 프

랑스 왕과 다른 선택을 했을까? 프랑스는 기사단을 필요로 하지 않았지만, 포르투갈은 여전히 그들이 절실히 필요했기 때문이다. 남쪽으로의 레콩키스타는 디니스 왕의 아버지인 아폰수 3세Afonso Ⅲ, 재위 1248~1279 때 이미 완성됐다(1249). 그러나 포르투갈 영역 내의 레콩키스타 완성이 끝이 아니었다. 남쪽에서 전쟁이 끝나자 동쪽의 카스티야가 포르투갈의 자유와 독립을 위협해왔다. 같은 기독교 국가였지만 비정한 국제정치의 룰은 중세의 이베리아 반도에서도 예외 없이 작동했다.

디니스 왕의 현명함에 힘입어 그리스도 기사단으로 재탄생한 성전기사단은 기대에 부응했다. 오랜 세월 포르투갈 방어에 중추적인 역할을 했고, 1385년 알주바로타 전투에서는 주앙 1세의 곁에서 카스티야 군대에 맞서 싸웠다. 아비스 왕조가 온 힘을 들여 북아프리카의 세우타 정복에 나섰을 때도 그리스도 기사단은 왕과 동행했다(1415). 그 기사단의 총사령부가 위치한 토마르에 엔히크가 들어선 것이다. 그것도 일개 왕자가 아닌, 기사단의 모든 운명을 움켜쥔 총책임자의 자격으로였다.

중세를 가르는 배

이제 막 바다 개척을 꿈꾸던 엔히크에게 부유한 그리스도 기사단은 뜻밖의 횡재였다. 엔히크는 포르투갈 최남단 사그레스에 펼치기 시작한 항해 사업에 기사단의 돈을 투자하기 시작했다. 유사 이래 유럽인에게 대서양은 무지의 공간이었다. 오랜 세월 동안 무지는 공포를, 공포는 무지를 강화시켜왔다. 엔히크가 사그레스에서 한 첫 번째 작업은 이 무지를 깨트리는 것이었다. 그는 유럽 각지에서 우수한 지리학자, 천문학자, 수

대항해시대의 탄생

학자, 탐험가, 항해가, 항해 기구 제작자 등을 불러 모았다.

바다와 항해에 대한 정보를 수집하고, 그렇게 모인 정보를 바탕으로 체계적인 연구를 진행했다. 연구 결과는 목숨을 걸고 바다로 나아가는 엔히크의 선장들에게 제공됐다. 항해의 영역이 넓어졌고, 해류의 흐름과 바람에 대한 연구가 나날이 진척됐다. 엔히크 사단은 연구와 항해 경험을 토대로 배를 개량하기 시작했다. 대서양은 지중해와 달랐다. 지중해처럼 노잡이에 의존해서 오갈 수 있는 바다가 아니었던 것이다. 거친 바다에서 살아남기 위해 배의 내구성을 강화했다. 바람을 이용하기 위해 돛대의 수를 늘리고, 거기에 거대한 삼각돛을 달았다. 초기의 대항해

리스본 해양박물관의 사그레스 항해 학교 상상도. 이곳에서 항해에 대한 정보를 수집하고 체계적으로 연구해, 엔히크의 선장들에게 연구 결과를 제공했다고 알려져 있다.

대항해시대의 전진 기지

시대를 주도할 캐러벨Caravel은 그렇게 탄생했다. 이제 엔히크의 선장들은 인력에 의존하지 않고, 바람의 변화에 따라 돛을 움직여 손쉽게 배를 조종하게 됐다. 유럽 전체가 지중해에 머물 때, 포르투갈만은 차근차근 세상의 바다를 정복할 준비를 해나갔던 것이다.

그러나 항해 사업은 쉽지 않았다. 아무런 수익도 없고, 성공 가능성도 없는 무의미한 사업이라는 거센 반발이 포르투갈 내에서도 빗발쳤다. 이해할 수 있는 일이다. 그럼에도 불구하고 엔히크가 바다 개척을 꾸준하게 밀고 나갈 수 있었던 것은 우선 아버지의 지지가 있었기 때문이다. 아버지 주앙 1세는 아들을 믿었다. 사방이 막힌 포르투갈 입장에서는 돌파구가 절실했다. 누군가는 미래로 가는 길을 개척해야 했다. 주앙 1세는 엔히크의 사업에서 그 가능성을 봤다. 바다 개척을 지속할 수 있었던 또 다른 중요한 원인은 그리스도 기사단의 돈이었다. 기사단은 상명하복이 철저한 조직이었고, 단장의 권력은 절대적이었다. 기사단의 총책임자인 엔히크가 기사단의 돈을 자신의 사업에 쓰겠다는데 누가 뭐라 할 것인가? 엔히크의 명령에 따라 용맹한 기사들도 말을 버리고 배를 탔다.

엔히크는 망망대해로 나아가는 배의 돛을 기사단의 상징인 사각꼴의 붉은 십자가로 장식했다. 엔히크의 선장들은 쉴 새 없이 바다로 나아갔다. 마데이라Madeira와 아조레스가 발견되고 개척됐다. 몽상가였지만 냉철했던 엔히크는 '죽음의 곳'으로 알려진 보자도르Bojador 정복을 제1목표로 삼았다. 오늘날 서사하라에 위치한 보자도르곶은 유럽인들에게 세상의 끝이었다. 그곳을 넘어갔다 살아 돌아온 사람이 아무도 없었기 때문이다. 언젠가부터 유럽인들은 스스로 선을 그었다. 그렇게 보자도르곶 이남의 바다는 금단의 영역이 됐다. 엔히크는 그 선을 넘고자 했다. 인식의 한계에 도전한 것이다.

'육지로 이슬람 왕국이 뻗어 있다면, 바다로 내려가지 못할 이유가 없다. 살아 돌아오지 못하는 데는 다른 이유가 있을 것이다.'

엔히크의 생각이었다. 매년 탐험 선단이 서아프리카 대륙을 따라 남하했다. 1434년, 라구스Lagos 출신의 탁월한 선장 질 이아네스Gil Eanes가 드디어 보자도르곶을 돌아 생환했다. 보자도르곶을 지나면서부터 바뀌는 강한 해류와 바람을 개량된 배 캐러벨로 이겨낸 것이다. 사그레스에 자리 잡은 지 15년 만의 최대 업적이었다. 엔히크 왕자와 그의 사단은 그렇게 바다에 대한 무지를 깨고 공포를 극복하기 시작했다. 유럽 변방의 작은 나라 포르투갈, 그중에서도 가장 끄트머리에 있는 사그레스에서 시작된 인식의 혁명. 세상의 무관심 속에 엔히크의 사람들은 모두에게 열려

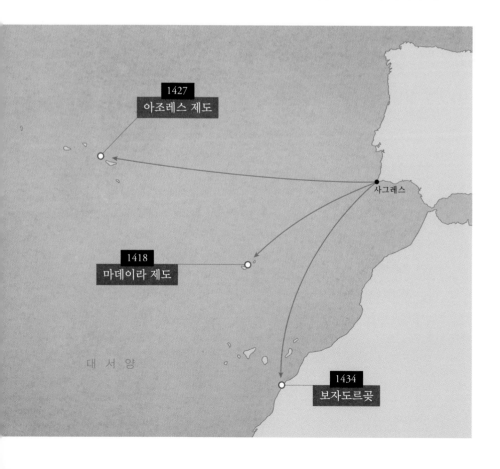

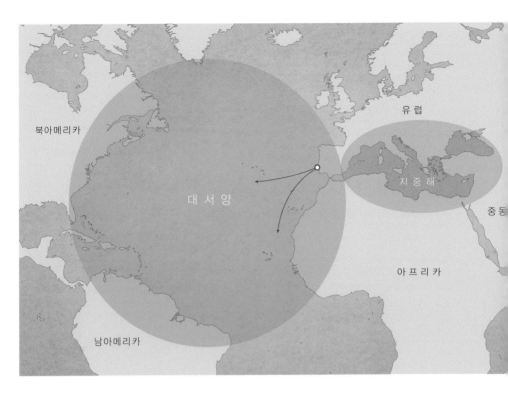

북아메리카

유럽

지 중 해

대 서 양

중 동

아 프 리 카

남아메리카

있으나, 누구도 도전하지 않았던 바다라는 공간으로 나아갔다. 엔히크의
배들은 날카로운 검이 되어 중세를 가르고 있었다.

역사의 행운아

엔히크가 바다로 간 이유는 무엇일까? 그가 처음부터 대항해시대를
열어 중세를 끝내고 근대를 열겠다는 목표를 설정한 것은 아니었다. 이
는 의도가 아니라 결과였다. 엔히크는 철저한 중세인이었다. 가장 중세
적인 조직인 기사단의 단장이었다. 그에게는 새로운 교역로를 개척하겠
다는 경제적인 목표도 있었지만 기독교 신앙을 전파한다는 종교적 목적
도 컸다. 특히 전설의 기독교 왕국의 군주 프레스터 존Prester John을 찾아

동맹을 맺고, 이슬람 제국을 상대로 십자군을 부활시키려는 열망이 컸다. 물론 그런 나라는 존재하지 않았다. 대신 엔히크는 대항해시대를 통해 진정한 세계사의 주역이 됐다. 그가 해양 개척의 근거지로 삼았던 사그레스는 근대의 출발점이 됐고, 유럽 문명을 세계화시키는 전진기지가 됐다. 의도보다 훨씬 크고 중요한 결과를 낳았다는 점에서 엔히크는 역사의 행운아였다.

1453년 콘스탄티노플
오스만 튀르크 제국의 부상

콘스탄티노플

흑해

지중해

1453년 5월 29일 늦은 오후. 오스만 튀르크Osman Türk 제국의 술탄Sultan 메흐메드 2세Mehmed Ⅱ, 재위 1444~1446, 1451~1481 가 콘스탄티노플Constantinople에 입성했다. 테오도시우스Theodosian 성벽에서 가장 높은 언덕 꼭대기에 위치한 카리시우스Charisius 문을 통해서였다. 완전군장한 술탄은 언제나처럼 백마를 탔다. 그의 좌우를 화려한 복장의 예니체리Janissary 병사들이 호위했다. 사방에 널린 시체를 무심하게 지나쳐, 도심까지 쭉 뻗은 대로를 따라 술탄이 곧장 나아간 곳은 하기아 소피아Hagia Sophia였다. 537년 유스티니아누스 대제Justinianus, 재위 527~565 가 지은 콘스탄티노플의 상징이며, 기독교의 성소聖所였다.

성당 안으로 들어간 술탄은 알라에게 기도를 올렸다. 성당을 모스크로 바꿀 것을 명했다. 정복자의 첫 명령은 그렇게 '참신앙의 승리'를 천명하는 것이었다. 만감이 교차했다. 그는 드디어 모든 것을 건 전쟁에서 승리한 것이다. 이 전쟁은 이미 역사를 변화시켰다. 앞으로는 세상을 변화시킬 것이었다. 그런 의미에서 전쟁에 참전한 모든 이는, 승자든 패자든 세계사의 대전환을 직접 목격한 증인이었다. 콘스탄티노플이 오스만 튀르크에 함락됐다는 소식은 머지않아 유럽, 아시아, 아프리카 전역으로 퍼져 나갈 것이다. 유럽과 지중해는 두려움에 떨 것이다. 술탄은 자부심과 자신감에 벅찼다. 동시에 지난 몇 년간의 고통과 피땀 어린 노력이 주마등처럼 스쳐 지나갔다.

콘스탄티노플을 향한 열망

1452년에서 1453년으로 넘어가는 겨울 동안 아드리아노플Adrianople(지금의 에디르네) 왕궁에 위치한 술탄 메흐메드 2세의 침전에는 불이 꺼지지 않는 날이 많았다. 술탄이 생각에 잠긴 채 밤을 새우는 일이 잦아졌기 때문이다. 동지중해를 중심으로 유럽과 아시아에서 떠오르는 신흥 강국 오스만 튀르크의 절대자를 잠 못 들게 하는 고민은 수백 년 동안 많은 정복자들이 해결하지 못한 난제 중의 난제였다.

콘스탄티노플! 위대한 로마 제국의 수도. 모든 도시들의 선망이자 질시의 대상인 콘스탄티노플. 콘스탄티누스 대제Constantinus, 재위 324~337*가 건설한 이래 천 년 동안 번성해온 이 도시는 비록 쇠락했지만 여전히 로마 제국의 후예, 비잔틴 제국Byzantine Empire의 수도였다. 사람들을 매료시키는 부와 마력의 도시였다.

지금 이 도시를 원하는 술탄 메흐메드 2세는 1432년 술탄 무라드 2세 Murad II, 재위 1421~1444, 1446~1451와 하렘Harem(이슬람 세계의 후궁)의 여자 노예 사이에서 태어났다. 술탄의 세 번째 아들이었으나 형들이 연이어 죽는 바람에 왕위 계승권자가 됐다. 아버지 무라드 2세는 메흐메드가 12세가 되던 해에 갑자기 퇴위를 선언하고 은거했다. 어린 나이에 술탄이 된

*통일 로마 제국의 황제로서 재위한 기간. 분할 통치 시기 서로마 황제 재위 기간은 제외했다.

대항해시대의 탄생

메흐메드는 '감히' 콘스탄티노플을 정복하겠다는 원대한 포부를 밝혀 궁을 발칵 뒤집었다. 궁정은 물론 군대까지 나서서 어린 술탄의 계획에 반대했다. 메흐메드에 대한 비난이 빗발쳤다. 결국 퇴위했던 무라드 2세가 복귀할 수밖에 없었다.

메흐메드는 술탄 자리에서 쫓겨났다. 부친이 은거했던 마니사Manisa로 사실상 추방됐다. 메흐메드로서는 계승권을 박탈당할 가능성도 충분했다. 무라드 2세가 귀족 출신의 여자를 새로 맞아들이고, 둘 사이에서 아들이 태어나자 메흐메드의 입지는 더욱 좁아졌다. 절체절명의 위기였다. 그러나 메흐메드는 냉철했다. 서둘거나 조바심 내지 않았다. 자신의 군사 능력과 겸손한 태도로 아버지의 총애를 회복해나갔다. 그렇다고 왕위 계승권자의 입지가 확고해진 것은 아니었다. 무엇보다 무라드 2세의 측근들은 왕자의 과격한 대외 정책을 경계했다.

1451년 2월 갑작스럽게 무라드 2세가 사망했다. 메흐메드가 다시 술탄의 자리에 올랐다. 그는 왕위 계승에 위협이 됐던 이복동생을 살해하는 것으로 치세를 열었다. 5년 만에 기사회생하여 다시 술탄이 된 메흐메드의 나이는 이제 19세였다. 콘스탄티노플을 점령하겠다는 열망은 변하지 않았다. 술탄은 자신이 허황되거나 무모하다 여기지 않았다. 그는 무한한 포부와 거대한 비전의 소유자였지만 동시에 냉철한 군주였다. 자신이 물려받은 제국과, 이 제국을 만들어온 선조들의 역사 앞에서 그는 통찰했다.

뻗어 나가기 위해 넘어야 할 산

오스만 튀르크 제국의 선조들은 중앙아시아에서 오늘날 터키의 아나톨리아Anatolia(지금의 터키 중앙부)로 이주한 여러 튀르크Türk계 집단 가운데 하나에 불과했다. 제국의 창시자는 오스만Osman I이었다. 그는 비잔틴 제국의 한 귀퉁이, 비티니아Bithynia 지방에서 세력을 키웠다. 그를 따르던 튀르크계 유목민을 중심으로 한 다양한 추종자들을 총칭하여 '오스만 튀르크'라 했다. 오스만의 아들 오르한Orhan은 부르사Bursa를 함락시키고, 그곳을 오스만 튀르크 왕조의 첫 수도로 삼았다(1324).

오르한은 36년 동안 호전적이면서도 안정적으로 왕조를 이끌었다. 그가 죽을 무렵 오스만 튀르크는 다르다넬스Dardanelles 해협을 중심으로 아시아와 유럽 양쪽의 전략적 요충지에 안착했다. 위대한 정복자 티무르Timur, 1336~1405와의 싸움에서 대패해 멸망 직전까지 몰리기도 했지만(1402), 강인한 생존력을 보이며 되살아났다. 기사회생한 왕조는 잃어버린 영토를 재정복하여 더 크고 유연한 제국을 건설했다. 그러나 더 뻗어 나가기 위해서는 반드시 넘어야 할 거대한 산이 남아 있었다. 콘스탄티노플이었다.

유럽과 아시아, 에게해와 흑해를 연결하는 요충지에 위치한 콘스탄티노플은 전략적, 문화적, 경제적 가치를 뛰어넘는 하나의 상징이었다. 지중해를 터전으로 살아가는 모든 이에게, 역사를 통해 가장 강력한 기억으로 남아 있는 로마 제국의 마지막 유산. 이 도시는 여전히 황제의 도시였고, 살아남은 로마였다. 콘스탄티노플이 보스포루스Bosporus 해협을 통제하고 있는 이상, 흑해와 에게해를 연결하는 이탈리아 도시국가들의 상업망은 건재할 터였다. 이 지역에 대한 베네치아Venezia의 제해력 역시 계속될 터였다. 아나톨리아, 발칸Balkan 반도, 트라키아Thracia를 연결하고 동지중해 연안과 에게해, 흑해를 오스만 튀르크 제국의 단일 공간으로 통합하려면, 베네치아를 몰아내고 풍요로운 해상 상업망을 장악하려면 콘스탄티노플이 반드시 필요했다.

대항해시대의 탄생

그러나 술탄의 콘스탄티노플 정복에 대한 궁정과 군대의 부정적인 반응은 변하지 않았다. 그들에게 콘스탄티노플은 천 년 넘는 세월 동안 수많은 외침을 물리쳐온 난공불락의 도시였다. 더군다나 비잔틴 제국은 콘스탄티노플과 그 주변 지역으로 줄어들어 더 이상 오스만 튀르크 제국에 위협이 되지 못했다. 무모하게 전쟁을 벌이느니 콘스탄티노플로부터 조공을 받아 이익을 취하는 것이 낫다는 견해가 궁정의 대세였다. 이런 상황에서 무리하게 원정을 강행하다 실패하면 술탄의 권위는 땅에 떨어질 것이 자명했다. 신하들에 의해 폐위당하는 최악의 상황이 닥칠지도 몰랐다. 그럼에도 불구하고 메흐메드 2세는 전쟁을 결심했다. 더 위대하고 강력한 제국을 만들고자 했던 메흐메드에게 콘스탄티노플은 반드시 통과해야 하는 시험대였다. 그는 모든 것을 걸 각오를 다졌다. 다시 돌아온 청년 술탄은 승부사였고 집념의 화신이었다.

난공불락의 도시를 고립시키다

철저한 준비가 필요했다. 실패는 용납할 수 없고, 용납되지도 않을 터였다. 전쟁 준비에 필요한 시간을 벌기 위해서 술탄은 이웃 나라들에 평화의 제스처를 보냈다. 메흐메드의 거짓 미소는 서방 군주들을 속이기에 충분했다. 술탄을 무능력한 아이로만 치부한 그들의 섣부른 판단이 일조했다. 술탄의 첫 조치는 콘스탄티노플을 외부로부터 완벽하게 고립시키는 것이었다. 직접 콘스탄티노플 주변을 둘러본 술탄은 보스포루스 해협의 가장 좁은 지역에 주목했다. 그곳의 아시아 쪽 해안에는 술탄 바예지드 1세Bayezid Ⅰ, 재위 1389~1402가 건설한 아나돌루히사르Anadoluhisarı가 서 있었다.

만약 유럽 쪽 해안에 새로운 요새를 지을 수 있다면? 술탄은 보스포루스 해협을 완벽하게 장악하게 된다. 흑해로부터 보스포루스 해협을 거쳐 곡물과 각종 물자를 제공받던 콘스탄티노플은 치명타를 입게 된다. 그곳은 콘스탄티노플의 북동부를 공략할 거점으로도 훌륭했다. 1452년 봄, 술탄은 본인이 점찍어두었던 지역을 기습적으로 점령하고 요새를 건설하기 시작했다. 콘스탄티노플은 경악했다. 그곳에 요새를 건설하는 의미는 명확했다. 사실상의 선전포고였다. 술탄은 최대한 서둘렀다. 자신의 의도가 밝혀진 만큼 콘스탄티노플도 대응에 나설 것이 뻔했기 때문이다. 서방의 기독교 국가들이 콘스탄티노플을 구원하러 움직이기 전에 전쟁을 끝내는 것이 중요했다.

4월 15일 공사가 시작됐다. 거대한 요새는 불과 139일 만에 완성됐다. 루멜리히사르Rumelihisarı, 로마 땅에 세워진 요새란 뜻이었다. 오스만 튀르크인들은 이 요새를 '목구멍의 칼날Boğazkesen, Throat Cutter'이라고도 불렀다. 콘스탄티노플의 숨통을 노린다는 점에서 정확한 표현이었다. 요새가 완성되자마자 술탄은 보스포루스 해협을 항해하는 모든 선박을 대상으로 검문을 실시하고, 명령을 어기는 배는 침몰시킬 것이라는 칙령을 발표했다. 콘스탄티노플 봉쇄의 시작이었다. 이를 무시한 선박은 격침됐다. 겨우 살아남은 선장은 말뚝에 찔려 죽었고, 선원들은 전원 참수당했다.

기독교 왕국들은 그제야 새로운 청년 술탄이 만만찮은 인물임을 깨달았다. 그러나 너무 늦었다. 유럽의 기독교 국가들이 대책을 고민하는 동안에도 술탄의 전쟁 준비는 착착 진행되고 있었다. 술탄 메흐메드는 육중한 콘스탄티노플의 성벽을 파괴하기 위한 대포 개발에도 착수했다. 헝가리 출신의 기술자 우르반Urban이 총책임을 맡았다. 그는 지금까지 아무도 본 적 없는, 포신이 8미터가 넘는 거대한 대포를 만들어냈다. 포탄은 자그마치 1.6킬로미터를 날아갔다. 거포巨砲의 완성으로 전쟁 준비는 끝

대항해시대의 탄생

났다. 자신의 의지를 만천하에 밝히고 전군을 휘몰아 콘스탄티노플로 향하는 일만이 남았다.

영원의 도시를 지키려는 자, 빼앗으려는 자

전쟁은 1453년 봄에 시작됐다. 3월 말 술탄의 함대는 바다에서 콘스탄티노플을 봉쇄했다. 10만 명에 육박하는 육군은 4월 초 육지에서 도시를 포위했다. 테오도시우스 2세Theodosius Ⅱ, 재위 408~450 때 처음 만들어진 이 삼중 성벽은 어마어마한 규모다. 건설된 이후 단 한 번도 적의 침입을 허용한 적 없는 불패의 성벽이었다. 1204년, 베네치아를 필두로 한 4차 십자군이 콘스탄티노플을 점령한 것은 바다를 통해서였다.

콘스탄티노플 성벽의 현재 모습

아무리 그렇다고 해도 콘스탄티노플을 지키는 수비군 입장에서는 안심할 수 없는 상황이었다. 도시 안에 남아 있는 병력은 외국인까지 포함해서 모두 8,000명에 불과했다. 술탄 메흐메드의 대군을 맞아 22.5킬로미터의 성벽을 완벽하게 지켜내기에는 턱없이 부족한 숫자였다. 바다마저 튀르크 해군이 장악한 상태였다. 외부 세력의 도움을 전혀 기대할 수 없는 상황에서, 수비군은 자신의 용기와 신념만으로 '영원의 도시'를 지켜내야 했다.

1453년 4월 5일, 드디어 술탄 메흐메드 2세가 테오도시우스 성벽 밖에 위치한 진지에 도착했다. 먼저 술탄은 비잔틴 제국의 황제 콘스탄티누스 11세Constantinus XI, 재위 1449~1453에게 항복을 권했다. 황제는 대답하지 않았다. 4월 6일, 튀르크 측에서 쏘아 올린 대포의 굉음과 함께 콘스탄티노플 공방전이 시작됐다. 술탄의 부대는 포격을 멈추지 않았다. 시간이 가면서 성벽 곳곳에 구멍이 뚫리기 시작했다. 비잔틴 제국의 황제와 주스티니아니Giovanni Giustiniani, 1418~1453가 이끄는 수비군도 만만치 않았다. 주스티니아니는 제노바 공화국의 대표적인 명문 출신으로 포위전의 전문가였다. 수비군은 매일 밤 무너진 성벽을 수리하고 방책을 세우면서 하루하루를 버텼다.

바다에서의 싸움도 치열했다. 수적으로는 튀르크가 우세했다. 배의 수준과 선원들의 능력은 콘스탄티노플이 월등했다. 만약 바다가 뚫리면 봉쇄는 실패한다. 콘스탄티노플 함락도 불가능해진다. 술탄은 극단적인 전략을 구상했다. 보스포루스 해협에서 갈라타Galata 뒤편의 산등성이를 넘어 골든 혼Golden Horn에 이르는 도로를 건설한 것이다. 골든 혼은 콘스탄티노플의 북쪽을 이루는 바다다. 제노바인 거주지 갈라타 지구와 마주하고 있다. 골든 혼은 예로부터 콘스탄티노플과 갈라타 사이에 설치된 거대

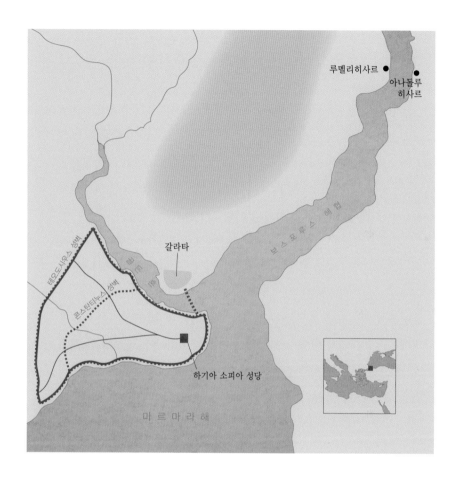

한 쇠사슬에 의해 안전하게 방어되었다. 도로가 완성되자 술탄은 산등성이를 넘어 건너편 바다로 배를 운반하라는 전무후무한 작전을 명했다. 그렇게 술탄의 해군은 골든 혼을 장악했고, 갈라타 지구는 항복했다.

이제 남은 숙제는 테오도시우스 성벽뿐이었다. 성벽은 여전히 굳건했다. 최악의 상황에서도 수비군은 용기와 기백을 잃지 않고 버텼다. 시간이 흘러감에 따라 오스만 튀르크 진영도 지쳐갔다. 포위 공격을 시작한 지 7주가 지날 무렵부터는 좌절감과 무기력함이 고개를 들기 시작했다. 술탄의 권위가 떨어지기 시작했다. 마지못해 전쟁에 찬성했던 노재상 할릴Çandarlı Halil Pasha, ?~1453과 대신들이 협상과 철수를 입에 담기 시작했다. 술탄은 비상 대책 회의를 소집했다.

화평파와 주전파가 치열하게 다퉜다. 주전파가 승리했다. 술탄은 총공격을 명령했다. 마지막이 될 터였다. 성안도 최후의 일전이 다가왔음을 느꼈다. 황제 콘스탄티누스 11세는 시민들과 함께 하기아 소피아에서 열리는 기도회에 참석했다. 황제는 이어 대신들과, 가족들과 작별을 고했다. 황제는 자신이 지켜야 할 성벽을 향해 말을 달렸다. 5월 29일이 시작된 지 얼마 되지 않은 한밤중, 역시 알라에게 기도를 마치고 막사를 나온 술탄은 총공격을 명했다.

우르반의 거포들이 불을 뿜었고 천지가 개벽할 것 같은 굉음이 어둠을 갈랐다. 성안도 지지 않고 교회의 종소리로 맞섰다. 이슬람교도와 기독교도. 뺏으려는 자와 지키려는 자 사이의 사투가 시작됐다. 튀르크군의 공격은 네 시간 동안 쉴 새 없이 이어졌다. 술탄이 자랑하는 최정예 부대인 예니체리가 투입되면서 전투는 절정을 향해 치달았다. 예니체리의 특이하고 화려한 복장은 어디서나 눈에 띄었다. 수비군들도 이들이 돌격해오는 모습에 잔뜩 긴장했다. 그러나 초조함은 술탄이 더 컸다. 만약 예니체리까지 실패한다면? 콘스탄티노플 공략은 그걸로 끝이었다. 술탄 자신의 운명도 위태로워진다.

콘스탄티노플 수비대는 정말 사력을 다해 싸웠다. 황제도 방어를 책임진 주스티니아니도 일반 병사와 똑같이 최전선에서 싸웠다. 그 때문일까? 용맹하기로 당대 최고인 예니체리조차 성벽을 돌파해내지 못했다. 그때 운명의 신이 메흐메드 2세에게 미소를 보냈다. 어디선가 날아온 포

〈콘스탄티노플에 입성하는 메흐메드 2세〉(Fausto Zonaro)

오스만 튀르크 제국의 부상

탄에 수비군 책임자였던 주스티니아니가 쓰러진 것이다. 그는 부하들에게 실려 도시 안으로 사라졌다. 많은 병사들이 주스티니아니가 실려 나가는 것을 후퇴로, 패배로 착각했다. 50여 일을 버텨왔던 용기가 한순간에 꺾였다.

튀르크군은 그 틈을 놓치지 않았다. 성벽 중간중간에 놓인 거대한 탑 위에 하나둘씩 거대한 튀르크 제국의 깃발이 펄럭이기 시작했다. 모든 것이 끝났다. 비잔틴 제국의, 아니 로마 제국의 마지막 황제 콘스탄티누스 11세는 칼을 움켜쥐고 밀려오는 튀르크군 가운데로 뛰어들었다. 그렇게 황제는 삶을 마감했다.

전 유럽을 충격에 빠트린 정복

술탄에게는 이제 모든 것이 시작이었다. 그는 마침내 콘스탄티노플을 손에 넣었다. 콘스탄티누스 대제가 세운 이래로 1123년 만에 처음으로 이교도가 콘스탄티노플을 정복한 것이다. 술탄의 나이 겨우 21세. 그의 인생은, 그의 제국은 이제 시작이었다. 마치 동쪽에서 떠오르기 시작한 찬란한 태양처럼. 콘스탄티노플의 정복은 하나의 거대한 전환점이었다. 메흐메드와 오스만 튀르크 제국은 활력으로 충만했다. 그들은 기독교를 물리치고 새로운 로마 제국을 건설하고자 했다. 술탄은 스스로를 비잔티움 황제의 계승자이자, 로마 황제를 뜻하는 카이사리 룸Kayser-i Rum, 로마의 카이사르라 칭했다.

술탄의 군대는 사방으로 뻗어 나갔다. 1455년 술탄은 발칸 반도 북쪽의 세르비아를 공격했다. 1456년에는 그리스 본토로 진군해 아테네 등

유 럽

●보스니아(1463)

●세르비아(1459)

흑 해

콘스탄티노플(1453)
●알바니아(1478)

에게해

트레비존드(1461)

●펠로폰네소스(1460)

지 중 해

중 동

북 아 프 리 카

여러 도시를 점령했다. 그다음에 정복한 곳은 세르비아Serbia(1459)와 펠
로폰네소스Peloponnese 반도(1460)였다. 술탄의 군대는 연이어 흑해 연안,
트레비존드Trebizond 왕국(1461), 보스니아Bosnia(1463), 레스보스Lesbos와 네
그로폰테Negroponte(1470) 등 에게해의 요충지와 알바니아Albania(1478)를
점령했다.

유럽은 충격에 빠졌다. 비잔틴 제국이 허약하다는 것, 콘스탄티노플이
적에게 노출돼 있다는 것은 어제오늘의 일이 아니었다. 그러나 이번에는
달랐다. 젊은 술탄이 루멜리히사르를 건설해 사실상 선전포고를 한 것이
1452년 여름이었다. 구원을 요청하는 비잔틴 제국 황제의 절규도 있었
다. 서유럽은 움직이지 않았다. 로마 문명의 적통이며, 기독교의 성지인
콘스탄티노플의 위기를 그들은 철저하게 외면했다. 백 년 넘게 지속된

로마 땅에 세워진 요새라는 뜻의 루멜리히사르. 오스만 튀르크인들은
콘스탄티노플의 숨통을 노린다 해서 '목구멍의 칼날'이라고 불렀다.

위기에 익숙해졌기 때문이다. '설마' 하며 방치했다.

　콘스탄티노플이 무너지면 오스만 튀르크의 다음 목표는 발칸 반도에
남은 기독교 세력들과 동지중해가 될 것이 뻔했다. 대단한 전략적 통찰
력이 필요한 분석이 아니었다. 상식이면 충분했다. 그러나 발칸 반도와
동지중해에 사활적 이해관계를 갖고 있는 그 어떤 나라도 콘스탄티노플
을 돕지 않았다. 이탈리아의 상업 도시국가인 베네치아와 제노바가 조심
스럽게 제공한 소수의 원군에 기대어 콘스탄티노플은 두 달 가까이를 버
텼다.

　오스만 튀르크 조정에는 전쟁에 반대하는 화평파가 가득했다. 특히 해
군은 베네치아와 제노바를 비롯한 기독교 세력이 전체적으로 훨씬 우세

　　　　　　　　　　　　　　　　　　　대항해시대의 탄생

했다. 조금만 일찍, 조금만 적극적으로 도왔다면 콘스탄티노플의 성벽 위에 휘날리는 깃발이 이때 바뀌지는 않았을 것이다. 그러나 이제는 모든 것이 바뀌었다. 콘스탄티노플은 이스탄불Istanbul이 됐다. 성벽을 장식한 깃발에는 초승달이 선명했다. 하기아 소피아에서는 쿠란Qur'ān이 암송됐다. 수많은 난관에도 불구하고 메흐메드 2세가 자신의 의지를 관철한 결과다.

술탄은 군사 원정 도중에 사망했다(1481. 5.). '파티흐Fatih(정복자)'라는 별칭에 어울리는 최후였다. 정복자는 갔지만 그의 제국은 이제 시작이었다. 다가오는 16세기에 그들은 발칸 반도, 시리아, 이집트, 북아프리카로 끊임없이 진군하게 된다. 동지중해를 장악하고 서지중해를 넘볼 터였다. 오스만 튀르크의 성장은 유럽의 정치·군사뿐 아니라 종교와 경제에도 심대한 영향을 끼쳤다. 이슬람에 대한 십자군의 열망이 다시 불타올랐다.

군사행동으로 옮겨진 것은 없었지만 이슬람에 맞서기 위해 어딘가에 존재하는 기독교 세력을 찾아 동맹을 맺어야 한다는 아이디어가 힘을 얻었다. 지중해를 중심으로 짜인 기존의 상업망이 붕괴되고, 특히 동양에

유스티니아누스 대제가 지은 콘스탄티노플의 상징인 하기아 소피아는 기독교의 성소였다.

서 오는 향신료를 비롯한 많은 물품에 대한 오스만 튀르크의 통제가 심해지면서 새로운 교역로 개척의 필요성도 커졌다.

그런데 누군가는 이미 이 일을 추진하고 있었다. 포르투갈이었다. 1419년 이래로 항해왕 엔히크의 진두지휘 아래 포르투갈은 바다를 개척하고 있었다. 한 치 앞을 내다보기 어려운 것이 역사다. 전설 속의 기독교 군주 프레스터 존을 찾아 동맹을 맺는다는 지극히 중세적인 발상과 아프리카를 통해 인도로 가는 새로운 교역로를 개척해 지중해 문명권의 변방에서 벗어나겠다는 지극히 이기적인 욕망이 시대의 소명을 떠안게 될 것이라고 누가 상상이나 했을까? 오스만 튀르크의 부상과 위협이 아이러니하게도 미래에 펼쳐질 유럽 중심적 세계사의 원동력이 될 것이라고 누가 상상이나 했을까? 유럽 서쪽 변경의 소국, 포르투갈은 그 상상을 현실로 바꿔나가고 있었다.

1469년 바야돌리드
스페인의 탄생

프 랑 스

●부르고스

○바야돌리드

●아레발로

●마드리드

포르투갈

스 페 인

발레아레스 제도

지 중 해

●세비야

●그라나다

대 서 양

알 제 리

모 로 코

스페인 중북부에 위치한 바야돌리드Valladolid. 마드리드Madrid가 수도로 결정되는 16세기 중반 이전에 바야돌리드는 부르고스와 더불어 카스티야 왕국의 정치적 중심지였다. 1469년 10월 19일, 며칠 전부터 조용하게 부산했던 이 도시에 아침부터 묘한 긴장감이 감돌았다. 도시의 중심지인 시청 광장과 대성당으로부터 한참 떨어진 비브로 궁전Palacio de los Vivero의 긴장감은 팽팽하다 못해 폭발 직전이었다. 비브로 궁전은 궁전이라기보다는 조금 큰 저택에 가까웠다. 이곳을 중심으로 삼엄한 경계가 펼쳐진 가운데 상당한 수의 사람들이 조용히 궁전 안으로 들어섰다. 그리고 궁전의 가장 큰 홀은 수십여 명의 사람들로 북적였다. 카스티야 왕국의 유력 인사들이었다. 그중 몇몇은 아주 허름한 상인 복장을 한 아라곤 사람들이었다.

　모두가 흥분으로 상기된 표정이었다. 한 여성의 등장은 홀 전체를 빠르게 침묵시켰다. 모두의 시선이 성장盛裝한 여성에게로 향했다. 푸른 눈에 금빛 섞인 갈색 머리의 여성에게서는 열여덟의 젊음이 주는 생동감이 넘쳤다. 그러나 나이에 어울리지 않는 당당한 태도와 강인한 표정은 자신의 혈통에 대한 자부심과 타고난 천성에서 비롯됐다. 그녀의 이름은 이사벨. 카스티야 왕의 후계자였다. 그런 그녀였지만 지금 이 순간만은 긴장할 수밖에 없었다. 자신의 결혼식이었기 때문이다. 멀끔한 외모에 똑똑해 보이는 신랑은 아라곤의 왕위 계승자 페르난도였다. 이사벨보다 한 살 어렸다. 둘의 결혼식은 일사천리로 진행됐다. 홀에 모인 사람들은 환호했다. 그러나 그 누구도 예견치 못했을 것이다. 지금이 위대한 제국 '스페인Spain'이 탄생하는 역사적인 순간임을.

신부는 카스티야의 왕위 계승자인 이사벨, 신랑은 아라곤의 차기 왕인 페르난도였다. 그런데 두 사람의 결혼식이 바야돌리드의 한 저택에서 이토록 은밀하고 소박하게 열린 이유는 무엇일까? 이 결혼에 반대하는 사람이 너무나 많았기 때문이다. 가장 큰 걸림돌은 이사벨의 이복 오빠인 카스티야 왕 엔리케 4세Enrique IV, 재위 1454~1474였다. 엔리케 4세의 궁정은 반反아라곤 파벌이 장악하고 있었다. 그들은 이사벨이 아라곤의 왕자 대신 포르투갈의 왕과 결혼하기를 원했다.

카스티야의 많은 대귀족은 아라곤 왕자와의 결혼으로 카스티야의 왕권이 강화되는 것을 원치 않았다. 이웃 나라 프랑스도 카스티야가 지중해에 이해관계를 갖고 있는 아라곤과 합쳐지는 것을 원치 않았다. 그러나 이사벨은 포르투갈 왕 아폰수 5세Afonso V, 재위 1438~1481 대신 아라곤의 왕자 페르난도를 배필로 선택했다.

결혼식 자체가 비밀에 부쳐졌고, 둘은 반대파의 감시와 추격을 피해 은밀히 결혼식을 올리기로 했다. 결혼식 장소는 이사벨의 열혈 지지자들이 있는 바야돌리드로 결정됐다. 신랑 페르난도 왕자는 상인으로 변장한 채 극소수의 부하들과 함께 적지나 다름없는 카스티야를 가로질러 바야돌리드로 왔다. 둘의 결혼은 그렇게 힘겹게 이뤄졌다. 원인은 극도로 혼란스러웠던 당시 카스티야의 상황과 카스티야 왕위를 둘러싼 치열한 권력투쟁에 있었다.

대항해시대의 탄생

무엇이 되느냐, 무엇을 할 것인가

이사벨 1세Isabel Ⅰ, 재위 1474~1504는 1451년에 태어났다. 아버지는 카스티야의 왕 후안 2세였고, 어머니는 포르투갈 공주로 같은 이름의 이사벨 Isabel de Portugal, 1428~1496이었다. 그녀는 고작 세 살의 어린 나이에 아버지를 여의었다. 이복 오빠인 엔리케 4세가 왕위를 이었다. 아버지의 갑작스러운 죽음과 이복 오빠의 즉위는 그녀에게 불행의 시작이었다. 무능하고 유약한 엔리케 4세가 이복동생들을 자신의 왕위를 위협하는 정적政敵으로 간주했기 때문이다.

어머니, 갓 태어난 동생 알폰소Alfonso de Castilla, 1453~1468와 함께 그녀는 궁정에서 쫓겨나 아레발로Arévalo라는 소도시로 거처를 옮겨야 했다. 그곳에서 이사벨 가족은 왕의 엄격한 감시 아래 궁핍하게 살았다. 아버지 후안 2세는 아내와 어린 자식들에게 풍족한 유산을 남겼으나, 이복 오빠가 부친의 유언을 따르지 않았던 탓이다. 가난했지만 그녀의 삶은 불행하지 않았다. 어머니의 따뜻한 보살핌 속에서 자랄 수 있었기 때문이다. 불행은 엔리케 4세가 이사벨과 알폰소를 궁정으로 불러들인 십 대 초반에 찾아왔다. 명분은 공주와 왕자에게 좀 더 나은 교육과 풍족한 생활을 제공하기 위해서였다. 실상은 제법 자란 이복동생들을 곁에 두고 철저하게 감시하기 위해서였다.

분열된 왕국

당시 카스티야의 상황은 혼란과 무질서 그 자체였다. 전임 왕이었던 후안 2세는 무능하고 유약했다. 고작 두 살의 어린 나이에 왕위에 오른 후안을 대신해 어머니인 랭커스터의 캐서린Catherine of Lancaster, 1373~1418과

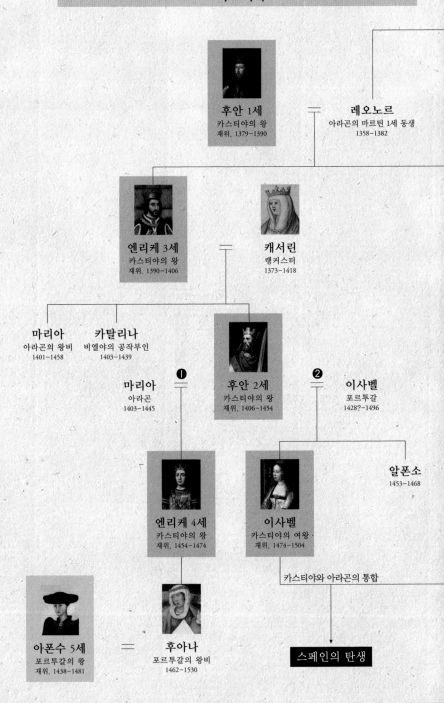

카스티야

후안 1세
카스티야의 왕
재위. 1379-1390

레오노르
아라곤의 마르틴 1세 동생
1358-1382

엔리케 3세
카스티야의 왕
재위. 1390-1406

캐서린
랭커스터
1373-1418

마리아
아라곤의 왕비
1401-1458

카탈리나
비엘야의 공작부인
1403-1439

마리아
아라곤
1403-1445

❶

후안 2세
카스티야의 왕
재위. 1406-1454

❷

이사벨
포르투갈
1428?-1496

알폰소
1453-1468

엔리케 4세
카스티야의 왕
재위. 1454-1474

이사벨
카스티야의 여왕
재위. 1474-1504

카스티야와 아라곤의 통합

아폰수 5세
포르투갈의 왕
재위. 1438-1481

후아나
포르투갈의 왕비
1462-1530

스페인의 탄생

아라곤

마르틴 1세
아라곤의 왕
재위, 1396-1410

(선출)

페르난도 1세
아라곤의 왕
재위, 1412-1416

레오노르
알부르케르케
1374-1435

마리아
1403-1445

엔리케
비엘야의 공작
1400-1445

레오노르
1402-1445

페드로
알부르케르케의 백작
1406-1438

알폰소 5세
아라곤의 왕
재위, 1416-1458

후안 2세
아라곤의 왕
재위, 1458-1479

후아나
엔리케스
1425?-1468

후아나
1455-1517

페르난도 2세
아라곤의 왕
재위, 1478-1516

삼촌인 페르난도Fernando I de Aragón, 1380~1416, 아라곤 왕, 재위 1412~1416가 공동
으로 섭정했다. 왕이 너무 어렸기 때문에 섭정기는 길 수밖에 없었지만
상대적으로 왕국은 평온했다. 삼촌 페르난도가 잉글랜드의 랭커스터 왕
가 출신인 왕의 어머니와 권력을 슬기롭게 분점해서 다스렸기 때문이다.

위기는 뜻하지 않은 곳에서 터졌다. 이웃 나라인 아라곤의 후사가 끊
어진 것이다. 여러 후보가 있었으나 아라곤의 국왕 선발 위원회는 아라
곤 공주의 아들로 이미 정치적 능력을 인정받은 카스티야의 섭정 페르난
도를 자신들의 왕으로 선출했다. 페르난도는 떠났고, 왕국은 덩그러니
남겨졌다. 1419년 시작된 왕의 친정은 우습게도 위기의 시작이었다. 후
안 2세는 그의 왕국을 다스리는 데 전혀 관심이 없었다. 그의 특기는 불
행히도 춤과 노래였다.

원래 무능하고 어리석은 사람은 사람 보는 눈도 없는 법이다. 암군暗君
주변에 간신이 활개를 치는 이유다. 현명하고 강력한 섭정 삼촌이 떠
난 자리를 탐욕스럽고 비루한 왕의 총신들이 대신했다. 알바로 데 루나
Álvaro de Luna가 대표적이었다. 루나는 후안 2세의 총애를 등에 업고 권력
을 전횡했다. 총신의 발호跋扈는 아라곤 사촌들의 개입을 불러왔다. 섭
정 왕자 페르난도의 아들인 후안Juan II de Aragón, 1398~1479과 엔리케Enrique
de Trastámara, 1400~1445는 카스티야에 막대한 재산과 광범위한 인맥을 갖고
있었다.

루나의 전횡에 분노한 일부 대귀족이 아라곤 왕자들과 손잡았다. 특
히 엔리케 왕자는 후안 2세Juan II de Castilla의 누나 카탈리나Catalina de Castilla,
1403~1439의 남편인 동시에 카스티야 최강의 조직인 산티아고 기사단의
단장이었다. 그는 후안 2세를 사로잡아 사실상 구금하고 권력을 장악했
다. 왕은 가까스로 도망쳤고, 루나 일당과 엔리케를 필두로 한 친親아라

대항해시대의 탄생

곤파 사이의 당파 싸움이 격화됐다. 왕국 전역이 분열에 휩싸였고, 무질서가 만연했다.

결국 최종 승리는 왕의 신임을 등에 업은 루나가 거뒀다. 루나는 카스티야 총사령관이 됐고, 엔리케 왕자가 제거된 후에는 산티아고 기사단의 단장직까지 차지했다. 당대 카스티야 연대기 작가들에 따르면 루나는 '스페인 역사상 군주가 아닌 사람으로 가장 강력한 권력을 휘두른 이'였다. 루나는 행복했을 것이다. 그러나 권력은 왕을 능가하나 탐욕스럽기 그지없는 총신이 지배하는 카스티야 왕국은 어땠을까? 왕의 권위와

〈알바로 데 루나의 최후〉(Jose Maria Rodriguez de Losada, 1866)

법의 통치가 무너진 공적 영역을 불법, 탈법, 부정부패, 무질서가 차지했다. 결국 루나의 끝도 좋지 못했다. 최후의 순간에 권력투쟁에서 패배한 루나는 바야돌리드시市의 중앙 광장에서 목이 날아갔다(1453. 6.). 불과 1년 후, 후안 2세도 뒤따르다시피 죽었다(1454. 7.). 30년 이상을 서로에게 의지했던 왕과 총신에게 어울리는 타이밍의 죽음이었다. 왕위는 아들 엔리케가 물려받았다.

이어지는 무능과 탐욕의 정치

48년간의 지긋지긋한 치세가 끝나고 새로운 시대가 열렸다. 카스티야의 백성들은 젊은 신왕에게 많은 기대를 걸었다. 이제 왕권이 바로 서고, 무질서가 바로잡히고, 총신들의 발호가 사라질 것이라 믿었다. 희망은 헛되었고, 기대는 짓밟혔다. 엔리케 4세는 후안 2세의 판박이였다. 의지는 약하고 무능력했다. 자식을 생산할 능력조차 없다고 판단되어 'the Impotent(무력한 혹은 발기부전의)'라 불렸다. 총신에 기대기도 마찬가지였다. 루나의 자리를 비예나Villena 후작 후안 파쉐코Juan Pacheco, 1419~1474가 대신했다. 엔리케 4세 치하에서 왕국의 상황은 계속 악화되어갔다.

선왕의 긴 통치기에 이어 또다시 계속되는 무능과 탐욕의 정치는 비극 그 자체였다. 총신과 그의 일당에게 특권이 남발됐고, 그들은 뜻하지 않게 얻은 행운을 충분히 남용했다. 백성들의 삶은 사방에서 짓눌렸다. 사실상의 무정부 상태가 지속되자 참다못한 일부 귀족들이 엔리케 4세를 폐하고 선왕의 또 다른 아들인 알폰소를 새로운 왕으로 추대하기에 이르렀다. 내전이었다. 어느 편도 양보하지 않았다.

1468년 알폰소가 어린 나이로 죽자 반란 귀족들은 누나인 이사벨을 새로운 후보로 내세워 전쟁을 이어갔다. 그러나 오랜 전쟁으로 지친 양

대항해시대의 탄생

측은 휴전을 모색했다. 무엇보다 평화적인 방법으로, 정통성을 인정받아 왕위에 오르고 싶다는 이사벨의 의지가 강했다. 참리더는 '무엇이 되느냐'보다 '무엇을 할 것이냐'를 중시한다. 이사벨에게는 여왕이 되는 것보다 여왕으로서 무엇을 할 것이냐가 중요했다. 그 무엇은 당연하게도 무너진 왕권과 질서의 회복, 무도한 총신의 제거, 불법적인 특권의 철폐, 억눌린 민생의 회생이었다.

이 많은 일을 해내려면 모두의 지지가 필요했고, 모두로부터 정통성을 인정받아야 했다. 지금 이복 오빠와 싸워 이긴다 해도, 힘으로 쟁취한 이사벨의 왕좌는 임기 내내 정통성 시비에 시달릴 것이 뻔했다. 그런 상황이라면 그녀의 정치적 목표를 달성하는 것은 불가능했다. 엔리케 4세와 이사벨은 화해했다. 엔리케 4세는 이복동생인 이사벨을 왕위 계승자로 받아들였다. 이사벨은 엔리케 4세가 살아 있는 동안 왕위를 주장하지 않고, 엔리케 4세의 동의하에 배우자를 고르겠다고 했다. 사실상 이사벨의 정치적 승리였다.

카스티야 왕국과 아라곤 왕국의 통합

이사벨의 신분은 미래가 불투명한 왕의 이복 누이에서 이베리아 반도에서 가장 크고 강력한 카스티야 왕국의 왕위 계승자로 수직 상승했다. 그녀의 결혼 문제가 초미의 관심사로 떠올랐다. 이제 누구라도 이사벨과 결혼한다면 카스티야의 왕위를 차지하게 될 터였다. 프랑스를 비롯한 유럽의 주요 왕실이 그녀에게 러브콜을 보냈다. 포르투갈의 아폰수 5세와 아라곤의 페르난도 왕자, 둘이 가장 유력했다. 아폰수 5세는 포르투갈이라

는 작지만 역동적인 왕국의 왕이었다. 그는 이사벨의 이복 오빠인 엔리케 4세의 전폭적인 지원을 받고 있었다. 아라곤의 페르난도는 비록 나라 형편은 포르투갈만 못했지만 카스티야 궁정에서 만만찮은 세력을 형성하고 있던 친아라곤파의 지지를 받았다.

　이 미묘한 상황에서 이사벨이 페르난도를 배우자로 선택한 것이다. 그녀가 심사숙고 끝에 아폰수 5세 대신 페르난도 왕자를 선택한 이유는 무엇일까? 무엇보다 이사벨은 자신보다 스무 살 가까이 연상이고, 남자다

대항해시대의 탄생

운 매력이라고는 찾아볼 수 없는 홀아비와 결혼하고 싶은 생각이 추호도 없었다. 그리고 아폰수 5세에게는 이미 주앙Joáo Ⅱ, 1455~1495이라는 멀쩡한 십 대 중반의 후계자가 있었다. 이사벨과 아폰수 5세 사이에서 태어나는 아이가 포르투갈 왕위를 상속할 가능성은 극히 드물었다. 그렇다면 이 결혼이 국가의 미래에 큰 의미가 있을까?

반면에 페르난도는 젊고 패기만만했으며 교활할 정도로 두뇌 회전이 빨랐다. 아라곤의 국가 사정이 어려워 결혼과 통치에서 주도권을 쥘 수 있다는 것도 이사벨에게는 매력적인 이유였다. 주체적이고 강인한 그녀는 남편에게 자신의 권력을 양도할 생각이 전혀 없었다. 국가적으로도 이사벨과 페르난도 사이에서 태어나는 아이들을 통해 카스티야 왕국과 아라곤 왕국의 통합이라는 중요한 결과를 낳게 될 터였다. 주사위는 던져졌다. 그러나 실행은 쉽지 않았다.

이사벨은 엔리케 4세로부터 후계자의 권리를 인정받는 대신에, 엔리케 4세가 동의하지 않는 결혼은 하지 않겠다고 약속한 바 있기 때문이다. 엔리케 4세는 아폰수 5세를 밀고 있었다. 이사벨의 결정은 오빠와의 협정 파기와 이에 따른 내전으로 이어질 가능성이 다분했다. 그러나 그녀는 자신의 결정을 밀고 나갔다. 페르난도와의 결혼식은 그렇게 비밀리에 바야돌리드의 한 저택에서 거행됐다(1469. 10. 19.).

예상대로 엔리케 4세는 분노했다. 협정이 깨졌다. 이사벨의 왕위 계승권은 취소됐고, 엔리케 4세의 딸 후아나Juana, 1462~1530가 새롭게 왕위 계승자로 등장했다. 왕의 적들은 후아나가 왕의 친딸이 아니라며 출생을 의심해왔다. 그리고 엔리케 4세의 또 다른 총신인 초대 알부케르크 공작 벨트랑 데 라 쿠에바Beltrán de la Cueva, 1443?~1492가 진짜 아버지라고 주장했다. 이제 후아나가 누구의 딸인가는 중요하지 않았다. 카스티야의 왕

스페인 광장에 있는 이사벨과 페르난도의 결혼식 장면 타일 벽화

과 궁정이 그녀를 전면에 내세웠다는 것만이 중요했다. 엔리케 4세와 후아나를 지지하는 반아라곤파와 이사벨을 지지하는 친아라곤파의 날카로운 대립이 이어졌다. 그 와중에 엔리케 4세가 죽었다(1474. 12. 11.).

세고비아Segovia에 머물던 이사벨은 이복 오빠의 사망 소식을 듣자마자 스스로 왕임을 선포했다. 그녀는 행동하는 사람이었다. 본격적인 내전이 시작됐다. 이사벨의 왕권을 인정하지 않았던 카스티야의 귀족들은 포르투갈 아폰수 5세와 손을 잡았다. 아폰수 5세와 후아나의 결혼이 추진됐다. 포르투갈 군대가 카스티야 국경을 넘어 쳐들어왔고, 전국에서는 이사벨에 반대하는 무장 반란이 일어났다. 이사벨 입장에서는 내우외환이었다. 그러나 이사벨은 단호하게 자신의 적들에게 맞섰다. 이사벨이 남편으로 선택한 젊은 페르난도 왕자 역시 그녀를 위해 앞장섰다. 군사 부문에서도 능력을 발휘했지만 무엇보다 페르난도의 특기는 능수능란한 협상이었다.

이사벨의 단호한 의지에 페르난도의 기민한 술수를 더해서, 두 사람은 4년여에 걸친 피비린내 나는 내전을 승리로 이끌었다. 1479년 아라곤의 왕 후안 2세가 사망하자 이사벨의 남편이 페르난도 2세Fernando Ⅱ, 재위 1479~1516로서 아라곤의 왕위에 올랐다. 바야돌리드에서 몰래 결혼했던 두 사람은 카스티야 왕국과 아라곤 왕국을 하나로 통합해서 스페인을 탄생시켰다. 이제 이사벨과 페르난도는 어떤 정치를 펼칠 것인가? 어떻게 무너진 왕권의 권위와 질서를 회복하고, 짓눌린 민초의 삶을 되살릴 것인가?

1481년 에보라
다시 바다로

에보라

스페인

지중해

남대서양

콩고

산타마리아곶 ●

앙골라

케이프 크로스 ●

나미비아

남아프리카
공화국

희망봉 ●

에보라가 최근처럼 북적대기는 처음이었다. 전국에서 몰려온 귀족들과 코르테스 대표들 때문이었다. 1481년 가을, 주앙 2세재위 1481~1495는 즉위하자마자 왕국의 주요 인사 모두를 에보라로 불렀다. 그리고 왕은 성대하지만 낯선 충성 서약 행사를 개최했다. 화려하게 차려입은 주앙 2세는 왕의 신성한 권위를 상징하는 셉터Sceptre(왕이 권위를 보여주기 위해서 드는 홀忽)를 들고 왕좌에 앉았다. 반면에 주요 귀족과 코르테스 대표 들은 서 있어야 했다.

시간이 되자 대귀족을 필두로 한 참석자 전원이, 한 사람 한 사람 왕 앞으로 나아가 무릎을 꿇고 그들의 손을 왕의 손에 얹으며 엄숙하게 충성을 맹세했다. 왕실 전령은 큰 소리로 신하들에게 왕에 대한 완전한 복종을 다시 한 번 강조했고, 왕을 고대 페르시아 제국의 대왕과 로마 제국의 황제에 빗대어 묘사했다. 행사는 무사히 끝났다. 그러나 돌아가는 귀족들의 수군거림은 끝나지 않았다. 특히 대귀족들의 입에서는 불만이 터져 나왔다. 그들 사이에 심상치 않은 분위기가 감지됐다.

주앙 2세는 도대체 왜 이런 이벤트를 벌인 것일까? 대귀족들은 왜 왕의 행동을 못마땅해했던 것일까? 원인은 주앙 2세의 아버지였던 아폰수

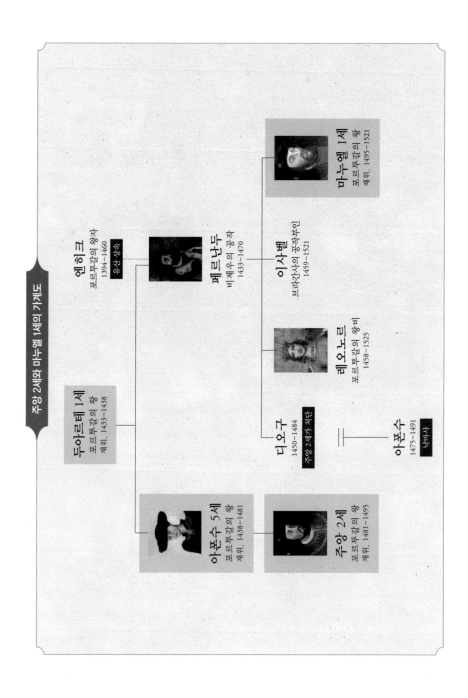

엔히크
포르투갈의 왕자
1394~1460
유산 상속

페르난두
비제우의 공작
1433~1470

이사벨
브라간사의 공작부인
1459~1521

마누엘 1세
포르투갈의 왕
재위. 1495~1521

두아르테 1세
포르투갈의 왕
재위. 1433~1438

레오노르
포르투갈의 왕비
1458~1525

디오구
1450~1484
주앙 2세가 처단

아폰수
1475~1491
낙마사

아폰수 5세
포르투갈의 왕
재위. 1438~1481

주앙 2세
포르투갈의 왕
재위. 1481~1495

5세의 긴 치세에서 생겨났고 커졌다. 유약한 아폰수 5세 치하에서 대귀족들은 막강한 권세를 누렸고, 왕으로부터 많은 작위와 영지를 하사받아 떵떵거리며 살았다.

새롭게 왕위에 오른 주앙 2세는 아버지처럼 대귀족들의 눈치나 보면서 살지 않겠다는 결심을 오랜 세월 다져온 강인한 군주였다. 반면에 대귀족들은 선왕 치세에서 누려왔던 특권에 푹 젖어 있었다. 주앙 2세의 충성 맹세 이벤트는 왕권을 바로 세우겠다는 왕의 의지였다. 대귀족들에게 그들이 오랫동안 망각하고 있었던 '신하 됨'이 무엇인지를 일깨워주기 위한 행사였다. 왕권 위에 군림하려는 대귀족들 입장에서는 마뜩잖을 수밖에 없었다. 왕과 대귀족. 둘 사이의 충돌은 불가피했다.

브라간사 공작, 권력을 쥐고 흔들다

주앙 2세는 아폰수 5세와 왕비 이사벨 사이에서 태어났다. 그는 어려서부터 궁정의 인문주의자들에게 교육받았다. 주앙은 왕자 시절 사촌인 레오노르Leonor de Viseu, 1458~1525와 결혼했다(1471). 레오노르는 아폰수 5세의 동생인 비제우Viseu 공작 페르난두Fernando, 1433~1470의 딸이었다. 왕자는 일찌감치 군사와 국정에 참여했다. 아버지를 따라 모로코 원정에도 참전했고, 1474년부터는 아버지에게 아프리카 무역과 탐험 활동에 대한 업무를 위임받아 처리했다. 아폰수 5세가 이때 아들에게 국정의 일부를 넘긴 이유는 이웃 나라인 카스티야의 왕위 계승 전쟁에 뛰어들어야 했기 때문이었다. 전쟁이 본격화되자 아폰수 5세는 아예 아들을 섭정에 임명하고 본인은 카스티야 문제에 전념했다(1475. 4.).

주앙 2세의 아버지 아폰수 5세는 1432년에 태어났다. 두아르테 왕의 장남이었다. 아버지의 이른 죽음으로 고작 여섯 살의 어린 나이에 포르투갈의 열 번째 왕위에 올랐다(1438). 삼촌인 코임브라 공작 페드루가 섭정을 맡아 왕국을 이끌었다. 페드루 공작은 젊은 시절 세우타 정복에서 두각을 나타냈고, 전 유럽을 여행하며 명성을 얻은 인물이었다. 아폰수는 삼촌이자 섭정이었던 페드루 공작의 딸 이사벨Isabel de Avis, 1432~1455과 결혼했다. 섭정인 동시에 왕의 삼촌이자 장인이 된 페드루의 권력은 왕을 압도했다. 권력이 페드루에게 집중되자 불만을 가진 무리가 생겨났다. 대표적인 이가 브라간사Bragança 공작 아폰수Afonso, 1377~1461였다.

아폰수 공작은 아비스 왕조의 개국 군주인 주앙 1세의 서자였다. 주앙 1세는 잉글랜드 랭커스터 가문의 필리파와 결혼하기 전에 아폰수를 얻었다. 주앙 1세는 아폰수를 아꼈다. 아비스 왕조의 개국공신인 총사령관 성聖 누누 알바르스 페레이라의 무남독녀이자 상속녀인 베아트리스Beatriz Pereira de Alvim와 아폰수를 짝지어줄 정도였다. 그 결과 아폰수는 페레이라의 명성과 막대한 재산을 모두 상속받았다. 이 결혼은 주앙 1세가 서자인 아폰수에게 해줄 수 있는 최고의 선물이었던 셈이다.

서자였지만 아버지의 사랑에 힘입어 막강한 배경과 재산을 갖게 된 아폰수 공작은 코임브라 공작 페드루의 권력을 질투했다. 아폰수는 교묘하고 치밀하게 왕과 섭정 페드루 사이를 이간질했다. 평범했던 아폰수 5세는 아폰수 공작에게 말려들었다. 왕과 섭정이자, 조카와 삼촌이며, 사위와 장인으로 끈끈하게 얽혀 있던 두 사람의 관계에 금이 가기 시작했다. 브라간사 공작 아폰수의 정치 공작이 승리했다. 페드루는 섭정 자리에서 물러나 영지 코임브라로 물러났다.

그러나 브라간사 공작은 여기서 멈출 생각이 없었다. 왕과 페드루의

포르투갈 최고의 권력자였던 브라간사 공작 아폰수

관계는 너무나 밀접했고, 페드루의 명성과 능력은 탁월했다. 왕과의 관계가 언제 다시 좋아질지 몰랐다. 지금 뿌리 뽑아야 했다. 브라간사 공작은 코임브라 공작이 반란을 일으킬 수밖에 없는 지경까지 몰아붙였다. 결국 코임브라 공작은 자신의 군대를 이끌고 리스본으로 진격했다. 브라간사 공작은 회심의 미소를 지으며 왕의 군대를 동원해 맞섰다. 전투는 코임브라 공작의 죽음으로 끝났다(알파로베이라Alfarrobeira 전투, 1449. 5. 20.).

시대에 뒤떨어진 어리석은 군주

이제 포르투갈 왕국은 브라간사 공작 아폰수의 손아귀에 들어갔다. 허수아비 아폰수 5세는 각종 작위와 특혜, 이권을 아폰수 공작 일파에게 나눠줘야 했다. 왕권은 급속도로 무너져 내렸지만, 왕의 관심은 온통 북아프리카에 쏠려 있었다. 어리석은 군주는 언제나 시대에 뒤떨어진 무엇인가에 사로잡히기 마련이다. 아폰수 5세에게 '그 무엇인가'는 십자군 원정이었다. 그는 북아프리카의 무슬림 왕국을 정복해 하나님의 영광을 실현하는 영웅이 되고자 했다. 왕은 국력을 총동원해 아프리카 원정에 나섰다. 그는 첫 원정에서 알카세르 세귀어Alcácer Ceguer를 정복했다(1458). 탕헤르Tangier를 정복하는 데는 실패했다(1463). 세 번째 원정에서는 아르질라Arzila를 정복했다(1471). 결국에는 북아프리카의 주요 도시인 탕헤르도 정복했다. 그에게는 '아프리카의 정복자o Africano'라는 별칭이 붙었다. 북서 아프리카 해안가의 도시 몇 개를 정복했다고 '아프리카의 정복자'라 칭한다는 것 자체가 우습지만, 원래 권력 주변에서는 상식 이하의 일이 빈번하기 마련이다.

작은 승리에 취해 자신의 한계를 잊으면 반드시 다음에 찾아오는 것은 큰 패배다. 아폰수 5세는 아프리카에서 가까스로 얻은 승리에 취해 이웃 나라 카스티야의 왕위를 탐했다. 홀아비였던 아폰수 5세는 카스티야 왕위 계승자 엔리케 4세의 이복동생 이사벨과의 결혼을 추진했다. 엔리케 4세의 동의를 얻는 데까지는 성공했으나 이사벨에게 거절당했다. 이사벨은 아폰수 5세 대신 아라곤 왕국의 후계자인 페르난도 왕자와 결혼했다(1469).

알카소바스 조약

아폰수 5세는 포기하지 않았다. 그는 북아프리카 정복에 이어 결혼을 통해 카스티야와 포르투갈을 하나로 통합한다는 생각에 홀려 있었다. 카스티야의 엔리케 4세가 죽자, 아폰수 5세는 자신의 조카이자 선왕의 어린 딸인 후아나와 결혼하고, 그녀의 권리를 내세워 카스티야 왕위를 주장했다. 이사벨도 지지 않고 스스로 왕임을 선포했다. 전쟁이 불가피했다. 포르투갈의 주앙 왕자는 이때 아버지의 전쟁을 지원하기 위해 뛰어들었다. 결과는 포르투갈의 패배였다(토로 전투, 1476. 3.). 그러나 아폰수 5세는 포기하지 못했다.

그는 동맹을 구하기 위해 프랑스로 떠났다. 당시 프랑스의 왕 루이 11세는 기민하고 냉철한 지도자였다. 아폰수의 능력을 한눈에 알아봤을 것이다. 반면에 이사벨이 보인 성과는 눈부셨다. 두 리더에 대한 저울질은 어럽지 않았다. 프랑스와 포르투갈 사이의 군사동맹은 성사되지 않았다. 아버지가 자리를 비운 동안 주앙 왕자는 카스티야 국경을 지키며 스페인의 역공을 막아냈다. 동맹 결성에 실패한 아폰수 5세는 깊이 실망한 나머지 퇴위를 선언했다. 주앙이 왕으로 선포됐다. 그러나 아버지는 다시 돌아왔고, 다시 왕위에 올랐다. 무책임한 왕이 벌이는 블랙코미디가 계속됐다. 1479년, 아폰수 5세는 카스티야의 이사벨 여왕과 알카소바스 조약Treaty of Alcáçovas을 맺어 카스티야 왕위에 대한 자신의 모든 권리를 포기했다. 그리고 죽었다(1481. 8. 28.).

주앙 2세, 칼을 갈다

새롭게 왕위에 오른 주앙 2세는 아버지와는 차원이 다른 뛰어난 인물이었다. 그러나 아폰수 5세의 오랜 치세 동안 비대해질 대로 비대해진 대귀족들이었다. 그들 눈에 젊은 왕은 껄끄럽기는 해도 두려운 존재는 아니었다. 왕이 충성을 강요하고, 특권을 제한하자 거세게 반발했다. 그 중심에 브라간사 공작 가문이 있었다. 당시 공작은 초대 브라간사 공작 아폰수의 손자 페르난두 2세Fernanado II였다. 그는 브라간사 공작, 기마랑이스Guimarães 공작, 빌라 비소자Vila Viçosa 후작, 바르셀루스Barcelos 백작 등 7개의 주요 작위를 차지하고 있었다. 포르투갈 내 최고의 부자이며 권력자였다. 주앙 2세로부터 "왕실의 세습재산은 그대와 나 사이에 거의 동등하게 배분돼 있다"는 말을 들을 정도였다. 실제로 브라간사 공작에게는 3,000명의 기병과 1만 명의 보병을 동원할 힘이 있었다.

공작은 왕에게 굴복하기를 거부했다. 왕의 제거에 나섰다. 카스티야

대항해시대의 탄생

의 이사벨 여왕과도 공모했다. 버젓이 외세와 결탁해서 왕의 폐위를 꾀할 정도로 대귀족들의 간은 배 밖에 나와 있었다. 그러나 주앙 2세는 아폰수 5세가 아니었다. 면밀하게 상황을 주시하던 왕은 태연하게 브라간사 공작을 에보라로 소환했다. 가문의 힘을 과신한 공작은 별다른 방비 없이 왕 앞에 출두했다. 왕은 즉시 공작을 체포했고, 반역죄로 기소했다. 공작은 약식재판을 통해 유죄판결을 받았다. 처형은 신속하게 진행됐다. 1483년 6월 20일 에보라에서였다.

이렇게 왕은 반역자를 처단했다. 동시에 사적인 복수도 했다. 브라간사 공작 가문의 모함에 의해 섭정의 자리를 잃고 반역에 내몰렸으며 결국은 전장에서 죽어간 외할아버지, 코임브라 공작 페드루. 그 이후에 페드루의 딸인 주앙 2세의 어머니가 어떤 삶을 살았는지는 물어보나 마나다. 언제 제거당할지 몰라 두려움에 떨었다. 어린 주앙의 운명도 마찬가지로 위태로웠다. 브라간사 공작 가문은 자신들의 권력에 대한 확신 때문에 주앙 왕자를 살려두는 실수를 저질렀다.

공작을 제거한 주앙 2세는 브라간사 가문의 광대한 영지를 몰수했다. 이제 왕은 명실상부하게 왕이 됐고, 왕국에서 가장 부유한 영주가 됐다. 주앙 2세는 귀족들이 불법적으로 휘두르는 사법권에도 제재를 가했다. 왕실 법관을 통해서였다. 귀족들은 다시 분노하고, 반발했다. 왕을 제거하고, 왕의 근친이며 왕비의 친오빠인 비제우 공작 디오구^{Diogo de Viseu,} _{1450~1484}에게 왕위를 넘기려는 음모가 다시 진행됐다. 디오구는 브라간사 공작 페르난두와 마찬가지로 오만하고 생각 없이 야망만 큰 자였다. 주앙은 브라간사 공작 때와 마찬가지로 신중하고 은밀하게 주요 귀족들을 감시했다. 음모는 발각됐다.

왕은 이번에도 아무 일 없다는 듯이 음모의 주동자인 비제우 공작을 세투발Setúbal로 호출했다. 이번에는 체포도, 기소도, 재판도 없었다. 그를 대면한 자리에서 왕은 자신의 손으로 비제우 공작을 죽였다(1484. 8.). 음모자들에 대한 분노와 왕권 확립에 대한 의지를 천명한 것이다.

포르투갈 귀족 사회는 충격에 빠졌다. 브라간사도 브라간사지만, 비제우는 또 어떤 가문인가! 주앙 2세의 할아버지인 두아르테 왕의 셋째 아들 페르난두로부터 시작된, 왕실에 속하는 대귀족이었다. 페르난두 왕자는 정식으로 결혼한 적이 없는, 그래서 후계자가 없는 항해왕 엔히크 왕자로부터 비제우 공작의 작위와 막대한 유산을 상속받았다. 페르난두 왕자는 가문의 힘과 부를 바탕으로 한 명의 딸은 주앙 2세에게, 또 한 명의 딸은 브라간사 공작 페르난두 2세에게 시집보냈다. 결국 주앙 2세는 왕실의 근친이자 자신의 처남을 직접 처단한 것이다.

왕은 여기서 그치지 않았다. 반란 음모에 연루된 에보라의 주교는 우물에 던져 죽였다. 주교는 아버지 아폰수 5세의 총신이었다. 왕은 반란에 동조한 80여 명의 유력한 귀족들도 처형했다. 이로써 아폰수 5세 시대에 기세등등했던 포르투갈의 대귀족들은 거의 씨가 말랐다. 상대적으로 국왕은 절대 권력을 확립하는 데 성공했다. 이제 주앙 2세는 자신이 틀어쥔 권력을 바다에 집중하기 시작했다.

다시 바다로 나아가다

대부분의 역사는 소수에 의해 선도된다. 대항해시대도 그랬다. 포르투갈이 이끌었다. 포르투갈 전체가 나섰다고 착각하지는 말자. 항해왕 엔히크와 주앙 2세를 비롯한 극소수가, 절대다수의 반대와 회의를 무릅쓰고 미지의 바다에 도전한 것이다. 가장 먼저 길을 개척했던 항해왕 엔히크에 비해 뒤섰던 주앙 2세는 덜 알려져 있다. 그러나 주앙 2세의 업적은 엔히크 못지않다.

14년이라는 짧은 재위 기간 동안 그는 엔히크 사후 지지부진했던 바다 개척을 다시 시작했다. 열정적으로 탐험대를 보냈고, 뱃사람을 길렀다. 주앙 2세의 아버지이자 항해왕 엔히크의 조카였던 아폰수 5세는 북

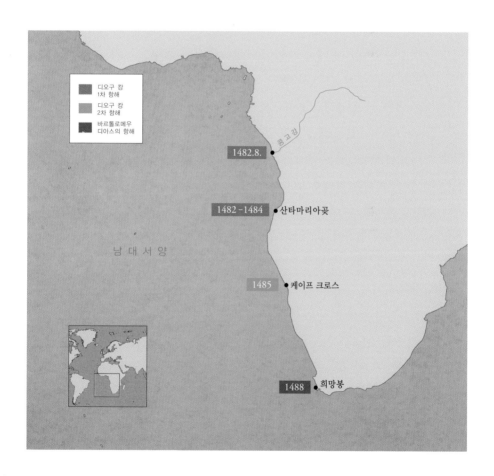

아프리카의 모로코를 상대로 한 십자군 전쟁에 몰두했다. 돌이켜보면 무용했다. 주앙 2세의 비전은 아버지의 철 지난 기사 놀이와는 차원이 달랐다. 그는 항해왕 엔히크의 뒤를 이었으며 상업과 탐험의 전진을 후원했다.

서아프리카 교역을 늘려 왕실 수입을 키우는 한편 인도로 가는 항로 발견에도 박차를 가했다. 디오구 캉Diogo Cão이 명을 받고 아프리카 대륙 서안을 따라 내려갔다. 캉은 유럽인으로서는 처음으로 콩고강Rio Congo 입구를 지났다(1482. 8.). 그는 그곳에 파드랑Padrão(돌십자가)을 세웠다. 포르투갈 왕실 문장이 새겨진 돌십자가를 세움으로써 캉은 자신이 발견한 콩고강 유역이 포르투갈 군주의 소유임을 천명했다. 1482년부터 1484년에 걸친 첫 항해에서 캉은 오늘날의 앙골라에 위치한 산타마리아곶Cabo de Santa Maria까지 내려갔다.

1485년 주앙 2세는 캉에게 2차 항해를 명했다. 캉은 오늘날 나미비아Namibia의 케이프 크로스Cape Cross까지 내려갔다. 그러나 아프리카를 돌아 인도로 가는 길은 아직 요원했다. 주앙 2세는 캉의 임무를 바르톨로메우 디아스Bartolomeu Dias, 1450?~1500에게 잇게 했다. 디아스의 항해는 훨씬 성공적이었다. 1488년 디아스는 희망봉을 통과해 아프리카를 돌아 인도양 입구에 섰다.

장기간의 항해에 지친 선원들이 강력하게 회항을 요구하지만 않았다면 최초로 인도로 가는 길을 발견하는 영광은 바스쿠 다가마Vasco da Gama, 1460?~1524가 아니라 바르톨로메우 디아스의 차지였을 것이다. 그는 결국 실패했지만, 주앙 2세를 비롯한 포르투갈의 수뇌부는 인도로 가는 길을 개척하는 꿈이 눈앞에 왔음을 느꼈다. 그러나 이 탐험은 잠시 중단되어야 했다. 심각한 문제가 발생했기 때문이다. 바로 콜럼버스Christopher

대항해시대의 탄생

디오구 캉이 파드랑을 옮기는 모습. 왼쪽에서 같이 들고 있는 사람은
바르톨로메우 디아스다.

토르데시야스 조약

Columbus, 1451~1506의 신대륙 발견이었다.

1492년 스페인 이사벨 여왕의 후원으로 대서양 횡단에 나선 콜럼버스
가 신대륙을 발견하고 유럽으로 귀환했다. 스페인 출신의 교황 알렉산데
르 6세Alexander Ⅵ, 재위 1492~1503는 콜럼버스가 발견한 땅은 스페인 왕에
게 귀속된다고 발표했다. 콜럼버스가 발견한 섬들의 정체가 밝혀지기
전이었지만 아시아, 특히 인도에 대한 포르투갈의 이해관계를 지켜내야
했다.

대항해시대의 탄생

주앙 2세는 교황의 조치에 강력하게 항의했고, 이사벨 여왕-페르난도 왕과 협상에 돌입했다. 포르투갈과 스페인은 1494년 6월 스페인 바야돌리드 인근의 토르데시야스에서 합의에 도달했다. 토르데시야스 조약Treaty of Tordesillas에 의해 카보베르데Cabo Verde 제도로부터 서쪽 370리그League를 기준으로, 그 서쪽에 해당하는 땅은 스페인에 귀속되었다. 그 결과 장차 포르투갈이 발견하는 브라질은 포르투갈의 영역이 된다.

장점이 없는 후계자

신대륙 발견과 스페인과의 협상보다 더 심각하게 왕을 괴롭혔던 것은 왕의 후사였다. 주앙 2세의 후계자인 아들 아폰수는 스페인과의 평화를 담보하는 의미로 가톨릭 공동왕의 첫째 딸 이사벨Isabel de Aragón, 1470~1498과 결혼했다. 그러나 결혼 후 얼마 되지 않아 아폰수가 낙마 사고로 사망했다(1491. 7.). 주앙 2세로서는 감당하기 힘든 고통이었다. 그러나 왕조 국가에서 왕위의 계승은 가장 중요한 국사였다. 슬퍼할 틈도 주저앉을 여유도 없었다. 다음 왕이 될 후계자를 정해야 했다.

포르투갈의 법과 전통에 따르면 주앙 2세의 후계자는 가장 가까운 남자 친척인 베자 공작 마누엘Manuel, 1469~1521이었다. 마누엘은 왕비의 막내 남동생이기도 했다. 주앙 2세 역시 예전부터 자신의 아들 다음 순번은 마누엘임을 천명한 바 있다. 문제는 그의 자질이었다. 마누엘은 커가면서 주앙 2세가 기대를 걸 만한 그 어떤 장점도 보여주지 못했다. 주앙 2세는 뛰어난 왕이었다. 당연히 군주의 자질에 대한 기준도 높았다. '장점이 없다'라는 마누엘의 단점은 주앙 2세로서는 받아들이기 힘든 것이

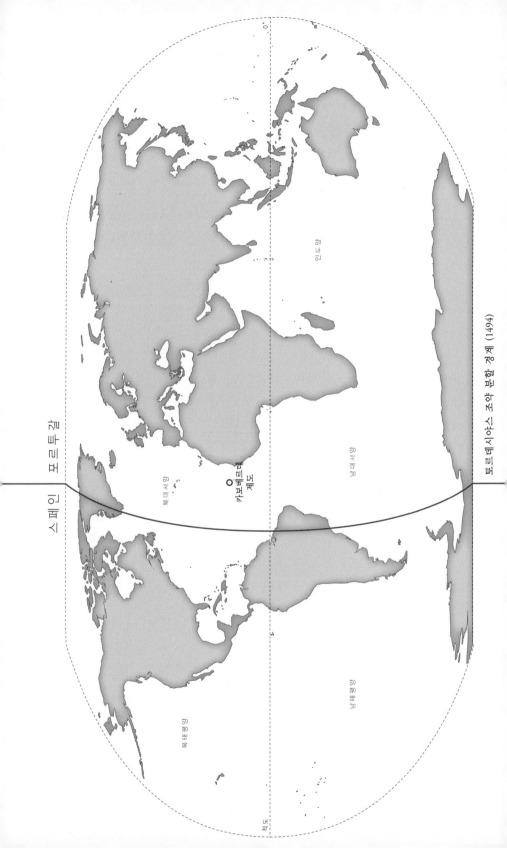

스페인   포르투갈

토르데시야스 조약 분할 경계 (1494)

북대서양

카보베르데
제도

인도양

남대서양

북태평양

남태평양

적

었다.

이유는 포르투갈이 처한 상황 때문이었다. 포르투갈은 작은 나라다. 그러나 엔히크 왕자로부터 시작된 바다 개척을 통해 지금은 유럽에서 주목받는 국가로 거듭나고 있었다. 그렇다고 해도 '작다'는 태생적 한계에서 완전히 벗어나기는 힘들었다. 영토도 작고, 인구도 적은 포르투갈. 반면에 이웃 스페인은 비록 바다 개척에는 뒤처져 있지만 거대하고 풍요로운 영토와 압도적으로 많은 인구를 가진 강국이었다. 지중해에 산재한 해외 영토도 스페인의 무시할 수 없는 자산이었다. 더군다나 스페인의 가톨릭 공동왕 이사벨과 페르난도는 자타가 공인하는 1급 정치가였다. 그들은 오랜 세월에 걸쳐 쇠락했던 왕권을 바로 세웠고, 지지부진했던 레콩키스타를 성공적으로 완수했다. 그들의 지도하에 그라나다 왕국을 멸망시키고 레콩키스타를 끝낸 스페인의 사기는 높고 사나웠다.

포르투갈로서는 국내외 환경 모두 녹록지 않았던 것이다. 이런 상황을 평범한 왕이 헤쳐 나갈 수 있을까? 왕 개인의 문제가 아니다. 공동체 구성원 모두의 문제였다. 왕은 평범해도 잘 살 수 있다. 심지어 무능해도 그렇다. 그러나 그런 왕 밑에서 살아가야 하는 백성들의 삶은 어찌될 것인가? 주앙 2세의 시름은 깊었다.

고민 끝에 왕은 교황의 허락을 받아 자신의 서자인 조르즈Jorge를 적자로 만들어 왕위를 계승시킬까도 고민했다. 아비스 왕조의 개국 군주인 주앙 1세도 서자 출신이었으니 불가능한 일은 아니었다. 그러나 상황이 달랐다. 당시 주앙 1세의 경쟁 상대는 외국인인 카스티야의 왕이었다. 여론이 주앙 1세의 편이었다. 지금 조르즈의 경쟁 상대는 같은 포르투갈인이며 아비스 왕조의 일원인 마누엘이었다. 여론이 분열될 게 뻔했다. 자신의 사후에 내전이 벌어질 가능성도 컸다. 주앙 2세 입장에서는 최악의 시나리오였다.

교황과 왕비의 반대도 무시할 수 없는 요인이었다. 특히 왕비는 자신의 동생 대신 다른 여자의 아들인 조르즈가 왕이 되는 것을 필사적으로 막아섰다. 왕은 결국 나라를 위해서 욕심을 내려놨다. 그러나 아들을 잃은 슬픔과 후계자에 대한 고민으로 왕의 심신은 지칠 대로 지친 후였다. 1495년 10월, 왕은 알보르Alvor에서 숨졌다. 나이 마흔. 아쉬움이 남는 이른 죽음이었다. 주앙 2세는 앞으로 부재를 통해 자신의 위대함을 역사 앞에 증명하게 될 터였다.

대항해시대의 탄생

1492년 그라나다

그라나다 왕국의 멸망과
신대륙 발견

포르투갈

스 페 인

토로 ●바야돌리드

●마드리갈

살라망카●

●우클레스

안달루시아

●라스 나바스 데 톨로사

●아르호나

●하엔

세비야● 그라나다 ○ ●과딕스

●론다

●말라가

대 서 양

지 중 해

드디어 오랜 세월 굳게 닫혔던 그라나다의 성문이 열렸다. 기죽은 채로 성문을 나선 그라나다 왕국의 마지막 군주 보압딜Boabdil, 재위 1482~1483, 1487~1492의 손에는 열쇠 한 쌍이 들려 있었다. 그라나다의 성문을 여닫는 열쇠였다. 패자의 행렬은 초라했다. 그가 향하는 성문 밖 너른 들판은 도열한 카스티야의 군인들로 가득했다. 그들의 맨 앞, 화려하게 성장한 이사벨 여왕과 페르난도 왕이 보압딜을 기다리고 있었다. 승자의 당당함이 물씬 풍겼다. 열쇠가 보압딜의 손에서 스페인의 공동 군주에게로 전달되자 큰 환호성이 터져 나왔다.

이 순간 보압딜이 건넨 것은 단순한 그라나다 성문의 열쇠가 아니었다. 그는 이베리아 반도에 800년 가까이 존재했던, 한때는 반도의 거의 대부분을 지배했던 위대한 문명 그 자체를 넘긴 것이다. 무슬림 입장에서는 피를 쏟을 일이었고, 기독교도 입장에서는 감사 기도를 올릴 일이었다.

1492년 1월 2일이었다. 이 역사적인 순간의 주인공을 한 명 꼽으라면 누구일까? 이사벨 여왕이다. 23년 전 정적들의 눈을 피해 바야돌리드의 한 저택에서 비밀리에 결혼을 해야 했던 그녀였다. 이제 그녀는 당당한 신생 스페인의 제1군주로, 레콩키스타의 종결자로, 기독교 문명의 수호자로 그라나다

앞에 섰다. 아니, 역사 앞에 섰다. 지난 세월이 주마등처럼 스쳤을 것이다. 정말 쉽지 않은, 투쟁으로 점철된 시간이었다.

카스티야 왕의 권력을 되찾다

이사벨은 내전 승리를 통해 왕위를 확보했다. 카스티야는 무능한 왕과 탐욕스런 총신들이 펼치는 나쁜 정치에 너무 오랜 세월 고통 받았다. 하루하루를 버텨야 하는 일반 백성들에게는 더 이상 나쁜 정치를 견뎌낼 여력이 없었다. 다행히 이사벨은 아버지 후안 2세, 이복 오빠 엔리케 4세와 달리 단호한 의지와 비상한 정치력의 소유자였다. 그녀의 남편인 아라곤의 왕 페르난도 2세 역시 열정과 노련함을 갖춘 1급 정치가였다.

이사벨은 남편의 도움을 받아 카스티야 왕국에 안정과 질서를 가져오는 일에 착수했다. 무엇보다 실추된 왕의 권위를 바로 세워야 했다. 총신들에게 빼앗긴 왕의 권력을 되찾아와야 했다. 오랫동안 무정부 상태나 다름없이 방치됐던 도시에는 왕실 관리를 파견해야 했고, 과도한 세금과 비적 떼의 출몰로 폐허가 된 농촌을 살려야 했다. 귀족들의 특권과 횡포로 헝클어진 사법 제도도 정비해야 했다. 할 일이 말 그대로 산더미처럼 쌓여 있었다. 그녀의 가장 큰 우군은 질서 회복을 원하는 백성들의 강렬한 바람이었다.

1476년 4월, 마드리갈Madrigal에서 열린 코르테스에서 이사벨은 백성들의 열망에 힘입어 도시들과 손잡았다. 동맹의 결과 산타 에르만닷Santa Hermandad이 창설됐다. '성聖 형제단'으로 번역되는 산타 에르만닷은 지방에서 경찰과 사법 기능을 동시에 수행하는 무장 기구였다. 무엇보다 '에

대항해시대의 탄생

르만닷 위원회'라는 하나의 중앙집권 기구의 통제하에서 활동했다. 이는 왕의 통치권이 지방까지 미치는 결과를 낳았다. 산타 에르만닷 운영의 효과는 즉각적이었다. 카스티야 전역에서 질서가 회복되고 농촌을 약탈하던 비적 떼가 사라졌다.

또한 이사벨은 카스티야 왕들의 전통적 통치 기구인 국왕 자문 위원회도 국왕 평의회로 대체했다. 유력한 대귀족 가문 출신 중심의 국왕 자문 위원회와 달리 국왕 평의회는 법적 지식을 갖춘 소귀족, 젠트리, 콘베르소Converso(가톨릭으로 개종한 유대인)로 구성됐다. 그러나 무엇보다 중요한 것은 왕국 내에서 절대적인 영향력을 행사하는 종교 기사단을 통제하는 일이었다. 포르투갈과 마찬가지로 카스티야도 무슬림을 상대로 한 십자군 전쟁을 통해 탄생했고, 성장했다. 그 과정에서 종교 기사단은 십자군 전쟁의 첨병 역할을 했다.

무슬림에게 빼앗은 지역을 방어하고 개척하는 것도 종교 기사단의 몫이었다. 산티아고Santiago, 칼라트라바Calatrava, 알칸타라Alcántara 3대 기사단은 그렇게 형성됐다. 자연스럽게 그들의 부는 엄청난 토지를 바탕으로 계속 증가했다. 군사력은 막강했으며 사회에 끼치는 영향력도 컸다. 이사벨 통치 초기에 3대 기사단은 적어도 100만 명 이상의 사람들에 대해 사법권을 행사했을 것이라는 연구 결과가 있을 정도다.* 한마디로 '국가 안의 국가'였다. 이 특별한 조직을 장악한 것은 기사단장을 중심으로 한 극소수의 제후들이었다. 15세기 들어 왕의 총신들은 언제나 종신직인 기사단장 자리를 노렸다. 그리고 한번 자리를 차지하면, 기사단의 힘을 바탕으로 왕을 통제했고 때로는 왕에게 맞섰다. 왕권을 바로 세우려

*존 H. 엘리엇, 《스페인 제국사 1469~1716》, 김원중 옮김, 까치, 2000.

면 기사단에 대한 통제는 반드시 이뤄져야 했다.

이사벨은 산티아고 기사단 단장의 죽음을 이용했다(1476. 11. 11.). 당시 산티아고 기사단 단장 로드리고 만리케 데 라라Rodrigo Manrique de Lara, 1406~1476는 카스티야 계승 전쟁 이전부터 충성스러운 이사벨 지지파였다. 이사벨은 즉위하자마자 선왕이자 정적이었던 엔리케 4세의 총신 비예나Villena 후작이 맡고 있던 산티아고 기사단 단장에 로드리고를 선출시켰다. 이제 막 시작된 계승 전쟁에서 백전노장인 로드리고의 도움이 절실했기 때문이었다. 그러나 그가 죽은 1476년 늦가을에는 이미 이사벨 여왕이 계승 전쟁의 승기를 잡고 있었다. 그해 봄에 있었던 포르투갈군과의 토로 전투Battle of Toro(1476. 3. 1.)에서 이사벨의 군대가 승리를 거뒀기 때문이었다.

여왕은 이제 기사단의 권력을 회수할 때가 됐다고 판단했다. 바야돌리드에 머물던 이사벨은 로드리고 기사단장의 부고를 듣자마자 산티아고 기사단의 고위 책임자들이 후임 선출을 위해 모이는 우클레스 수도원Monasterio de Uclés으로 출발했다. 그녀는 직접 말을 타고 달렸다. 바야돌리드에서 우클레스까지 거리는 약 300킬로미터다. 그녀는 그 먼 거리를 단 사흘 만에 주파했다. 당시의 도로 사정을 감안하면, 이사벨 여왕은 말 그대로 '미친 듯이' 달려간 것이다. 산티아고 기사단을 반드시 손에 넣어야 한다는, 그래서 왕의 권력을 강화해야 한다는 절박함이 있었기에 가능했다. 그렇게 여왕은 누구도 예상치 못한 시간에, 누구도 예상치 못했던 장소에 등장했다.

그리고 자신의 남편인 페르난도가 기사단 단장이 돼야 한다고 주장했다. 기사단의 고위 책임자들은 그녀의 의지 앞에 굴복했다. 페르난도가 기사단의 총괄 책임자가 됐다. 그녀 입장에서는 만족스런 전례가 만들어진 셈이었다. 이사벨은 이 전례를 앞세워 칼라트라바 기사단(1487)과 알칸타라 기사단(1494)마저 손에 넣게 된다. 그리고 그녀의 외손자인 카를 5세Charles V * 때에 이르러 이 세 기사단은 교황의 칙령에 의해 모두 국왕에게 귀속됐다(1523). 이사벨 여왕의 노력 덕분에 카스티야 왕의 권력은 반석 위에 서게 됐다.

이슬람 문명 최후의 보루가 무너지다

카스티야 왕국의 내부 정비를 어느 정도 마무리하자 이사벨은 이베리아 반도에서 무슬림을 축출하는 재정복운동, 레콩키스타에 나섰다. 레콩키스타는 오랜 세월 부진했다. 첫째는 카스티야의 내정이 불안했기 때문이다. 둘째는 카스티야 왕들의 의지가 약했기 때문이다. 내정을 안정시킨 이사벨은 레콩키스타에 대한 의지를 불태우며 이베리아 반도에 남은 무슬림의 마지막 근거지, 그라나다 왕국으로 눈을 돌렸다.

그라나다 왕국의 번영과 몰락

이 왕국을 세우고 통치한 것은 나스르 왕조였다. 나스르 왕조의 출발은 한미했다. 그들의 시조인 무하마드 1세Muḥammad I, 재위 1232~1273는 하엔 인근의 작은 도시 아르호나Arjona의 토호土豪였다. 그는 1232년 4월 스스로를 술탄으로 선언하면서 비정한 권력과 정치의 세계에 뛰어들었다.

---

*카를 5세는 'Karl V(독일어)', 'Karel V(네덜란드어)', 'Charles V(프랑스어, 영어)', 'Carlo V(이탈리아어)', 'Carlos I(스페인어)' 등 통할했던 국가별 표기가 달라 예외로 영어 표기를 따랐다.

토호에 불과했던 그가 술탄을 주장할 수 있었던 것은 13세기 초 스페인 상황이 급변하고 있었기 때문이다. 안달루시아와 북아프리카를 지배하고 있던 강력한 무와히드^{al-Muwaḥḥidūn} 제국은 1212년 라스 나바스 데 톨로사 전투에서 하나로 뭉친 기독교 국가들에 치명적인 패배를 당하며 무너져 내렸다.

안달루시아에는 권력의 공백기가 찾아왔다. 수많은 야심가들이 무와히드 제국의 빈자리를 차지하기 위해 칼을 뽑아 들었다. 나스르 가문의 무하마드 1세도 그런 사람 중 한 명이었다. 그러나 그는 권력욕에 사로잡힌 뜨내기가 아니었다. 냉철한 판단력과 탁월한 균형 감각을 갖춘 1급

〈페르난도 3세의 손에 키스하는 무하마드〉(Pedro Gonzalez Bolivar, 1883)

대항해시대의 탄생

의 정치가였다. 무하마드 1세는 수많은 지방 귀족과 손을 잡아 세력을 키웠다. 안달루시아의 중심 도시인 그라나다를 정복해 왕조의 수도로 삼았다. 그 후에는 안달루시아를 위협하는 카스티야 왕국과 북아프리카의 이슬람 왕국 사이를 능수능란하게 오가며 왕국의 초석을 쌓았다. 특히 카스티야 왕국의 페르난도 3세를 그라나다 왕국의 상위 군주로 인정함으로써 안전을 꾀했다.

무하마드 1세는 더 나아가 1248년에는 페르난도 3세를 도와 같은 무슬림의 도시인 세비야를 함락시키기도 했다. 그 대가로 그라나다 왕국은 안전과 번영을 누렸다. 1273년 그가 사망했을 때 왕국은 작지만 풍요로운 안달루시아의 남부 지역을 확고하게 장악할 수 있었다. 뒤이은 무하마드 2세Muḥammad Ⅱ, 재위 1273~1302 치하에서 왕국은 더욱 발전했다. 왕국의 위상은 유수프 1세Yūsuf Ⅰ, 1333~1354와 무하마드 5세Muḥammad Ⅴ, 재위 1354~1359, 1362~1391 치세에 이르러 절정에 도달했다. 왕들은 그라나다 왕국을 사방에서 포위하고 있는 카스티야 왕국과 평화를 유지하기 위해서 필사적으로 노력했다. 엄청난 액수의 조공을 가져다 바치는 것은 기본이었다.

그렇게 산 평화는 비록 굴욕적이었지만, 경제적 번영을 가져다줬다. 문화와 예술, 학문이 찬란하게 꽃을 피웠고, 오늘날 세계적으로 유명한 '알람브라Alhambra'는 그 열매였다. 그러나 15세기에 들어서면서 그라나다 왕국의 앞날에도 그늘이 생기기 시작했다. 모든 몰락이 그러하듯이 그라나다 왕국의 멸망도 분열에서 시작됐다. 1417년 유수프 3세Yūsuf Ⅲ, 재위 1408~1417가 죽자 고작 여섯 살 된 아들 무하마드 8세Muḥammad Ⅷ, 재위 1417~1419, 1427~1429가 왕위를 이어받았다. 어린 왕을 둘러싸고 당파 간 권력 다툼이 치열하게 벌어졌다. 1419년 왕의 아저씨뻘인 무하마드 9세

알람브라 궁전. 그라나다 왕국은
경제적 번영 속에서
문화와 예술, 학문을
꽃피웠다.

Muḥammad Ⅸ가 새롭게 왕위에 올랐다.

이때부터 당파 간 경쟁은 피를 동반한 내전 수준으로 격화됐다. 무하마드 9세는 일생 동안 왕위에 오르내리기를 무려 네 차례(1419~1427, 1430~1431, 1432~1445, 1447~1453)나 거듭했다. 1445년부터 1453년까지 8년 동안은 네 명의 왕이 출현했다. 그들은 번갈아가며, 혹은 두 명이 동시에 왕위를 주장하며 혼란을 부추겼다. 나라는 갈기갈기 찢어졌고, 그나마 튼튼했던 경제와 문화의 기반도 허물어져 내렸다. 극심한 혼란 속에서 그라나다 왕국이 살아남을 수 있었던 이유는 카스티야 역시 내분으로 이웃의 자중지란을 활용할 형편이 못 되었기 때문이다.

이사벨 여왕의 재정복운동

그라나다의 행운은 이사벨 여왕의 등장과 함께 막을 내렸다. 레콩키스타가 다시 시작됐다. 그라나다 왕국이 위치한 안달루시아 남부는 풍요롭고 험준했다. 왕국 내 요충지마다 강력한 요새가 버티고 있었다. 중세의 조악한 전쟁 기술로 이런 땅을 정복하기란 여간 어렵지 않았다. 1482년 이사벨 여왕은 레콩키스타를 재개했으나, 전쟁은 오히려 카스티야의 재정을 압박했다. 여왕은 포기하지 않았다. 그리고 행운의 여신이 집념의 이사벨에게 미소 짓기 시작했다. 이 절체절명의 시기에 그라나다에서 다시 내전이 터진 것이다.

전쟁 직전에 그라나다 왕국의 지배자는 물라이 하산Muley Hacén, 재위 1464~1482, 1483~1485이었다. 물라이 하산에 이르러 그라나다 왕국은 15세기 전반기 내내 계속되던 분열의 시대로부터 가까스로 벗어나 기력을 추스르고 있었다. 아마 더 이상의 분열만 없었다면 레콩키스타의 역사는 달라졌을 것이다. 운명은 그라나다 왕국 편이 아니었다. 1482년 7월 물라이

하산의 장남 보압딜은 아버지가 전쟁에 나간 틈을 타 반란을 일으켰다. 왕자는 기독교도와 일부 아랍계 귀족 가문들의 도움을 받아 그라나다를 장악하고 스스로 왕위에 올랐다. 아버지가 자신을 왕위 계승에서 배제시킬지도 모른다는 두려움이 쿠데타의 원인이었다.

보압딜의 찬탈과 그에 따른 내전은 그나마 남아 있던 그라나다 왕국의 마지막 힘을 소진시켰다. 그 와중에 보압딜은 하나로 통합된 카스티야-아라곤 왕국을 상대로 무모한 군사 원정에 나섰다 페르난도 2세에게 사로잡히기까지 했다. 보압딜은 이때 페르난도 2세와 협정을 맺었다. 자신의 자유와 복위를 대가로 왕국 대부분을 스페인에 넘기기로 한 것이다. 나라를 팔아먹고 풀려난 보압딜은 아버지를 상대로 싸웠고, 아버지가 죽은 후로는 삼촌인 알 자갈al-Zaghal을 상대로 다시 싸웠다.

그 기간 동안 스페인의 군대는 차근차근 그라나다 왕국의 영토를 잠식해 들어갔다. 1485년에는 왕국 서부의 대도시인 론다Ronda가, 1487년에는 최대의 항구도시로 경제의 중심인 말라가가 함락됐다. 특히 말라가의 함락은 치명적이었다. 이 항구는 북아프리카로부터 군사적, 경제적인 지원을 받아들이는 그라나다 왕국의 생명선에 해당했기 때문이다. 수도 그라나다의 고립이 가시화되기 시작했다. 1489년, 그라나다 동쪽에 위치한 과딕스Guadix가 무너졌다. 왕국의 운명이 백척간두에 섰다.

그러나 조카 보압딜과 삼촌 알 자갈은 골육상잔의 전쟁을 멈추지 않았다. 이미 그들에게는 스페인보다 서로가 더 지독한 원수였다. 어찌나 서로를 증오했던지 보압딜은 삼촌으로부터 영지를 받으니, 왕위를 포기하고 카스티야의 일개 귀족으로 살아가겠다고 선언할 지경이었다. 이사벨 여왕의 군대는 알 자갈이 차지하고 있던 그라나다의 동부 지역을 공격하는 데 집중됐다. '용맹한 자'로 명성이 높았던 알 자갈로서도 더 이상은 버티기 힘든 상황이 되어버렸다. 알 자갈은 자신의 모든 영토를 이사벨 여왕에게 넘기고 북아프리카로 망명했다. 왕국은 수도인 그라나다 주변을 제외하고는 모조리 스페인의 수중에 들어가고 말았다. 사실상의 멸망이었다.

이때 역사상 찾아보기 힘든 소극笑劇이 벌어진다. 반란과 내전으로 왕국의 힘을 소진시켜 그라나다 왕국이 무너지는 데 일등 공신 역할을 했던 보압딜이 느닷없이 '왕국을 위해' 최후의 순간까지 싸우겠다고 나선

〈그라나다의 항복〉(Francisco Pradilla Ortiz, 1882)

것이다. 그라나다시를 제외하고는 아무것도 남아 있지 않은 왕국을 위해서! 이 어이없는 행위에 대해 이사벨 여왕은 그라나다시를 완벽하게 포위하는 것으로 대응했다. 1491년 포위망이 완성되고 몇 개월이 흐르자 절망과 기아가 그라나다를 덮쳤다. 신민들 입장에서도 보압딜만을 믿고 버틴다는 것은 불가능했을 것이다.

전세가 기울었음을 뒤늦게 깨달은 보압딜은 왕국을 위해 명예롭게 싸

대항해시대의 탄생

우겠다던 맹세를 또다시 깨버렸다. 그해 가을 기독교 왕국과 협상에 나선 보압딜은 자신의 목숨과 약간의 땅, 연금을 대가로 그라나다시를 포기하기로 약속했다. 1492년 1월 2일 그라나다시의 성문이 열렸다. 무려 800년 가까이 이베리아 반도에 머물렀던 이슬람 최후의 보루가 무너지는 순간이었다. 왕국 멸망의 일등 공신이었고, 위대했던 문명의 마지막을 소극으로 장식해버린 보압딜은 알람브라를 떠나며 눈물을 흘렸다.

이사벨 여왕과 콜럼버스의 만남

한 문명의 몰락이라는 장엄한 역사의 한 장면을 목격하면서 이사벨 여왕은 만족했을까? 소인은 작은 업적에 만족한다. 그릇이 작기 때문이다. 위인은 큰 업적에도 만족하지 못한다. 기준이 높기 때문이다. 이사벨은 위인이었다. 그라나다 왕국을 멸망시켜 레콩키스타를 완성한 것은 대단한 업적이었지만 당시 이베리아 반도의 상황에서는 언젠가는 달성될 일이었다. 더 중요한 것은 예측할 수 없는 시대의 변화였다.

이사벨 여왕은 이웃 나라 포르투갈이 추진 중인 해양 개척 사업을 주의 깊게 지켜보고 있었다. 레콩키스타가 끝났으니 이제는 바다였던 것이다. 그러나 포르투갈의 바다 개척은 어제오늘 일이 아니었다. 1415년 세우타 정복과 1419년 항해왕 엔히크의 사그레스 건설 이후 70년 동안 포르투갈은 바다를 개척해왔다. 이사벨에게는 시간도 자원도 정보도 사람도 절대적으로 부족했다. 그녀에게는 이 모든 것을 한꺼번에 해결해줄 결정타가 필요했다.

그녀가 꺼내 든 비장의 카드는 크리스토퍼 콜럼버스라는 뱃사람이었

〈크리스토퍼 콜럼버스의 초상〉
(Sebastiano del Piombo, 1519)

다. 이탈리아 제노바 출신의 콜럼버스가 스페인 궁정에 처음 나타난 때는 1486년이었다. 그는 여왕에게 대서양을 건너 서쪽으로 갈 항해를 후원해달라고 요청했다. 지구는 둥글기 때문에 서쪽을 통해 인도와 중국에 닿을 수 있다는 것이 이국에서 온 뱃사람의 주장이었다. 주장의 진위 여부를 떠나 이사벨 여왕에게는 여력이 없었다. 모든 시간과 정신, 자금을 그라나다 전쟁에 쏟아붓고 있었기 때문이었다.

그러나 콜럼버스의 제안에는 무시하거나 뿌리치기 어려운 마력이 깃들어 있었다. 만에 하나 성공한다면? 스페인 왕국은 유럽의 그 어떤 나라도 가져보지 못한 완전히 새로운 가능성을 쥐게 될 터였다. 아프리카 대륙을 돌아 인도로 간다는 엄청난 프로젝트의 달성을 눈앞에 둔 포르투갈을 단번에 앞설 수 있는 기회이기도 했다. 그라나다를 정복하자마자 이사벨 여왕은 콜럼버스를 불렀다. 그녀의 사령부가 위치한 산타페Santa Fé에서 여왕과 뱃사람은 다시 만났다. 두 사람 사이에 많은 이야기가 오갔고 치열한 협상이 진행됐다.

1492년 4월 17일 동갑내기인 두 사람은 최종 합의에 도달했다. 이사벨 여왕은 콜럼버스의 항해를 전적으로 후원하고, 그가 장차 발견할 모든 땅을 스페인 왕국에 귀속시키고 군주로서의 확고한 권리를 갖기로 했

대항해시대의 탄생

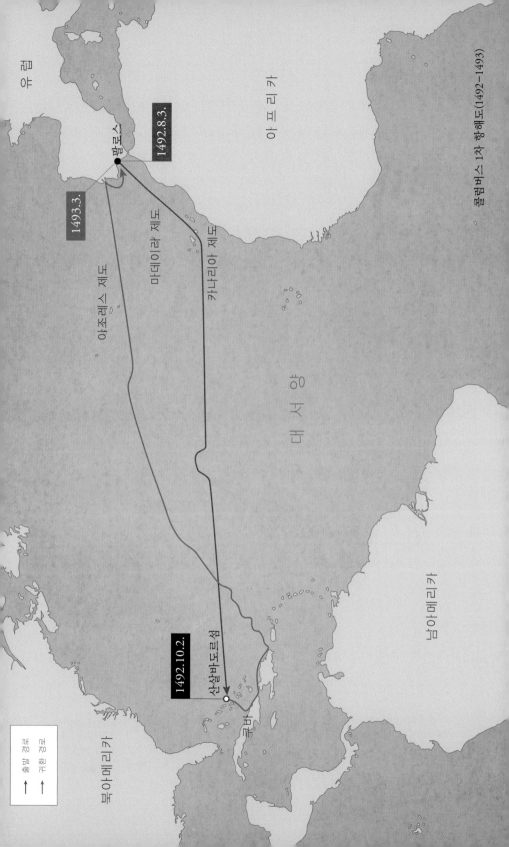

콜럼버스 1차 항해도(1492–1493)

유럽

아프리카

1492.8.3.
팔로스

1493.3.

마데이라 제도

아조레스 제도

카나리아 제도

대서양

북아메리카

1492.10.2.
산살바도르섬

쿠바

남아메리카

↑ 출발 경로
↑ 귀환 경로

다. 콜럼버스에게는 세습적인 대제독 직위와 장차 발견할 땅의 모든 산물의 10분의 1에 대한 권리가 부여됐다. 포르투갈의 왕이 과하다며 거부했던 모든 조건을 스페인의 여왕은 수용했다. 계약은 성립됐다.

1492년 8월 3일, 콜럼버스는 이사벨 여왕의 후원으로 마련한 세 척의 범선에 90명가량의 선원을 싣고 세비야 인근의 팔로스Palos항을 출발했다. 카나리아 제도Las Islas Canarias를 거쳐 콜럼버스의 함대는 서쪽으로, 서쪽으로 대서양을 가르며 나아갔다. 10월 12일 콜럼버스의 함대가 육지를 발견하는 데 성공했다. 미친 뱃사람의 평생의 집념과 절박한 여왕의 과감한 결단이 빛을 발했다. 이로써 진정한 세계사가 시작됐다. 스페인이라는 매개를 통해서.

콜럼버스가 첫 번째 항해에서 돌아온 것은 이듬해 3월이었다. 이사벨 여왕은 남편 페르난도 2세와 함께 바르셀로나에서 대대적인 환영 행사를 열어 콜럼버스를 맞았다. 화려했던 행사는 어쩌면 여왕 본인을 위한 것이었는지도 모른다. 모두가 '미쳤다'던 모험을 '그래도 한번 해보자'며 후원하기로 결정한 것은 바로 이사벨 자신이었으니까. 그러나 그라나다 정복과 신대륙 발견이라는 대업을 이룬 뒤에도 이사벨 여왕에게는 쉴 시간이 없었다. 그녀는 갓 통일된 스페인 왕국을 하나로 통합하는 또 다른 난제를 풀어야 했다. 여왕의 역사는 이제부터가 시작이었다.

바스쿠 다가마의 인도 항로 개척

리스본 벨렝

유 럽

지중해

인 도

카보베르데
제도

아 프 리 카

아라비아해

코지코드
(과거의 캘리컷)

대 서 양

몸바사

브 라 질

인 도 양

포르투세구루

모잠바크

세인트헬레나만
희망봉

1497년 7월 9일 토요일. 아침이 밝자 리스본의 빌렝Belém 지구 앞으로 펼쳐진 해안가에 수많은 사람이 몰려들었다. 리스본 중심으로부터 꽤 떨어진 거리를 그들은 기꺼이 걸어왔다. 일부는 떠나는 친지와 친구를 배웅하기 위해서, 일부는 역사적인 항해가 될 것이 확실한 이번 선단의 출발을 직접 지켜보기 위해서 왔다. 바스쿠 다가마가 자신의 뱃사람들을 이끌고 해안가를 향해 행진하자 환호성이 터졌다. 바스쿠 다가마 일행이 바다와 땅이 맞닿은 곳에 이르자 일순 정적이 흘렀다. 모두가 무릎을 꿇었고 고해성사를 올렸다. 떠나가는 뱃사람들에게는 면죄부가 주어졌다.

지켜보는 모든 이가 뜨거운 눈물을 흘렸다. 눈물의 이유는 명확했다. 이번 항해의 역사적 의미가 주는 감격과 떠나가는 사람들이 무사히 돌아오길 바라는 마음. 이 항해의 목표는 아프리카 서해안을 돌아, 인도양을 건너 인도에 도착하는 것이었다. 10년 전, 바르톨로메우 디아스가 희망봉을 돌며 예감했던 '인도로 가는 길'의 꿈을 현실로 만드는 것이 지금 떠나가는 이들에게 주어진 소명이었다. 아니, 더욱 정확하게는 1419년 항해왕 엔히크가 사그레스에서 시작한 바다 개척의 궁극적인 목표를 달성하는 것이었다.

이날을 위해 포르투갈은 80년 가까운 시간을 투자했다. 유럽의 그 누구도

가지 않았던 길을 갔다. 이 항해가 성공하면, 유럽 상업의 중심지는 지중해의 베네치아가 아니라 대서양의 리스본이 될 터였다. 꿈이 현실로 다가오고 있었다. 160명에 달하는 뱃사람들이 네 척의 배에 올라탔다. 바스쿠 다가마의 기함旗艦 상 가브리엘São Gabriel을 필두로 탐험대는 벨렘의 해안을 떠났다. 그들은 빠르게 테주강을 따라 내려가 대서양으로 나아갔다. '역사적인'이라는 상투적인 말로밖에 표현할 수 없는, 역사적인 항해가 시작됐다.

아무도 가보지 않은 바다

항해를 이끄는 리더는 바스쿠 다가마였다. 다가마는 중소 귀족 에스테방 다가마Estêvão da Gama의 셋째 아들로 태어났다. 에스테방은 남부 알렌테주Alentejo 해안가의 시느스Sines 요새의 책임자였다. 다가마의 어린 시절에 대해 알려진 것은 많지 않다. 그가 역사에 처음 이름을 올린 것은

1515년 마누엘 1세가 바스쿠 다가마의 업적을 기리기 위해 건설한 벨렘 기념탑

〈포르투갈을 떠나는 바스쿠 다가마〉(John Henry Amshewitz, 1936)

1492년 주앙 2세가 다가마를 포르투갈 최남단인 알가르브로 파견했을 때다. 그의 임무는 프랑스와의 분쟁 해결이었다. 당시 포르투갈과 프랑스는 평시 상태였는데, 프랑스가 포르투갈 선박에 대해 약탈을 자행했던 것이다. 다가마는 이에 대한 보복으로 알가르브의 프랑스 선박들을 억류하는 방식으로 문제를 해결했다.

다가마는 왕의 명령을 빠르고 효과적으로 수행함으로써 명성을 얻었다. 거기까지다. 다가마가 항해 혹은 전투에서 탁월한 업적을 보였다는 기록은 더 이상 없다. 그런 다가마가 인도로 가는 항해의 책임자가 됐다. 이유가 뭘까? 다가마를 선택한 사람이 누구인지도 불확실하다. 이 프로젝트는 주앙 2세 때 기획됐으나, 국내외 상황으로 인해 미뤄지다 마누엘 1세Manuel Ⅰ, 재위 1495~1521 때 이르러 시행됐다. 다가마를 프로젝트 책임자로 선택한 사람은 주앙 2세일까, 마누엘 1세일까? 라이벌 파벌 간의 정치적인 대립 속에서 우연찮게 선택됐다는 해석이 가장 유력하다.

모든 것이 불확실한 가운데 확실한 건 딱 하나다. 다가마야말로 이 항해에 가장 적합한, 용기 있고 단호한 리더였다는 사실이다. 항해 준비는 철저했다. 희망봉을 최초로 발견했던 바르톨로메우 디아스가 자문관으로 참여했다. 다가마의 기선인 상 가브리엘과 또 다른 주요 배 상 하파에우 São Rafael는 엄청난 자금을 들여 최신 기술로 새롭게 제작됐다. 모든 선원도 엄선됐고, 이례적으로 많은 액수가 봉급으로 지급됐다.

그렇게 철저하게 기획되고 준비된 탐험대는 테주강을 빠져나오자마자 선수를 남쪽으로 돌렸다. 아프리카 서해안을 따라 내려간 탐험대는 카나리아 제도(7월 15일)를 거쳐 카보베르데 제도(7월 26일)에 도착했다. 항해는 8월 3일에 재개됐다. 다가마의 1차 목표는 희망봉이었다. 인도는 그 다음 목표였다. 희망봉까지 가는 것도 쉬운 일은 아니었다. 거대한 아프리카 대륙을 타고 내려가 희망봉에 도달했던 사람은 지금까지 디아스가 유일했다(1488). 항해왕 엔히크로부터 계산하면 포르투갈에서 희망봉까지 도달하는 데 거의 70년이 걸린 셈이다.

왜 그토록 오랜 세월이 걸렸을까? 아프리카 대륙이 상상했던 것보다 큰 탓도 있지만 더 중요한 이유는 해류와 조류가 항해를 방해했기 때문이다. 카보베르데 제도를 출발한 바스쿠 다가마는 아프리카 서해안을 따라 내려가던 기존의 항해 루트를 버리고, 먼 대서양을 향해 서남쪽으로 선수를 돌렸다. '미쳤다'는 표현으로도 부족한 과감한 시도였다. 항해에 유리한 해류와 바람을 이용하기 위해서였다. 이는 다가마의 캐릭터를 보여주는 동시에, 디아스 항해 이후 10년 동안 포르투갈의 항해술이 얼마나 진보했는지 알 수 있는 사례다.

탐험대는 그렇게 육지가 전혀 보이지 않는 망망대해에서 정확하게 목적지를 찾아 나아갔다. 아무도 가보지 않은 바다였고, 누구도 도전하지 못했던 보이지 않는 길이었다. 하나의 시대를, 인식의 한계를 깨며 바스쿠 다가마 일행은 전진했다. 미지의 공포, 적도의 더위, 바다의 위협, 괴혈병, 그 무엇으로도 다가마의 배들을 막지 못했다. 11월 7일, 희망봉에서 멀지 않은 산타헬레나Santa Helena만에 다가마 일행은 도착했다. 무려 97일의 원양 항해.* 콜럼버스의 대서양 횡단(37일)을 압도하는 항해였다.

희망봉을 돌아 인도양으로 나아가자 거대한 무역 네트워크가 다가마 일행을 맞이했다. 서아프리카와 달리, 동아프리카는 선진 이슬람 문명의 땅이었다. 모잠비크Moçambique, 몸바사Mombasa를 거쳐 말린디Malindi에 도착한 탐험대는 최종 목적지인 인도 캘리컷 Calicut(지금의 코지코드)으로 가는 길을 아는 현지 도선사를 구할 수 있었다. 다가마의 탐험대는 계절풍을 타고 23일 만에 바람같이 나아가 인도 서부의 상업 중심지인 캘리컷에 도착했다(1498. 5. 20.).

〈캘리컷에 상륙하는 바스쿠 다가마〉
(Ernesto Casanova, 1880년경)

*현대의 달력을 기준으로 했을 때 리스본 출발을 기점으로 123일, 카보베르데 출발을 기점으로 97일이다(출발과 도착 날짜 포함).

북아프리카에 최초의 해외 영토인 세우타를 정복한 이래의 꿈, 항해왕 엔히크가 사그레스에 해양 기지를 세운 이래의 목표, 인도로 가는 길을 드디어 개척한 것이다.

인도 항로 개척, 구세계의 종말

인도 서부의 교역 중심지인 캘리컷은 포르투갈인 눈에는 신천지였다. 후추를 비롯한 고가의 아시아 물산들이 넘쳐났다. 당시 캘리컷의 지배자 사모린Zamorin은 바스쿠 다가마가 선물이랍시고 가져온 조잡한 유럽 물건을 보고 코웃음을 쳤다. 유럽인들이 제공할 수 있는 물건은 서아프리카에서는 환영받을지 몰라도, 인도에서는 아니었다. 그럼에도 불구하고 힌두 출신 사모린은 바스쿠 다가마 일행에 우호적이었다. 반면에 캘리컷의 교역을 장악하고 있는 무슬림 상인들은 노골적으로 적대적이었다. 포르투갈 탐험대의 출현이 갖는 의미를 사모린보다는 훨씬 냉철하게 파악했기 때문이다.

동아프리카에서 인도에 이르는 방대한 바다, 인도양에는 이미 거대한 무역 네트워크가 존재했다. 이 무역 네트워크는 중국과 동남아에서 중동을 거쳐 유럽까지 연결되어 있었다. 그 중심에 무슬림 상인들이 있었다. 이렇게 하나로 완결된 세계에 느닷없이 포르투갈인이 나타난 것이다. 그것도 유럽에서 아프리카를 돌아서. 포르투갈인들의 출현은 일시적인 것일까? 아니면 지속적인 등장의 시작일까? 아시아에서 중동을 거쳐 유럽으로 이어진 무역로에서 얻을 수 있는 막대한 이익을 생각하면 일시적이거나 우연일 리 만무했다. 포르투갈은 직교역을 목표로 누구도 개척하

대항해시대의 탄생

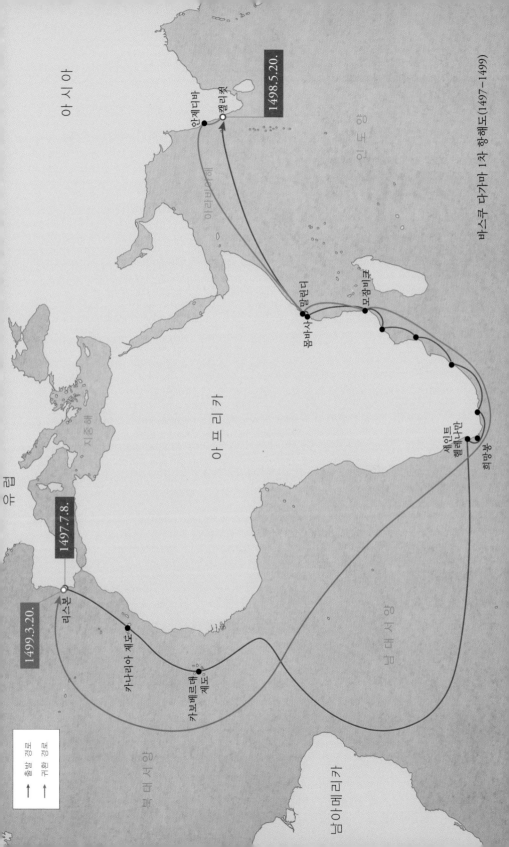

바스쿠 다가마 1차 항해도(1497~1499)

유럽

아시아

지중해

아프리카

인도양

1497.7.8.
리스본

1499.3.20.

카나리아 제도

카보베르데
제도

북대서양

남대서양

희망봉
세인트
헬레나만

몸바사
말린디

모잠비크

북아메리카

남아메리카

1498.5.20.
캘리컷
안제디바

칼리쿠트

출발 경로
귀환 경로

지 못했던 길을 만들어 인도 앞바다에 모습을 드러냈을 가능성이 훨씬 컸다. 이는 기존의 교역로와 무역 참가자들에게 치명적인 위협이 될 터였다.

포르투갈인에 대한 무슬림 상인의 적의는 당연했다. 그들은 캘리컷의 지배자를 설득하는 데 성공했다. 포르투갈과 캘리컷의 무역협정 체결은 수포로 돌아갔다. 현지 분위기도 급격하게 악화됐다. 바스쿠 다가마 입장에서는 오래 머물 처지가 못 됐다. 급하게 귀환 길에 올랐다. 현지 사정에 무지했던 탐험대는 계절풍이 아프리카에서 인도 쪽으로 불어오는 8월 말에 출항했다. 최악의 시기에 출발한 것이다. 결과는 대참사였다. 아라비아해를 건너는 데만 무려 3개월 가까이 걸렸다. 수많은 선원들이 이때 괴혈병으로 쓰러졌다. 그럼에도 불구하고 살아남은 선원들은 바스쿠 다가마의 지휘하에 아프리카를 돌아 리스본으로 되돌아왔다(1499. 9. 9.).

너무나 많은 선원들이 죽어 두 척의 배를 불태워야 했지만, 나머지 두 척에는 후추를 비롯한 동양의 물품이 가득 실려 있었다. 막대한 이익은 희생을 잊기에 충분했다. 온 포르투갈이 환호했다. 전 유럽이 경악했다. 콜럼버스의 신대륙 발견(1492. 10.)에 이은 바스쿠 다가마의 인도 항로 개척. 구세계의 드라마틱한 종말이었다. 물론 새로운 시대가 시작됐다는 것을 깨달은 사람은 여전히 극소수뿐이었다. 언제나 그러하듯이.

인도로 가는 2차 함대와 브라질 발견

포르투갈 국왕 마누엘 1세는 이 기회를 놓치고 싶지 않았다. 그는 곧바로 인도로 가는 2차 함대를 준비시켰다. 2차 함대는 1차와 달랐다. 무려 13척의 대함대로 구성됐다. 다가마가 실패했던 무역협정을 시도하되 최악의 경우 무력으로 협정을 강요하기 위해서였다. 2차 함대의 사령관으로는 페드루 알바르스 카브랄Pedro Álvares Cabral, 1467/1468~1520이 임명됐다. 카브랄은 대대로 왕실에 봉직했던 귀족의 후예였다. 그는 또한 마누엘 1세의 각별한 총애와 존경을 받던 신하로 왕실 고문관이기도 했다.

카브랄의 2차 함대는 1500년 3월 9일 리스본을 떠났다. 카브랄 역시 아프리카 연안을 따라 내려가는 기존의 해로 대신 바스쿠 다가마가 시도했던 먼 바다를 돌아가는 혁명적인 방식을 따랐다. 카브랄의 함대는 다가마의 함대보다 훨씬 먼 바다를 통해 아프리카로 가고자 했다. 항해는 순조로웠다. 그러던 4월 22일, 카브랄은 눈앞에 갑작스럽게 등장한 육지와 마주쳤다. 브라질이었다. 장차 포르투갈 제국의 한 축이 될 새로운 땅은 그렇게 우연히 발견됐다. 마치 다가마와 카브랄이 시도했던 과감한 항해에 대한 선물과도 같이.

〈페드루 알바르스 카브랄〉
(Francisco Aurelio de Figueiredo e Melo, 1900)

브라질에서 열흘 정도 머문 후, 다음을 기약하고 카브랄은 원래 목표였던 인도로의 항해를 서둘렀다. 5월 29일 포르투갈 2차 함대는 희망봉을 돌았고, 9월 13일 캘리컷에 정박했다. 캘리컷 지도자와의 협상은 순조롭게 진행돼서 카브랄은 요새화된 상관商館 건설을 허가받았다. 그러나 역시 포르투갈을 경계했던 무슬림으로부터 대대적인 공격을 받고 철수해야 했다(1500. 12. 17.). 카브랄의 함대는 이에 대한 앙갚음으로 캘리컷을 포격하고, 무슬림의 배를 나포하고, 사로잡은 선원들을 처형했다. 앞으로 더욱 대규모로, 더욱 치열하게 벌어질 양쪽 세계의 무력 충돌을 예고하는 사건이었다.

카브랄은 캘리컷을 떠나 그보다 남쪽에 위치한 코친Cochin(지금의 코치)으로 갔다. 캘리컷과 경쟁 관계에 있던 코친은 카브랄을 환대했다. 이곳에서 카브랄은 그토록 원하던 값비싼 향신료 교역에 대한 허가를 받아냈다. 그때까지 남아 있던 여섯 척의 배에 향신료를 가득 채운 카브랄은 1501년 1월 16일 포르투갈로 귀환 길에 올랐다. 그러나 돌아오는 과정도 여전히 수월치는 않아서 카브랄의 함대는 다시 두 척을 잃어야 했다. 결국 1501년 6월 23일, 카브랄의 2차 함대가 리스본에 도착했을 때 돌아온 배는 네 척에 불과했다.

그럼에도 마누엘 1세는 2차 항해의 결과에 크게 기뻐했다. 돌아온 배는 비록 네 척에 불과했지만 모든 손실을 보전할 만큼의 막대한 이익이 나왔다. 인도로의 항해는 더욱 수월해졌고, 현지에서 성공적인 교역 관계도 형성되기 시작했다. 마누엘 1세는 3차 항해를 지시했다. 이 항해의 사령관에는 인도로 가는 길의 개척자, 바스쿠 다가마가 다시 임명됐다. 이때부터 포르투갈은 매년 인도를 향해 대규모 선단을 파견하게 된다.

이로써 리스본은 세상의 중심이 될 채비를 마쳤다. 항구는 수많은 배로 북적일 테고, 시장은 동방에서 온 진기하고 값비싼 물건들로 가득 찰 터였다. 리스본 거리는 세상의 바다를 누비며 역사를 개척해 나가는 강인한 뱃사람들과 유럽 전역에서 동방의 물건을 사들이기 위해 몰려온 상인들로 넘쳐날 것이다. 활력과 부의 도시 리스본. 항해왕 엔히크가 그토

대항해시대의 탄생

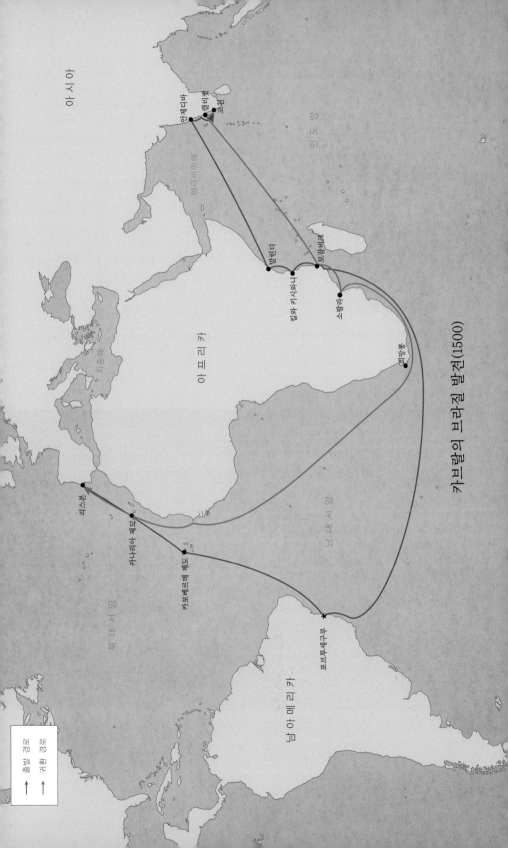

카브랄의 브라질 발견(1500)

아시아

캘리컷

인도양

안제디바

코친

아라비아해

아프리카

말린디

킬와 키시와니

몸바사

몸바사

소팔라

희망봉

대서양

지중해

유럽

리스본

카나리아 제도

카보베르데 제도

북대서양

포르투세구루

남대서양

남아메리카

출발 경로
귀환 경로

록 염원했던, 리스본을 베네치아를 대신하는 도시로 만들고자 했던 꿈이 이뤄질 터였다.

감격에 겨운 마누엘 1세는 이 위대한 업적을 성대하게 기념해 자신과 왕국의 영광을 만천하에 과시하고자 했다. 마누엘 1세는 바스쿠 다 가마가 인도를 향해 출발했던 벨렝 해변에 제로니무스 수도원Mosteiro dos Jerónimos을 세우라 명했다(1501). 이 건물은 백 년에 걸쳐 완공된다. 그 기간 동안 포르투갈은 아프리카, 아시아, 아메리카에 거대한 제국을 건설하게 된다. 그러나 건물이 완공되는 시점에는 찬란하게 빛나던 제국의 태양이 이미 석양의 노을로 지고 있었다. 숨 막히게 빠른 성장과 그보다 더 급격한 쇠퇴의 이중주가 앞으로 닥칠 포르투갈의 운명이었다.

제로니무스 수도원에 있는 바스쿠 다가마의 무덤

대항해시대의 탄생

1504년 메디나 델 캄포
이사벨 여왕과 콜럼버스

메디나 델 캄포

코르도바
우엘바(팔로스 항

북아메리카

북대서양

카나리아
제도

아프리카

바하마 제도
산살바도르섬
쿠바

카보베르데 제도

남아메리카

남대서양

✤

카스티야 왕국의 수도 바야돌리드에서 멀지 않은 곳에 위치한 메디나 델 캄포Medina del Campo. 중세부터 번창했던 카스티야 양모 무역의 중심지였던 상업 도시에 침묵이 흘렀다. 궁에 머물고 있는 여왕이 위중하다는 징후가 여기저기서 포착됐기 때문이다. 1474년 12월 13일 세고비아에서 스스로 왕임을 선포한 이래 30년이 흘렀다. 이사벨의 통치 기간은 그녀의 아버지와 이복 오빠가 왕이었던 이전 70년과는 전혀 달랐다. 스페인 역사상 가장 활력 넘치고 다사다난했던 시대였다.

이 시기에 그녀의 카스티야와 페르난도의 아라곤이 결합해 스페인이 탄생했다. 그라나다 왕국을 정복해 레콩키스타를 완성시켰고, 콜럼버스를 후원해 신대륙을 발견했다. 그녀가 총애하는 위대한 장군 코르도바Gonzalo Fernández de Córdoba, 1453~1515는 이탈리아에서 프랑스 군대를 물리쳤다. 코르도바의 지도하에 거듭난 스페인 보병 부대는 유럽 최강의 군대로 백 년의 전성기를 누리게 된다.

스페인의 그 찬란한 황금시대를 이끌었던 여장부의 생명의 불꽃이 꺼져가고 있었던 것이다. 여왕의 유언도 이미 작성됐다. 그녀가 죽고 나면 새롭게 유럽의 강국으로, 대항해시대의 선도 국가로 거듭난 이 왕국은 살아남은 자식 중에 가장 연장자인 차녀 후아나Juana, 재위 1504~1555에게 상속될 터였다. 기대보다는 우려가 컸다. 이사벨의 건강을 기원하는 신민들의 바람이 간절했다. 그러나 여왕은 머물러주지 않았다. 1504년 11월 26일. 여왕은 53년의 불꽃 같은 삶을 마감했다.

죽어가는 순간, 그녀는 무엇을 생각하고 누구를 떠올렸을까? 알 수 없다. 그러나 역사는, 세계사적 관점에서 그녀의 인생에 가장 중요했던 사람이 누구였는지를 알려준다. 바로 크리스토퍼 콜럼버스다. 여왕의 건강이 급속도로 악화되던 11월 초 콜럼버스는 그의 네 번째이자 마지막 아메리카 항해를 마치고 스페인으로 돌아왔다. 항해는 그가 원하던 황금과 향신료를 찾지 못했다는 점에서 실패였다. 죽음을 앞둔 후원자와 실패하고 돌아온 항해자. 둘의 운명은 이 순간 마지막을 향하고 있었다. 그러나 그들이 만들어낸 세계의 운명은 이제 우렁찬 진군을 시작하고 있었다.

콜럼버스의 새로운 바다

크리스토퍼 콜럼버스는 1451년 이탈리아의 제노바에서 태어났다. 아버지는 가난한 직조공이었다. 어려서는 아버지를 도왔으나 콜럼버스는 선원의 길을 걸었다. 자식이 부모의 직업을 물려받는 것이 일반적이었던 당시의 관습에 비춰볼 때 상당히 이례적이었다. 그러나 콜럼버스가 나고 자란 도시가 제노바임을 고려하면 얼토당토않은 선택은 아니다. 당대의 제노바는 베네치아와 더불어 지중해 교역을 주도했다. 이 도시의 항구와 시장에는 상인, 뱃사람, 모험가가 넘쳐났다.

콜럼버스는 14세 전후의 어린 나이에 처음 배를 탔다. 수습 선원 겸

초보 상인이었다는 게 정확한 표현일 것이다. 낯선 출발이었지만 그는 세상살이를 통해 자신에게 필요한 모든 것을 배워나갔다. 스스로도 "나는 경험을 통해 모든 것을 배웠다"고 밝혔듯이, 콜럼버스는 배우려는 열망으로 똘똘 뭉쳐 있었다. 그에게는 갑판과 항구, 바다가 학교였다. 그곳에서 만나는 모든 사람이 스승이었다. 그렇게 콜럼버스는 항해술과 위기관리 능력은 물론이고 천문학, 지리학, 기하학 등 항해에 필요한 모든 것을 익혀나가게 된다.

콜럼버스의 첫 무대는 제노바 앞바다를 중심으로 한 이탈리아 반도 주변이었다. 수없이 이 지역을 오가던 경험을 바탕으로 콜럼버스는 지중해 전체를 누비는 뱃사람으로 성장했다. 그는 지중해에서 바람을 구분하는 법을 배웠고, 조류의 흐름을 익혔다. 해적들과 쫓고 쫓기는 과정에서는 나침반 바늘을 조작해 해적들을 속이는 방법을 찾아내기도 했다. 훗날 콜럼버스는 신대륙을 찾아 나선 첫 번째 항해 도중 선원들이 폭동을 일으켰을 때 이 방법을 유용하게 활용해 위기를 넘겼다.

콜럼버스의 다음 무대는 지중해 너머 대서양이었다. 콜럼버스는 특히 포르투갈의 수도 리스본에 매료됐다. 당시 리스본은 대양 항해 개척의 선두 기지였고, 그곳에서는 아프리카를 돌아 인도로 가는 항로를 찾는 대역사가 한창이었다. 1453년 콘스탄티노플이 오스만 튀르크 제국에 함락된 이후 지중해 교역의 매력이 떨어진 것도 리스본을 돋보이게 했다. 1477년 26세의 콜럼버스는 아예 리스본으로 근거지를 옮겼다. 동생 바르톨로메오Bartholomew Columbus, ?~1514?가 이미 리스본에 정착해 살고 있었기 때문에, 또 당시의 제노바 사람들은 지중해 전역에 진출해서 생계를 꾸려나갔기 때문에 어쩌면 자연스러운 선택이었다. 콜럼버스는 그곳에서 대서양이라는 새로운 바다를 만났고 누볐다. 리스본에서 유럽 북서쪽 끝에 위치한 아이슬란드 사이를 오가면서 콜럼버스는 대서양과 지중해의 조류가 다르다는 것을 알게 됐다. 큰 수확이었다. 새로운 바다, 낯선 세상에 대한 콜럼버스의 왕성한 호기심은 거기서 멈추지 않았다. 그의 다음 목표는 아프리카였다. 그곳에서도 콜럼버스는 지칠 줄 모르는 열정으로 더 많은 것을 알고자 했다. 그렇게 호기심과 열정은 그를 더 먼 바다로 내몰아갔다.

리스본에서 콜럼버스는 소중한 인연을 많이 맺었다. 아내 필리파 모니스 페레스트렐로Filipa Moniz Perestrelo, 1455?~1484?가 대표적이었다. 그녀는 포르투갈의 저명한 식민지 개척자 집안의 딸이었다. 필리파의 집안은 포르투갈이 항해왕 엔히크 시절에 가장 먼저 발견하고 개척하기 시작한 마데이라섬에 근거지를 갖고 있었다. 필리파와의 결혼을 통해 콜럼버스는 포르투갈 왕실이 국가 기밀로 분류해 엄격하게 외부 유출을 금지했던 바다와 관련된 정보를 얻었을 것이다.

지구가 둥글기 때문에 서쪽으로 가면 인도에 다다를 수 있다는 이탈리아의 천문학자 토스카넬리Paolo Toscanelli, 1397~1482의 주장을 접하게 된 것도 리스본에서였다. 1484년 서른세 살의 콜럼버스는 포르투갈의 국왕 주앙 2세João Ⅱ, 재위 1481~1495에게 그동안 심사숙고한 항해 기획안을 제출했다. 지구가 둥글기 때문에 서쪽으로 대서양을 가로질러 가면 인도와 중국에 다다를 수 있으니 자신의 항해를 후원해달라는 요청이었다.

그의 제안은 독창적인 것은 아니었다. 토스카넬리는 물론이고 당대의 상당수 지식인들은 지구가 둥글다는 생각을 품고 있었다. 콜럼버스 이전에 몇몇 탐험가들이 실제로 서쪽을 향해 떠나기도 했다. 그러나 그들은 돌아오지 못했다. 여전히 서쪽 바다는 미지의 세계였고, 공포가 지배하는 곳이었다. 콜럼버스의 제안이 특별한 것은 바다에 대한 자신의 경

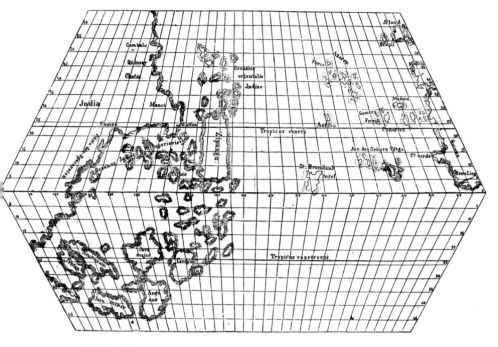

토스카넬리의 지도

험과 그동안 축적된 지식, 당대 지식인들의 이론을 융합시킴으로써 상상 속에서만 존재하던 '대서양 횡단'을 현실로 끌어들인 것이었다.

　콜럼버스는 자신의 제안이 타당하다는 것을 입증하기 위해 다방면의 전문가들로 구성된 항해 검토 위원회와 열띤 공방을 벌여야 했다. 불행히도 어떤 공방이 오갔는지에 대한 기록은 남아 있지 않다. 우리가 아는 것은 포르투갈의 주앙 2세가 콜럼버스의 제안을 거절했다는 사실이다. 대항해시대를 선도하던 포르투갈답게 검토 위원회에 속한 사람들은 콜럼버스 계획의 문제점을 정확하게 지적해냈다. 콜럼버스가 아시아까지의 항해 거리를 너무 짧게 잡았다는 것이다.

오늘날 아메리카라 불리는 완전히 새로운 대륙이 유럽과 아시아 사이에 있다는 것을 몰랐던 당대의 지리 지식에 의하면 콜럼버스의 선단은 대서양을 항해하던 도중에 바다에서 죽을 확률이 높았다. 현실적으로도 포르투갈은 아프리카를 돌아 인도로 가는 항로 개척에 박차를 가했고, 인도 항로 개척의 성공 가능성은 점차 높아지고 있었다. 이런 와중에 과학적으로도 문제가 많은 새로운 항로 개척에 베팅해야 할 이유를 포르투갈 왕실은 찾지 못했다.

역사를 뒤흔든 한 마디

실망한 콜럼버스는 포르투갈을 떠나 스페인으로 갔다. 꿈을 추구하는 그에게 포르투갈은 더 이상 머물 곳이 못 되었다. 자신의 계획을 지지해 줄 새로운 후원자를 찾아야 했다. 포르투갈이 아니라면, 스페인이나 프랑스에서 재도전해볼 계획이었다. 아내마저 죽었기 때문에 떠나는 것은 어렵지 않았다. 어린 아들 디에고Diego Columbus, 1479?~1526만을 데리고 스페인의 팔로스 항구에 도착했을 때 콜럼버스의 행색은 초라한 부랑자나 다름없었다. 그런 콜럼버스 부자를 팔로스 항구 인근 라 라비다La Rábida 수도원의 원장이었던 후안 페레스Juan Pérez 신부는 따뜻하게 맞아줬다. 페레스 신부는 콜럼버스와 그의 계획이 지닌 무한한 가능성을 제대로 이해했다.

결과적으로 페레스 신부의 혜안은 콜럼버스 개인과 스페인 모두에 축복이었다. 페레스 신부는 평범한 사제가 아니었다. 그는 스페인의 이사벨 여왕과 개인적인 친분을 맺고 있었고, 그녀에게 콜럼버스를 추천했

대항해시대의 탄생

다. 콜럼버스와 이사벨 여왕은 1486년 5월 처음 만났다. 새로운 역사를 만들어나갈 위대한 만남의 순간이었다. 그러나 이 만남이 열매를 맺기까지는 인내와 성숙의 시간이 필요했다. 스페인이 그라나다 왕국을 정복하기 위해 한창 전쟁 중이었기 때문이다. 전쟁 비용을 대느라 여왕에게는 콜럼버스의 항해를 후원할 여유 자금이 없었다.

콜럼버스는 기다려야 했다. 지루하고 답답하고 고통스러운 시간이었다. 긴 기다림의 끝은 그라나다의 멸망과 함께 찾아왔다. 1492년이 시작되자마자 이사벨 여왕은 그라나다 정복을 끝냈다. 800년 가까이 계속됐

〈여왕 앞의 콜럼버스〉(Emanuel Leutze, 1843)

이사벨 여왕과 콜럼버스

던 이슬람 지배에 종지부를 찍은 것이다. 그녀는 그라나다 원정군 총사령부가 위치한 산타페로 콜럼버스를 불러들였다. 대부분의 궁정 사람들이 콜럼버스를 근본도 알 수 없는 떠돌이 뱃사람에 몽상가 혹은 사기꾼이라 여기는 상황에서 이사벨은 그와 동방 항로 후원과 개척에 대한 구체적인 협의에 착수했다.

두 사람이 최종 합의에 도달한 것은 같은 해 4월 17일이었다. 콜럼버스가 항해 준비를 끝내고 세비야 인근의 팔로스항을 출발한 것은 그해 8월 3일이었다. 콜럼버스가 선택한 범선의 이름은 산타마리아^{Santa María}였다. 그보다 규모가 작은 범선들의 이름은 니냐^{Niña}와 핀타^{Pinta}였다. 세 척으로 이뤄진 탐험 선단은 스페인령인 카나리아 제도를 거쳐 서쪽으로 나아

대항해시대의 탄생

갔다. 항해는 생각보다 순조로웠다. 무엇보다 함장으로서 콜럼버스의 능력이 크게 작용했다. 그들이 가는 길은 아무도 살아 돌아오지 못한 미지의 길이었다. 선원들이 매 순간 느꼈을 두려움의 크기는 상상을 초월했을 것이다. 그럼에도 불구하고 배는 서쪽으로, 서쪽으로 나아갔다.

선원들이 콜럼버스의 리더십과 능력을 믿지 못했다면 과연 가능했을까? 콜럼버스에게는 모든 선원의 공포를 잠재울 만한 탁월한 그 무엇인가가 있었던 것이다. 그렇다고 위기가 전혀 없었던 것은 아니다. 포르투갈의 전문가들이 항해 검토 단계에서 지적했듯이 콜럼버스는 지구의 둘레를 실제보다 1만 킬로미터 정도 짧게 계산하는 실수를 저질렀다. 당연히 항해 기간이 예상보다 길어질 수밖에 없었다. 불안감이 함대를 엄습했다. 불안은 불만으로 번졌다.

선원들의 불만이 폭발 직전에 도달한 10월 12일 새벽, 핀타호에서 흘러나온 '육지다'라는 외마디가 아직 어둑한 바다 위로 울려 퍼졌다. 카나리아 제도를 떠난 지 33일 만이었다. 한 선원의 입에서 터져 나온 '육지다'라는 한 마디가 세상의 역사를 뒤흔들었다. 인류가 기존에 갖고 있던 인식의 한계가 깨지는 순간이었다. 이 외침으로 콜럼버스는 평생 추구했던 소망을 이뤘다. 또 그를 후원했던 스페인은 명실상부한 세계 제국으로의 출발선에 섰다.

대항해가의 마지막 희망

카스티야 왕실 깃발을 들고 자신이 발견한 땅에 상륙한 콜럼버스는 그곳을 구세주를 뜻하는 '산살바도르San Salvador'라 명명했다. 이사벨 여왕과

〈콜럼버스의 상륙〉(John Vanderlyn, 1847)

의 계약 조건에 따라 산살바도르가 그녀와 페르난도 2세의 소유임을 선언했다. 콜럼버스는 열정적으로 황금과 향신료를 찾았으나 실패했다. 대서양 항로를 발견한 것으로 만족하고 돌아올 수밖에 없었다. 콜럼버스는 이듬해 3월 리스본을 거쳐 구대륙으로 돌아왔다. 미천한 사기꾼 혹은 허풍쟁이 모험가로 떠났던 콜럼버스는 시대의 개척자요 대양의 제독으로 귀환했다.

그는 그 후로도 세 차례(1493~1496, 1498~1500, 1502~1504) 더 신대륙을 다녀왔다. 영광의 시간이 오래 지속되지는 못했다. 콜럼버스가 죽

대항해시대의 탄생

는 순간까지 '아시아의 일부'이며 '인도'라고 착각했던 신대륙은 그가 기대했던 전리품을 즉각 제공해주지는 못했다. 다양한 경제적 가능성에도 불구하고 콜럼버스와 이사벨 여왕을 비롯한 당시 스페인 사람들이 기대했던 것은 황금과 향신료였다. 콜럼버스는 집요하게 찾았으나 실패했다. 식민지 경영도 서툴렀다. 그는 위대한 인간이었고 최고의 뱃사람이었지만 총독으로서의 역량은 부족했다.

콜럼버스는 세 번째 항해에서 총독 지위는 물론이고 그동안 신세계에서 얻었던 모든 재산을 잃고 죄인 취급을 받으며 돌아와야 했다. 네 번째 항해의 기회를 얻었으나 아무런 성과도 얻을 수 없었다. 이제 콜럼버스가 마지막으로 기댈 수 있는 사람은 자신의 첫 후원자였던 이사벨 여왕이었다. 그러나 불행히도 그가 스페인 땅을 밟은 며칠 후 이사벨 여왕의 서거 소식을 들었다. 대항해가의 마지막 희망은 그렇게 사라졌다. 후원자와 함께 콜럼버스도 잊혔다. 2년 뒤인 1506년 5월 20일 콜럼버스는 둘째 아들 페르디난드Ferdinand Columbus, 1488?~1539와 그에게 충실했던 몇몇 친척과 부하들이 지켜보는 가운데 조용히 숨을 거뒀다. 바야돌리드에서였다. 콜럼버스가 숨을 거둔 장소는 이사벨과 페르난도가 비밀리에 결혼식을 올렸던 장소로부터 멀지 않은 곳이었다. 우연일까? 두 사람의 이름이 인간의 역사가 지속되는 한 언제까지나 한 묶음으로 회자될 것을 고려하면 필연일 것이다.

세비야 대성당의 콜럼버스 무덤. 중세 스페인의 네 왕국인 레온, 카스티야,
나바라, 아라곤의 왕을 상징하는 동상들이 콜럼버스의 관을 들고 있다.

1506년 리스본
유대인 대학살의 비극

리 스 본

호시우 광장

벨렝

제로니무스 수도원

발견기념비

벨렝탑

테 주 강

알 메 이 다

1506년 4월 19일 리스본. 아침부터 분위기가 스산했다. 심심찮게 벌어지던 신新기독교인(가톨릭으로 개종한 유대인)에 대한 린치로 도시가 뒤숭숭해진 지는 꽤 됐다. 신기독교인을 향한 분노에 찬 외침은 어제오늘의 일이 아니었다. 분노의 요지는 신기독교인들은 껍데기만 기독교인일 뿐, 속내는 여전히 유대교인이라는 것이었다. 집 밖에 나와서는 살기 위해 기독교인인 척하고, 집 안에 들어가서는 여전히 유대의 하나님을 위해 기도하는 사람들을 추방해야 한다는 외침은 이제 리스본 시민 누구에게나 익숙했다.

그러나 오늘은 좀 달랐다. 거리를 부랑자처럼 어슬렁거리는 사람들의 눈빛에서는 피 냄새가 났다. 사람들이 리스본 중앙 광장(오늘날의 호시우 광장)으로 모여들기 시작했다. 뭔가를 잔뜩 기대하는 분위기였다. 광장 한편에 웅장하게 들어선 도미니크 수도원의 문이 열리자 엄격하고 단호한 표정의 수사들이 나왔다. 사람들은 수사들 주변에 모여들었다. 그들이 입을 열자, 격한 말들이 쏟아져 나왔다. 신앙의 순수, 하나님의 참된 정의, 거짓에 대한 단죄를 외치는 수사들의 사자후는 청중의 가슴에 불을 질렀다.

"가짜 기독교인을 죽여라! 신앙의 순수성을 지켜라!"

유대인 대학살의 비극

광장에 모인 사람들이 리스본 전역으로 흩어졌다. 평소에 알고 지내던, 혹은 점찍어놓았던 신기독교인의 집으로, 일터로. 그렇게 리스본 전역에서 기독교로 개종한 유대인들에 대한 학살이 시작됐다. 학살은 여러 날 동안 계속됐다. 희생자는 무려 7,000명에 이르렀다. 시신의 대부분은 리스본 중앙 광장에 마련된 거대한 모닥불에 던져졌다. 비명, 통곡, 환호가 뒤섞여 한 편의 지옥도가 펼쳐졌다. 피 냄새와 시체 타는 냄새가 시내 곳곳에 진동했고, 검은 연기가 리스본 하늘을 뒤덮었다. 당시의 포르투갈은 중세를 깨고 근대를 열고 있던 나라였다. 리스본은 세상과 유럽을 잇는 다리였다. 이런 리스본에서 증오, 광신, 피의 축제가 벌어졌다. 도대체 무슨 일이 있었던 것일까?

비극은 마누엘 1세로부터 시작됐다. 마누엘 1세는 1495년 10월, 주앙 2세의 죽음으로 왕위에 올랐다. 신왕의 별칭은 '행운아O Venturoso'였다. 말 그대로, 마누엘은 운이 지나치게 좋았다. 그는 아폰수 5세의 동생인 비제우 공작 페르난두의 여섯 아들 중 막내로 태어났다(1469). 주앙 2세와는 사촌지간이었다. 마누엘의 아버지 페르난두 공작은 자신의 삼촌인 항해왕 엔히크로부터 비제우 공작의 작위와 막대한 재산을 물려받은 거물이었다.

아폰수 5세는 자신의 후계자인 주앙과 페르난두 공작의 맏딸 레오노르를 결혼시켰다. 페르난두 공작의 둘째 딸 이사벨Isabel de Viseu은 왕국 최고의 권력자이자 부자인 브라간사 공작과 결혼했다. 한마디로 마누엘의 집안은 왕실, 브라간사 공작 가문과 더불어 포르투갈을 움직이는 3대 가문에 속했다.

권력과 영광은 냉철한 사람만이 유지할 수 있는 양날의 칼과 같다. 냉철함을 잃는 순간, 권력과 영광은 비극과 불명예의 또 다른 이름이 된다.

대항해시대의 탄생

브라간사 공작 가문과 비제우 공작 가
문의 후계자들은 언제부터인가 권력에
취해 냉철함을 잃기 시작했다. 그들은
아버지들로부터 많은 것을 물려받았으
나, 그것을 지킬 재능까지는 물려받지
못했다. 능력을 기르기 위한 노력도 없
었다.

더 심각한 문제는 왕위를 이은 주앙
2세였다. 공작의 후계자들과 달리 주
앙 2세는 탁월한 재능과 강철 같은 의
지, 원대한 비전의 소유자였다. 공작들
에게는 주앙 2세의 그러한 장점을 직
시할 능력조차 없었다. 보고자 하는 마
음이 없었던 것일 수도 있다. 이유가
무엇이었든 공작들 입장에서는 비극이
었다.

주앙 2세가 왕권을 강화하고, 종친
귀족들의 권력을 억누르자 공작들은
왕의 폐위 혹은 암살을 꾀했다. 그들의
허술한 음모는 꾸미는 족족 발각됐고,

행운아라고 불렸던 마누엘 1세. 리스본에 있는 그
의 석상이다.

주앙 2세는 반역자인 공작들을 냉혹하게 제거했다. 에보라에서 처형된
브라간사 공작 페르난두 2세는 마누엘의 매형이었고, 비제우 공작 디오
구는 마누엘의 친형이었다. 물론 주앙 2세 역시 마누엘의 또 다른 매형
이었다. 왕의 사촌이며 처남인 동시에, 반역자들의 동생인 마누엘. 결국

그의 운명의 키를 쥔 사람은 주앙 2세였다.

행운아, 마누엘 1세

왕은 마누엘을 용서했다. 마누엘은 두려움에 떠는 열다섯 살 소년에 불과했던 것이다. 왕비도 동생을 살려달라고, 가문의 대代만이라도 잇게 해달라고 눈물로 호소했다. 디오구 공작에게는 네 명의 남동생이 있었으나, 모두 어려서 죽고 막내인 마누엘이 유일한 생존자였다. 주앙 2세는 마누엘에게 가문의 두 번째 작위인 베자 공작 위를 잇게 했다. 동시에 자신의 아들 아폰수가 잘못될 경우, 다음 왕위 계승권은 마누엘에게 있음도 천명했다. 그렇게 마누엘은 살아남았을 뿐 아니라, 주앙 2세의 아들에 이은 차차기 왕위 계승권자가 됐다. 누가 봐도 행운이었다.

행운은 계속됐다. 왕세자 아폰수가 낙마 사고로 죽으면서 마누엘이 주앙 2세의 후계자가 된 것이다. 그러나 마누엘은 너무나 평범했다. '완벽한 왕자o Príncipe Perfeito'라는 별칭답게 주앙 2세는 탁월했고, 후계자 역시 그래야 한다고 여겼다. 주앙 2세는 자질이 뛰어난 자신의 서자를 적자로 만들어 왕위를 물려줄까도 했지만, 교황과 왕비의 반대, 내전에 대한 우려 때문에 포기했다. 결국 왕위는 마누엘에게 돌아갔다.

그가 태어났을 때, 마누엘이 왕이 될 가능성은 전무했다. 왕은커녕 집안의 작위를 물려받을 가능성도 없었다. 기라성 같은 형들이 줄줄이 있었으니까. 그러나 형들의 연이은 죽음, 반역, 왕의 용서, 왕세자의 죽음이라는 계속되는 비극 끝에 마누엘이 왕이 됐다. 행운이라는 말밖에 설명이 되지 않는 상황이었다. 더 큰 행운은 그가 선왕으로부터 활력 넘치는 사회와 능력 있는 인재들을 물려받았다는 것이다. 국내외 상황도 완벽했다. 해양 개척 사업은 인도로 가는 길을 눈앞에 두었고, 이웃 카스티야와는 장기간 평화가 유지되고 있었다.

자신의 노력보다 지나치게 많이 얻고, 자신의 역량보다 지나치게 높이 오르면 사달이 나는 게 역사다. 마누엘 1세가 딱 그랬다. 선왕이 평생 추진했던 바다 개척의 열매가 그의 시대에 이르러 주렁주렁 열렸다. 바스쿠 다가마는 인도로 가는 길을 열었다(1497~1499). 카브랄은 브라질을 발견했다(1500). 알메이다Francisco de Almeida, 1450?~1510와 알부케르크Afonso de Albuquerque, 1453~1515는 인도의 고아Goa를 중심으로 동아프리카, 인도, 동남아에 광대한 포르투갈 상업 제국을 건설했다. 고아(1510), 말라카 Malacca(1511), 호르무즈Hormuz(1515) 등 아시아의 전략적 요충지들도 차례로 손에 넣었다. 모두가 주앙 2세가 키운 사람들의 작품이었다.

후추를 비롯한 향신료와 아시아의 진귀한 상품이 리스본으로 쏟아져들어왔다. 리스본은 교역의 중심지로 성장했고 부가 넘쳤다. 오늘날의 뉴욕이라 부를 만했다. 부가 늘자 자신감도 커졌다. 마누엘은 스페인의 왕관을 탐하기 시작했다. 포르투갈과 스페인은 뿌리가 같고 이웃했기 때문에 역사적으로 언제나 상대방을 원했다. 결과는 매번 비극이었지만 되풀이됐다. 역사에서 교훈을 얻는 것이 그만큼 힘들다.

유대인을 추방하다

마누엘은 스페인 가톨릭 공동왕의 장녀로 왕위 계승 서열 2위인 이사벨과의 결혼을 추진했다. 가톨릭 공동왕은 '유대인 추방'을 결혼 조건으로 내걸었다. 이베리아 반도는 중세 내내 무슬림을 중심으로 기독교인과 유대인이 공존해왔다. 유대인 공동체의 규모도 컸고, 역할도 중요했다. 1492년 이베리아 반도의 마지막 무슬림 세력인 그라나다 왕국을 멸망시킨 가톨릭 공동왕은 같은 해 유대인을 추방했다. 많은 유대인이 오스만 튀르크 제국, 포르투갈, 네덜란드로 떠났다.

주앙 2세의 유대인 포용

유대인 추방령이 내려지자 스페인 유대인 공동체는 당시 포르투갈의 군주였던 주앙 2세에게 사절단을 파견했다. 그들은 쫓겨나는 스페인의 유대인 일부를 포르투갈이 받아주기를 원했다. 왜? 포르투갈은 스페인과 국경을 맞대고 있으니 가깝고, 중세부터 형성된 강력하고 부유한 유대인 공동체가 포르투갈에도 존재했다. 포르투갈은 작은 나라였고, 카스티야-레온 왕국으로부터 독립한 후발 주자였다. 무슬림과도 치열하게 싸워 영토를 넓히고, 왕국을 지키고, 사회를 번영시켜야 했다. 유대인의 도움이 절실했다. 초대 왕 아폰수 1세는 그런 이유로 유대인을 적극적으로 보호했다.

포르투갈의 여섯 번째 왕인 디니스 통치기에 이르러 유대인은 왕의 보호를 받는 존재를 넘어서 왕의 총애를 받았다. 평화를 사랑했던 디니스 왕은 긴 치세 동안 농업과 상업을 발전시키고, 포르투갈 최초의 대학인 코임브라 대학을 세웠다(1290). 법체계를 정비해 귀족과 교회의 특권을 제한하려 했다. 디니스 왕이 관심을 갖고 개선하려 했던 모든 분야는 유대인의 도움 없이는 해나가기가 불가능했다. 유대인이 왕의 총애를 받을 수밖에 없었다.

포르투갈 유대인과 스페인 유대인은 또한 이베리아 반도를 배경으로

평화를 사랑했던 디니스 왕이 세운 포르투갈 최초의 대학인 코임브라 대학의 도서관

생존했기 때문에 역사, 전통, 정체성 측면에서도 공통점이 많았다. 당연히 친근할 수밖에 없었다. 이런 스페인 유대 사회의 요청에 화답해, 주앙 2세는 적극적으로 이들을 포용했다. 연민 때문이 아니라 그들의 자산과 지식을 국가 경영에 활용하기 위해서였다.

　우선 주앙 2세는 막대한 돈을 받고 600개에 달하는 부유한 유대인 가문이 포르투갈에 영구히 정착하는 것을 허용했다. 또 유대인들로부터 인당 일정 액수를 받고 10개월간 포르투갈에 임시 체류하는 것도 허가했다. 주앙 2세는 유대인들의 해외 이주를 위해 배편을 마련해주기로 약속했으나, 사실상 포르투갈 정부가 보내고 싶어 하는 북아프리카의 탕헤르와 아르질라로 가는 배편만이 제공되었다. 이런 포르투갈의 관용은 스페인에 눈엣가시였다. 가톨릭 공동왕은 이제 그 가시를 치워버리고자 했다.

종교의 자유를 포기한 대가

유대인들은 포르투갈의 건국 초기부터 상업, 금융, 지식, 법률, 행정 전반에 걸쳐 중추 역할을 해왔다. 이제 막 아시아 전역에 상업 제국을 건설하는 포르투갈로서는 유대인의 도움이 반드시 필요했다. 추방의 위험성을 마누엘 1세도 충분히 인지했다. 그러나 결혼에 대한 욕심이 앞섰다. 1496년 12월, 마누엘은 유대인과 무슬림에게 10개월 내에 포르투갈을 떠나라고 명했다.

남고자 하는 자는 가톨릭으로 개종해야만 했다. 인력과 재산 유출을 막기 위해 마누엘 1세는 온갖 수단을 써 유대인에게 개종을 강요했다. 많은 유대인이 개종을 거부하고, 북아프리카와 오스만 튀르크, 네덜란드 등으로 떠났다. 그러나 개종을 선택하고 포르투갈에 남은 유대인도 많았다. 신기독교인이 된 유대인들은 불안했지만 보호해주겠다는 마누엘 1세

⟨1496년 유대인 추방⟩(Roque Gameiro, 1917)

의 말을 믿고 일상으로 돌아갔다.

종교의 자유와 사회적 관용을 포기한 대가로 마누엘은 원하던 스페인 신부를 얻었다(1497. 9. 30.). 결혼하자마자 엄청난 행운이 다시 마누엘에게 찾아왔다. 누나의 결혼식에 참석하기 위해 포르투갈로 향하던 스페인의 후안 왕자가 살라망카에서 사망(1497. 10. 4.)한 것이다! 온 스페인이 슬픔에 잠겼다. 그러나 누군가의 슬픔이 언제나 마누엘에게는 행운이 됐다. 결혼한 지 나흘 만에 마누엘의 새 신부 이사벨 왕비가 스페인 공동왕의 후계자가 됐다! 장차 마누엘과 이사벨 사이에서 태어난 아이가 포르투갈, 카스티야, 아라곤의 왕위를 모두 이어받으면 이베리아 반도 통일이라는 대위업이 달성된다. 그 왕조의 이름은 마누엘이 속한 아비스일 테고, 왕조의 창건자는 마누엘 자신일 터였다.

마누엘은 너무나 거대한 행운에 어찌할 바를 몰라 했지만, 그의 행운은 여기까지였다. 자신의 왕비이자 스페인의 왕위 계승자인 이사벨이 아이를 출산한 후 사망했기 때문이다(1498). 산욕열로 인한 사망은 당시로서는 흔했다. 그러나 마누엘 입장에서는 태어나서 처음 맛본 불행이었다. 실망하기는 일렀다. 다행히 이사벨이 낳은 사내아이는 살아남았다. 이제 이베리아 반도 통일이라는 마누엘 1세의 꿈은 아들 미구엘Miguel da Paz, 1498~1500의 건강에 달렸다. 불행이 계속됐다. 미구엘도 죽고 말았다(1500. 7. 19.). 그토록 꿈꿨던, 포르투갈 사회의 관용을 포기하면서까지 얻고자 했던 스페인의 왕관은 이제 사라져버렸다.

자신의 불행을 믿을 수 없었던 것일까? 마누엘 1세는 아직 미혼인 가톨릭 공동왕의 셋째 딸 마리아María de Aragón, 1482~1517와 다시 결혼했다. 둘 사이는 유복했다. 여덟 명의 자녀가 태어났다. 그러나 스페인의 왕위는 가톨릭 공동왕의 둘째 딸 후아나와 그의 아들인 신성 로마 제국 황제

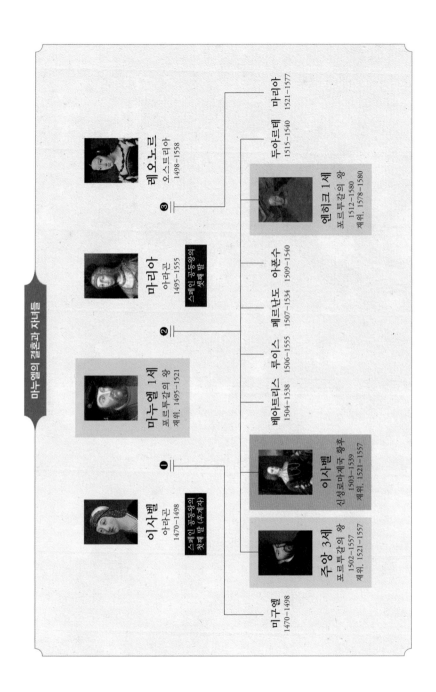

이사벨
아라곤
1470~1498
스페인 공동왕의
첫째 딸 (후계자)

마누엘 1세
포르투갈의 왕
재위. 1495~1521

마리아
아라곤
1495~1555
스페인 공동왕의
셋째 딸

레오노르
오스트리아
1498~1558

❶

❷

❸

미구엘
1470~1498

주앙 3세
포르투갈의 왕
1502~1557
재위. 1521~1557

이사벨
신성로마제국 황후
1503~1539
재위. 1521~1557

베아트리스
1504~1538

루이스
1506~1555

페르난도
1507~1534

아폰수
1509~1540

두아르테
1515~1540

마리아
1521~1577

엔히크 1세
포르투갈의 왕
1512~1580
재위. 1578~1580

카를 5세에게 넘어갔다. 닭 쫓던 개 지붕 쳐다보는 격이 됐다.

관용이 사라지고 비극이 생겨나다

마누엘 1세의 꿈은 사라졌다. 포르투갈 사회의 관용도 사라졌다. 이제 남은 것은 관용이 사라진 사회에서 언제나 발생하는 분열, 침체, 쇠퇴였다. 왕이 종교의 자유와 사회적 관용을 버리자 백성들도 뒤따랐다. 유럽인은 오랜 기간 유대인을 혐오해왔다. 예수를 배신한 민족이며, 나라 없이 떠돌면서도 자신들의 정체성을 버리지 않는 이질적인 존재. 거기에 선민의식과 부, 학식까지 갖췄으니 미움 받기 딱 좋았다. 그들에게는 왕의 보호만이 유일한 방패막이었다. 그런데 왕이 그 보호막을 걷어낸 것이다.

떠나지 않고 포르투갈에 남은 유대인들은 모두 기독교로 개종했으니 이론적으로 포르투갈에 유대교도는 존재하지 않았다. 민심은 기독교로 개종한 유대인을 노렸다. 사실 신기독교인은 여전히 자산가였고, 채권자였다. 그들이 사라지면 많은 사람들의 빚도 함께 사라진다. 유대인 박해의 본질적인 이유였다. 1506년 4월 리스본의 유대인 대학살은 그런 이유로 시작됐고, 끔찍한 결과를 낳았다. 누군가는 눈엣가시 같던 유대인을 죽였다고, 다른 누군가는 빌린 돈을 갚지 않아도 된다고, 또 누군가는 포르투갈이 순수해졌다고 기뻐했을 것이다. 정말 기뻐할 일이었을까?

마누엘 1세는 대노했다. 자기모순이다. 결혼을 위해 유대인을 추방할 때, 스페인 왕관을 위해 유대인을 강제로 개종시킬 때, 이런 일이 일어날 줄 몰랐단 말인가? 이 사건은 하나의 상징이었다. 포르투갈에서 관용이

리스본에 있는 유대인 학살 추모비. "1506. 4. 19. 이 광장에서 시작된 편협함과 종교적 광신으로 벌어진 대학살에서 살해된 수천 명의 유대인 희생자를 기리며"라고 쓰여 있다.

사라지고 불관용이 시작됐다는 상징. 불관용은 곧 사회의 자유를 억압하고, 활력을 고사시킬 것이다. 포르투갈 제국 몰락의 씨앗은 그렇게 제국이 만들어지고 절정을 향해 전진하던 전성기에 뿌려졌다. 쉽게 누리는 자가 개척한 자의 어려움을 잊을 때면 어김없이 등장하는 역사의 네메시스, 천벌이다.

대항해시대의 탄생

1510년 고아

알부케르크와 동방 제국 건설

유럽

동아시아

지중해

아프리카

고아

동남아시아

대서양

인도양

1510년 11월 24일, 알부케르크가 이끄는 19척의 포르투갈 전함이 고아 앞바다에 다시 나타났다. 기적적으로 고아를 탈출한 지 100여 일 만이었다. 전함에 탄 1,600명의 군인들은 설욕을 다짐하고 있었다. 물론 복수에 대한 열망은 알부케르크가 가장 컸다. 믿음직한 우군인 힌두 출신 해적 티모지 Timoji 또는 Timoja 도 4,000명의 해군, 60척의 소형 배와 함께했다. 육지 쪽에서는 고아의 경쟁자인 호나바르Honavar의 술탄이 지원해준 1만 5,000명의 군대가 포진했다. 강력한 요새로 방어되고 있는 고아의 수비군도 8,000명에 달했기 때문에 어느 쪽이 승리할지는 미지수였다.

　알부케르크는 속전속결을 선택했다. 다음 날인 11월 25일, 기독교인들에게는 중요한 성인인 캐서린 성인의 축일St. Catherine's Day에 포르투갈의 인도 총독은 총공격을 명했다. 복수에 대한 지나친 열정 때문이었을까? 알부케르크는 평소처럼 잘 짜인 군사전략을 통해 승리를 얻으려 하지 않았다. 포르투갈의 전통적인, 용맹 하나만 믿고 무자비하게 돌진하는 전략(그것도 전략이라고 부를 수 있다면)을 채택했다.

　"캐서린 성녀를 위하여!" "산티아고!"

목청이 터져라 성인들의 이름을 부르며 포르투갈 전사들이 고아의 성문과 성벽을 향해 쇄도했다. 수비군이 미처 성벽 문을 닫기 전에 들이닥친 한 병사가 자신의 무기를 문 안으로 쑤셔넣어 닫히는 것을 막았다. 그 틈을 놓치지 않고 포르투갈 전사들이 물밀 듯이 성안으로 쳐들어갔다. '포르투갈!', '포르투갈!', '승리!', '산티아고Santiago(무슬림과의 전투에서 승리를 가져다준 것으로 추앙받는 성 야고보)!' 격한 외침에 기가 꺾인 수비군은 후퇴하며 자기들끼리 충돌했다. 유혈 낭자한 육박전이 벌어졌다. 무슬림 수비군의 저항은 오래가지 않았다. 앞다퉈 고아를 빠져나온 수비군은 얕은 개울을 건너 도망쳤다. 그곳에는 포르투갈의 힌두 동맹군이 기다리고 있었다. 네 시간에 걸친 살육. 힌두 동맹군은 무슬림 수비군을 단 한 명도 살려두지 않았다. 고아 성안에서는 약탈과 학살이 벌어졌다.

봄에 있었던 1차 정복 때와는 전혀 다른 양상이었다. 그때 알부케르크는 관용을 베풀었다. 이번에는 달랐다. 단순히 정복하는 것이 아니라, 고아에서 무슬림 공동체를 완전히 뿌리 뽑는 것이 알부케르크의 목표였기 때문이다. 나흘 동안 6,000명의 무슬림이 살해됐고, 모스크는 불탔다. 알부케르크는 자신의 표현대로 고아에서 무슬림과 그들의 유산을 깨끗하게 '청소'한 것이다. 대신 지지자가 되어줄 인도 원주민인 힌두교도와 브라만 계급 사람들은 손끝 하나 건들지 않았다.

전 인도를 혼란에 빠트릴 수 있는 곳에 위치했고, 인도 전부를 잃어도 이 도시를 발판으로 재기할 수 있다고 알부케르크가 마누엘 1세에게 진언했던 고아. 그 도시가 완벽하게 포르투갈의 손에 들어왔다. 포르투갈 아시아 제국의 시작이었다.

대항해시대의 탄생

알부케르크와 아시아 교역

알부케르크는 포르투갈의 군인이자 선원이다. 또한 인도 총독을 지낸 대전략가이며 드넓은 아시아에 포르투갈 제국을 건설한 사람이다. 19세기에 세계를 분할해 지배했던 서구 제국들의 시초라 할 수 있다. 알부케르크는 아비스 왕조와 밀접하게 관련 있는 귀족 가문에서 태어났다. 증조할아버지는 주앙 1세 밑에서, 할아버지는 두아르테 밑에서 활약했다. 외할아버지도 포르투갈의 제독이었다. 알부케르크는 라틴어에 능숙했던 지식인으로 알렉산더 대왕Alexander the Great과 카이사르Julius Caesar의 열렬한 추종자이기도 했다.

〈아폰수 알부케르크의 초상〉(작자 미상)

젊어서 10년 동안은 북아프리카에서 복무했다. 그곳에서 무슬림을 상대로 싸우면서 알부케르크는 능수능란한 군인으로 성장했다. 그의 잠재력을 알아본 주앙 2세는 알부케르크를 사마관司馬官(말과 관련된 업무를 총괄하는 요직)에 임명했고, 재위 기간(1481~1495) 내내 그 직을 맡겼다. 마누엘 1세가 집권한 이후에는 궁정에서 크게 주목받지 못했다. 알부케르크가 빛을 발할 기회는 인도로 가는 길이 개척된 이후에 찾아왔다.

바스쿠 다가마의 항해 이후에 마누엘 1세는 카브랄을 파견해 인도의 군주들과 외교 및 교역 관계를 맺도록 했으나 현지 사정은 녹록지 않았다. 인도를 비롯한 아시아 전역의 향신료 교역을 독점하다시피 한 무슬림 상인들이 포르투갈을 견제했기 때문이다. 그들은 특히 인도 서해안 교역의 중심지인 캘리컷의 지배자를 반反포르투갈화하도록 부추겼다. 포르투갈은 캘리컷 대신 좀 더 남쪽에 위치한 코친과 우호 관계를 맺었다. 포르투갈은 부유하고 강력한 캘리컷에 맞서 코친을 보호하고, 코친을 기반으로 아시아 교역을 전개할 필요성이 있었다. 진짜 군인이 등장할 여건이 마련됐다.

1503년, 알부케르크에게 인도로 가서 코친의 지배자를 보호하라는 왕명이 떨어졌다. 군인이자 탁월한 뱃사람이던 그는 함대를 이끌고 코친에 도착했다. 그곳에 요새를 건설하고 수비대를 주둔시켰다. 포르투갈이 아시아에 건설한 최초의 요새다. 인도 서부의 다른 도시 퀼론Quilon(지금의 콜람)에도 상관을 건설한 뒤 그는 리스본으로 귀향했다(1504. 7.). 마누엘은 인도에서 알부케르크의 역할에 크게 만족했다. 재능을 인정받은 알부케르크는 대對인도 정책 수립에도 자문관으로 참여했다.

1505년 포르투갈은 알메이다Francisco de Almeida, 1450?~1510를 인도의 초대 총독으로 파견했다. 본격적으로 아시아에 뿌리를 내리기 위해서였다. 알부케르크도 새로운 임무를 맡아 인도로 향했다(1506. 4.). 아프리카 동부 해안을 조사하고, 아라비아 반도 남쪽에 위치한 고도孤島 소코트라Socotra에 요새를 건설하는 일이었다. 소코트라는 홍해의 입구에 위치해 있었다. 소코트라를 장악하면 포르투갈은 언제든지 홍해를 통한 인도와 아라비아 간의 교역에 개입할 수 있다. 1507년 8월 임무를 완수한 알부케르크는 페르시아만Persian Gulf으로 향했다.

페르시아만은 홍해와 함께 아시아 교역의 길목이었다. 페르시아만 입

대항해시대의 탄생

구에 있는 호르무즈섬은 인도양을 중동·지중해·중앙아시아로 연결하는 고리였다. 호르무즈에는 아랍인, 인도인, 이란인을 중심으로 한 국제사회가 형성되어 있었고, 막대한 부가 창출됐다. 호르무즈를 다스리는 무슬림 술탄은 이란의 샤Shāh(왕)에게 명목상의 충성을 맹세했고, 실질적인 자치를 누렸다. 술탄의 권력은 일부 고관과 궁정 환관들이 장악했고, 물밑에서는 아랍인과 이란인 사이에 날카로운 긴장이 흘렀다. 정치적으로 분열된 호르무즈는 알부케르크에게 효과적으로 대응하지 못했다. 그는 기습적으로 이곳에 거대한 요새를 건설했고, 해협을 장악하는 데 성공했다. 그러나 오래 유지하기는 힘들었다. 알부케르크는 호르무즈를 떠났다.

마누엘 왕이 알메이다 총독의 후임으로 알부케르크를 임명한 것은 이즈음이다. 페르시아만을 누비던 알부케르크는 인도로 갔다(1508. 12.). 인도 해역에서는 포르투갈과 반反포르투갈 연합 사이의 충돌이 계속되

〈알부케르크의 호르무즈 공략〉(Jorge Colaço, 1933)

고 있었다. 캘리컷과 이집트가 반포르투갈 연합의 선봉이었다. 알메이다
는 캘리컷의 급조된 해군을 무찌르는 데 성공했으나 이집트 해군에는 패
배했다. 아들마저 잃었다. 복수에 눈이 먼 알메이다는 아들의 원수를 갚
을 때까지 총독의 권한을 행사하겠다고 우겼다. 포르투갈 입장에서는 다
행스럽게도 알메이다는 디우 전투에서 막강한 무슬림 해군을 물리쳤다
(1509. 2.). 알메이다는 그해 11월이 되어서야 알부케르크에게 총독의 지
위를 넘기고 본국으로 돌아갔다.

고아가 인도양의 열쇠다

신임 인도 총독 알부케르크. 그는 고작 향신료 무역이나 하려고 항해
왕 엔히크 이래로 그 오랜 세월 인적·물적 자원을 투자했다고 생각지 않

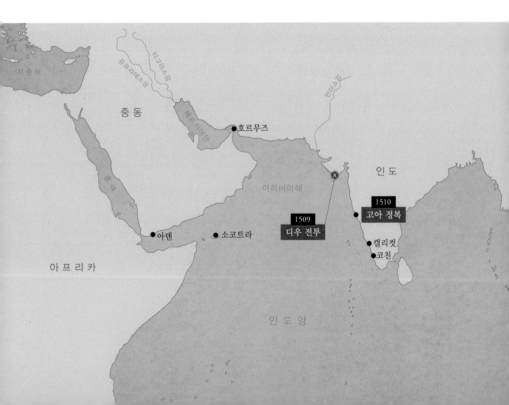

았다. 설혹 향신료 무역을 원한다고 해도, 무슬림 상인들을 중심으로 기존의 상업 네트워크가 형성돼 있는 이 지역에서 포르투갈에 기회가 주어질까? 교역이 원하는 전부라고 해도, 제대로 해내려면 교역 이상의 역할을 해야 했다. 그는 대전략가답게 향신료를 싣고 아프리카를 오가는 것에 만족하지 않았다. 알부케르크는 인도양은 물론이고, 아시아 전역에 촘촘하게 짜인 기존의 상업 네트워크 전체를 포르투갈이 통제해야 한다고 봤다.

그러려면 아시아에서 유럽으로 이어지는 주요 해상 교역로를 포르투갈이 지배해야 했다. 이를 위해서는 압도적으로 우월한 해군력뿐 아니라 전략적 요충지에 대한 군사적인 통제도 필요했다. 유럽식의 요새로 보호되고, 수비군이 방어하는 전략 기지들은 상업 네트워크를 통제할 뿐 아니라 포르투갈 해군의 보급기지 역할도 하게 될 터였다. 알부케르크는 총독으로 재임한 1509년부터 1515년까지, 뛰어난 전략적 통찰력과 과감한 행동으로 자신의 비전을 현실로 만들었다. 그 결과 포르투갈은 유럽 역사상 최초로 아시아에 바다를 터전으로 한 상업 제국을 건설하는 데 성공하게 된다.

제국 건설의 첫 단계는 고아를 손에 넣는 것이었다. 알부케르크는 인도 서해안 중부에 위치한 고아가 전략적으로 중요하다는 사실을 간파했다. 우선 고아는 인도 서부의 남북을 연결하는 풍요로운 중간 지대에 자리 잡고 있었다. 북쪽의 비자푸르Bijapur 왕국과 남쪽의 비자야나가르Vijayanagar 왕국은 서로 고아를 차지하기 위해 싸웠다. 지난 30년 동안 세 차례나 주인이 바뀔 정도로 경쟁이 치열했다.

그만큼 전략적으로 중요한 도시였다. 군사적·경제적으로도 중요했다. 인도 서부에서 소비되는 아라비아와 페르시아의 말은 모두 고아를 통해

〈고아 지도〉(Jan Huyghen van Linschoten, 1596년경)

수입됐다. 전쟁을 치르는 왕들에게 말은 언제나 중요한 전략 자산이었고, 값비싸게 거래됐다. 고아는 전쟁의 승패와 왕국의 운명을 좌우할 수 있는 도시였다.

알부케르크에게 매력적으로 보였던 고아의 또 다른 장점은 수심이 깊고 안전한 항구를 보유했고, 섬이어서 방어에도 유리했다는 것이다. 극소수의 포르투갈인들이 인도에서 절대다수의 적과 맞서려면 방어하기

대항해시대의 탄생

쉬워야 했고, 해군을 주력으로 한 포르투갈 입장에서는 바다로 나가거나 바다에서 들어오기 편리해야만 했다. 고아가 안성맞춤이었다.

당시 고아는 비자푸르 왕국의 술탄이 지배하고 있었다. 지배층은 무슬림이었지만 백성의 다수는 힌두교도였다. 무슬림 지배층과 힌두 백성 사이에는 언제나 긴장감이 흘렀다. 1510년 2월 중순, 23척으로 구성된 알부케르크의 함대는 고아를 급습했다. 짧지만 격렬한 전투 끝에 포르투갈군은 수비군을 물리쳤다. 도시는 안에서 열렸다. 예상대로 힌두교도들이 평화로운 항복을 제안했다. 알부케르크는 무슬림과 힌두교도 모두에게 종교적 관용과 세금 감면을 약속했다. 3월 1일 총독은 성대한 의식을 치르며 고아에 입성했다. 그리스도 기사단의 깃발이 휘날리며 고아가 기독교에 의해 정복되었음을 상징했다. 고아를 포르투갈 제국의 근간으로 삼으려 했기 때문에 알부케르크는 약탈, 폭력, 강간 등을 엄격하게 금지했다.

그러나 고아는 쉽게 포기할 수 있는 도시가 아니었다. 비자푸르 왕국의 반격이 시작됐다. 비바람이 거세게 몰아치던 5월 10일에서 11일에 이르는 밤에 기습이 시작됐다. 도시 안에 거주하던 많은 무슬림 주민이 반란으로 호응했다. 알부케르크는 결사 항전을 주장했으나, 철수가 불가피했다. 도시 안의 요새에 갇힌 포르투갈군은 극비리에 철수 작전을 감행했다. 참모들 중 일부가 도시에 불을 지른 후 혼란을 이용하자고 했지만 알부케르크는 거부했다. 다시 돌아올 때를 대비해서였다. 대신 비자푸르군이 활용할 수 있는 군사시설은 모두 파괴했다. 철수는 비밀리에 진행됐으나 비자푸르군의 눈을 완전히 피할 수는 없었다. 치열한 전투를 치르며 가까스로 함대에 오른 포르투갈군은 도시에서 빠져나오는 데는 성공했으나 고아섬을 벗어나지는 못했다. 우기가 시작된 탓이다.

인도의 우기는 엄청난 폭풍우와 장맛비를 동반했다. 배를 타고 바다로 나가는 것은 불가능했다. 포르투갈 함대는 고아섬 입구의 항구 판짐 Pangim(지금의 파나지)에서 버텼다. 내부에서는 알부케르크에 대한 비난이 터져 나왔다. 외부에서는 비자푸르 군대의 간헐적인 공격이 계속됐다. 식량 부족도 심각했다. 알부케르크 인생 최대의 위기였다. 비자푸르 술탄도 초조하기는 마찬가지였다. 비자야나가르와의 전쟁 때문에 고아를 떠나야 하는데, 알부케르크가 끈질기게 버텼다. 모두를 지치게 하며 시간이 흘렀다.

의지 대 의지의 싸움. 8월 들어 우기가 끝나가자 알부케르크에게 기회가 찾아왔다. 8월 15일 비가 그치고 순풍이 부는 틈을 이용해 포르투갈 함대는 판짐 항구를 떠나 대양으로 들어섰다. 77일 만의 탈출이었다. 알부케르크는 버티고 살아남음으로써 사실상 이 전투에서 이겼다. 고아섬을 바라보며 알부케르크는 다시 돌아올 것을 맹세했다.

그는 맹세를 지키는 데 시간을 낭비하지 않았다. 고아섬을 벗어나자마자 2차 공격을 준비했다. 무수히 많은 반대 의견을 단호하게 물리쳤다. 이 전투는 인도 서해안의 부유하고 중요한 도시 하나를 손에 넣기 위한 싸움이 아니었다. 인도양을 중심으로 아시아 전역에 세워질 포르투갈 제국 건설의 첫 단추를 꿰는 전투였다. 지체할 시간이 없었다. 1510년 11월 24일, 알부케르크는 다시 고아 앞바다에 모습을 드러냈다. 그리고 다음 날 고아를 정복했다. 알부케르크는 무슬림의 흔적을 도시에서 완전히 지워버렸다. 인도 전체가 경악했다. 많은 군주들이 포르투갈 군대의 힘과 의지를 재평가하기 시작했고, 우호적인 관계를 수립하기 위해 고아로 사절을 파견했다. 인도 내에서 포르투갈의 위상은 급상승했다.

대항해시대의 탄생

말라카로, 더 깊은 아시아로!

고아를 안정시킴과 동시에 알부케르크는 다음 정복을 준비했다. 그의 타깃은 말라카였다. 알부케르크는 18척으로 구성된 함대를 이끌고 말라카로 출발했다(1511. 4.). 말레이 반도의 남단에 위치한 말라카는 동남아 깊숙이 위치한 향료 제도와 인도를 이어주는 연결 고리였다. 또한 인도에서 중국, 일본 등 극동으로 가는 출발점이었다. 이 도시의 전략적 가치는 헤아릴 수 없었다. 당시 도시의 지배자는 이슬람교를 신봉하는 말레이 군주였다. 아시아에서 가장 국제화된 도시였던 말라카에는 말레이Malay, 자바Java, 중국, 인도, 벵골Bengal, 아랍, 이란 등에서 몰려온 다양한 사람들이 모여 살았다. 주업은 교역이었다. 도시의 인구는 12만 명에 달했다.

해양 교역의 번영하는 중심지로서 말라카의 명성은 포르투갈에도 널리 알려져 있었다. 마누엘 1세는 그런 말라카에 상관을 설립하기 위해 사절을 보냈으나, 교섭은 실패했다(1509). 말라카는 그만큼 도도했고, 그들의 상업 네트워크는 포르투갈을 필요로 하지 않았다. 알부케르크는 포르투갈이 아시아에 해양 제국을 건설하려면 말라카를 자신들의 상업 네트워크에 편입시키는 것이 필수적이라고 생각했다. 설득이나 협상이 불가능하다면 무력을 동원해서라도. 문제는 군사적으로 알부케르크가 절대적으로 불리한 입장이었다는 것이다.

우선 인도의 고아로부터 말라카까지 보급선이 너무 길었다. 18척의 함대로 인구가 12만 명이 넘는 대도시를 공략한다는 것이 가능할까? 그러나 알부케르크는 처음부터 무력으로 이 도시를 정복하겠다고 결심했던 것 같다. 포르투갈의 인도 총독은 말라카의 술탄에게 무리한 요구를

들이밀었다. 포르투갈인을 위한 요새를 건설해줄 것, 관세를 면제해줄 것, 포르투갈 함대 유지 비용을 댈 것. 누구라도 들어줄 수 없는 무리한 요구였고, 말라카의 술탄은 콧방귀를 뀌었다. 알부케르크는 바로 공격에 돌입했다. 한 달여의 격렬한 전투 끝에 술탄과 그의 궁정은 도시를 포기하고 퇴각했다(1511.7.).

말라카 술탄은 포르투갈 함대가 도시를 약탈한 이후에는 되돌아갈 것으로, 자신들은 그 후에 돌아와 파괴된 도시를 재건하면 된다고 판단했다. 중대한 판단 착오였다. 알부케르크는 처음부터 약탈이 아니라 머물기 위해 왔다. 알부케르크는 모든 나라의 상인들이 포르투갈의 도시 함락 전과 마찬가지로 교역에 종사하기를 원했기 때문에 그들을 진정시키려고 노력했다. 그와 별도로 즉각 거대한 요새 건설에 돌입했다. 요새는 전략적, 상징적 이유로 말라카의 대모스크 자리에 지어졌다. 그러나 기본적으로 알부케르크는 말라카의 무슬림에게는 관대하게 대했다. 12만 명이나 되는 도시 인구의 상당 부분을 무슬림이 차지하고 있는 현실을 고려하면 관용은 불가피했다. 말라카는 고아가 아니었다.

말라카를 장악함으로써 이제 포르투갈은 인도양에서 동아시아와 동남아시아를 연결하는 주요 관문을 통제하게 됐다. 동아시아와 동남아시아는 아직까지 유럽인들에게는 거의 알려진 게 없는, 미지의 땅이었다. 알부케르크는 미지의 공간으로 정찰대를 계속해서 파견했다. 정보 수집과 사업 기회 타진이 주요 목표였다. 1512년 포르투갈 배가 처음으로 향료 제도인 몰루카Moluccas에 도착했다. 그토록 원하던 향신료의 본고장에 깃발을 꽂은 것이다. 바스쿠 다가마가 인도에 도착한 지 14년 만의 쾌거였다. 중국과 일본으로의 진출은 이제 시간문제였다.

대항해시대의 탄생

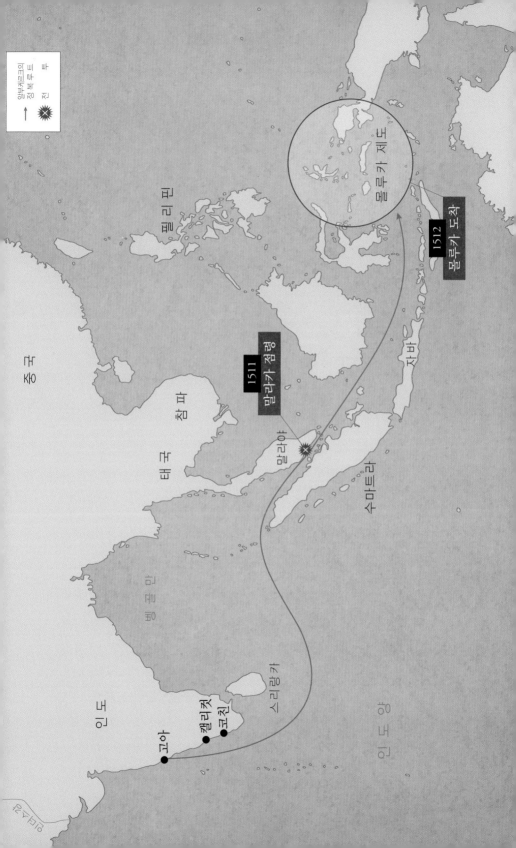

알부케르크의
정복루트
진

중국

필리핀

몰루카 제도

1512
몰루카 도착

1511
말라카 점령

말라야

자바

참 파

태 국

수마트라

미얀마

스리랑카

인 도 양

인도

고아
캘리컷
코친

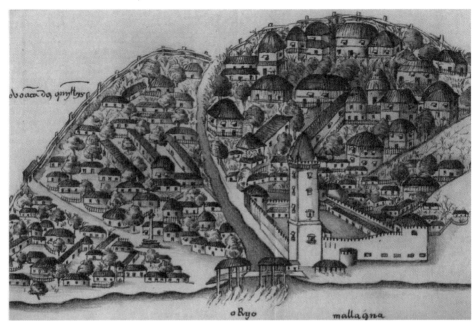

〈1511년 말라카〉(Gaspar Correia, 16세기 중반)

호르무즈를 되찾다

알부케르크는 말라카를 확보하고 인도의 고아로 돌아왔다. 새로운 정
복을 위해서였다. 대전략가의 다음 목표는 아덴Aden이었다. 아덴은 고아,
말라카와 비슷한 전략적·경제적 가치를 가진 도시였다. 아덴은 인도양
과 홍해를 연결하는 해협을 지배했다. 홍해는 이집트와 팔레스타인은 물
론이고 수에즈를 통해 지중해로 연결돼 있었다. 만약 아덴을 손에 넣는
다면 인도의 고아를 중심으로 중동의 호르무즈, 동남아의 말라카와 더불
어 중동, 인도양, 아시아 전체의 교역과 뱃길을 포르투갈이 통제할 수 있

대항해시대의 탄생

게 된다. 또 아프리카의 에티오피아와 중동의 시아파 이란과 손잡고 오스만 튀르크 제국과 수니파 아라비아에 맞설 수도 있었다. 이 정도의 전략적 협력 관계라면 예루살렘 수복이라는 여전히 강력한 십자군의 환상을 현실화할 수도 있었다.

알부케르크는 1513년 아덴 정복에 나섰으나 실패했다. 무슬림도 온 힘을 다해 맞싸웠기 때문이다. 1515년 2월 다시 호르무즈를 포르투갈의 통제하에 넣고, 아덴 정복을 재차 준비하던 가운데 알부케르크는 쓰러졌다. 고아로 돌아오는 도중, 대전략가는 개인적인 적인 로포 소아르스 Lopo Soares de Albergaria가 자신의 후임으로 결정됐다는 소식을 들었다. 그는 원통해하며 고아에 도착하기 직전 선상에서 죽었다. 포르투갈은 영원히 아덴을 손에 넣지는 못했다. 그러나 알부케르크가 밑그림을 그리고 초석을 놓은 제국은 이제 막 태동하기 시작했다. 장차 백 년을 이어갈 제국이었다. 마누엘 1세는 자신을 '인도, 에티오피아, 아라비아, 페르시아의 정복, 항해, 무역의 왕Lord of the Conquest, Navigation and Commerce of Ethiopia, Arabia, Persia and India'이라는 거창한 칭호로 불렀다. 교황은 이를 인정했다.

1517년 토르데시야스

합스부르크 왕조의 시대

스웨덴

폴란드

영국

네덜란드

벨기에   독 일   체 코

슬로바키아

오스트리아   헝가리

프랑스   스위스   크로아티아

이탈리아

포르투갈   스페인

토르데시야스

지중해

1517년 9월 중순 네덜란드의 미델뷔르흐Middelburg를 출발한 카를의 일행은 스페인 북부 아스투리아스Asturias 해안의 황량한 지역에 상륙했다. 카를에게는 몹시 낯선 풍경이었을 것이다. 그러나 이 낯선 땅이야말로 카를이 이미 상속받은 혹은 앞으로 상속받을 수많은 영토 중에서 가장 거대하고 강력하며 부유해지기까지 할 제국, 그 자체였다.

가을비와 안개를 뚫고 카를의 일행은 남쪽으로 향했다. 11월 4일 카를은 목표했던 토르데시야스에 도착했다. 카스티야와 아라곤 두 왕국으로 이뤄진 스페인의 새로운 군주 카를이 바야돌리드, 부르고스, 사라고사, 바르셀로나Barcelona 같은 왕국의 핵심 도시들을 제쳐두고 별로 중요하지 않은 토르데시야스로 직행한 이유는 무엇일까? 바로 이곳에 스페인의 진짜 주인이 은거해 있기 때문이었다. 그녀의 이름은 후아나. 카스티야의 이사벨 여왕과 아라곤의 페르난도 왕의 적통 후계자였다. 동시에 카를의 어머니였다.

카를은 드디어 어머니와 극적인 만남을 가졌다. 카를이 어렸을 때 헤어졌기 때문에 서로의 기억 속에 존재 이외의 추억이라고는 거의 없는 모자간이었다. '광녀狂女'라는 별칭이 말해주듯 어머니의 정신 상태도 정상이 아니었다. 그러나 카를 입장에서는 가장 소중한 존재였다. 카를이 지금 주장하는 스페인 왕으로서의 정통성, 권위, 권력, 이 모든 것이 어머니에게서 나오기 때문이다. 어머니의 승인이 없다면, 그는 스페인을 통치할 수 없다.

다행히 어머니는 사랑했던 남편 펠리페Felipe I de Castilla 대공과의 사이에서 태어난 큰 아들, 카를의 왕위를 인정했다. 이로써 부르고뉴의 대공 카를은 카를로스 1세Carlos I/Charles V, 재위 1516~1556로서 스페인의 주인이 됐다. 스페인 토착 왕조인 트라스타마라의 시대가 가고, 오스트리아 합스부르크Habsburg 왕조의 시대가 시작됐다. 스페인 왕조의 교체는 단순히 스페인만의 문제가 아니었다. 장차 일어날 유럽 역사의 물줄기를 완전히 바꿔놓는 대변화였다. 그리고 그 변화의 정점에 후아나의 아들, 카를이 있었다.

〈취리히에 있는 합스부르크 성〉(작자 미상)

대항해시대의 탄생

카를 5세가 속한 합스부르크의 시작은 한미했다. 역사에 등장할 때 가문의 지위는 백작에 불과했고, 터전은 스위스 취리히Zürich 근처의 작은 성이었다. 성의 이름이 '매의 성'을 뜻하는 합스부르크였다. 가문의 이름은 여기서 유래됐다. 독일 왕에 선출된 가주家主 루돌프Rudolf Ⅰ, 재위 1273~1291가 대가 끊긴 오스트리아 대공국을 자신의 아들들에게 줌으로써 중흥의 계기를 마련했다(1278). 그 후 두 세기 동안, 유럽의 변방인 빈Wien에서 가문은 생존을 위해 투쟁했다. 수많은 왕조가 허망하게 사라졌지만, 합스부르크는 끈질기게 살아남았다.

오스트리아와 신성 로마 제국의 황제

1493년, 오랜 기다림 끝에 드디어 가문을 일으켜 세울 사람이 나타났다. 막시밀리안 1세Maximilian Ⅰ, 재위 1493~1519. 카를에게는 할아버지가 되는 사람이다. 막시밀리안의 아버지인 신성 로마 제국 황제 프리드리히 3세 Friedrich Ⅲ, 재위 1452~1493*는 무기력하고 무능력했다. 제국 통치는 고사하고 자신의 영지인 오스트리아를 유지하는 것만으로도 벅찼다. 황제는 언제나 마법, 점성술, 연금술 등 잡다한 지식에 빠져 있었다. 아들은 달랐다. 강인하고 포부가 컸던 막시밀리안은 아버지처럼 허울뿐인 황제로 남을 생각은 눈곱만큼도 없었다. 유럽의 외진 빈에 머물 생각도 없었다. 그는 중원中原으로 나아가고자 했고, 역사 위에 우뚝 서고자 했다.

꿈을 향한 막시밀리안의 질주는 결혼에서 시작됐다. 15세기 유럽에서

*신성 로마 제국 황제 기준의 재위 기간. 독일 왕의 칭호는 1440년부터다.

가장 부유한 군주는 부르고뉴 공작이었
다. 그의 영토는 프랑스 동부의 부르고
뉴에서 북부의 벨기에를 거쳐 네덜란드
까지 뻗어 있었다. 부르고뉴 공작은 중
세부터 상공업과 교역이 가장 발달한 부
유한 지역을 지배했던 것이다. 1477년
공작 샤를Charles, 재위 1467~1477이 이탈리
아 원정 도중 갑작스럽게 전사했다. 공
국은 그의 유일한 상속녀 마리Marie de
Bourgogne, 1457~1482에게 돌아갔다. 아버
지를 잃은 마리는 자신과 공국을 지켜줄
신랑을 필요로 했다. 유럽의 모든 왕실
이 그녀를 탐했다.

〈막시밀리안 1세의 초상〉(Albrecht Dürer, 1519)

국익을 위해 반드시 부르고뉴 공국을
손에 넣어야 했던 프랑스의 왕 루이 11세
Louis XI, 재위 1461~1483는 일곱 살밖에 안 된 왕세자(미래의 샤를 8세)를 신랑
후보로 마리에게 들이밀었다. 마리는 '꼬마'와 결혼할 생각이 추호도 없
었다. 그녀는 마음에 품고 있던 남자에게 도움을 청했다. 아버지 생전에
몇 차례 만난 적이 있는 열정적인 청년 막시밀리안이 행운의 주인공이었
다. 막시밀리안은 마리의 요청을 받자마자 지체하지 않고 오늘날의 벨기
에인 플랑드르Flandre를 향해 출발했다. 프랑스는 가깝고 오스트리아는 멀
었지만, 막시밀리안은 미친 듯이 대륙을 질주했고 프랑스 군대보다 먼저
마리에게 닿았다. 둘은 플랑드르의 도시 헨트Ghent에서 결혼했다(1477. 8.
16.).

대항해시대의 탄생

그러나 두 사람의 사랑과 결혼은 개인 문제도, 작은 문제도 아니었다. 신성 로마 제국 황제의 후계자인 오스트리아 대공과 부르고뉴 공국 상속녀의 결합이었다. 유럽에서 가장 권위 있는 지위와 가장 부유한 지역이 하나가 되는 것이었다. 부르고뉴 공국과 역사적으로, 또 현실적으로 밀접한 관계를 맺고 있는 프랑스로서는 이 결혼을 도저히 받아들일 수 없었다. 프랑스와 부르고뉴·합스부르크 사이에 전쟁이 벌어졌다.

막시밀리안이 이겼다. 1490년 막시밀리안은 합스부르크 가문의 먼 친척으로부터 척박하지만 중부 유럽의 전략적 요충지인 티롤Tirol 백작령을 물려받았다. 이곳의 중심 도시는 인스부르크Innsbruck였다. 막시밀리안은 인스부르크를 자신의 수도로 삼았다. 부르고뉴 공국의 화려한 도시들이나 오스트리아 대공국의 빈에 비하면 초라하고 불편했지만, 인스부르크는 전략적 요충지였다. 이탈리아 북부와 독일 남부를 잇는 교통의 요지였다. 합스부르크의 뿌리에 해당하는 스위스와 현재 중심지인 오스트리아로 나아가기도 편리했다.

무엇보다 알프스 산맥 한가운데 자리 잡고 있어 나아가기는 쉬워도 쳐들어오기는 힘든 천험의 땅이기도 했다. 안락하고 풍요로운 삶을 기대할 수는 없었지만, 유럽 전역에 흩어진 자신의 제국을 지키고

〈막시밀리안과 마리의 결혼〉(Anton Petter, 1813년경)

경영하기에 이곳보다 적당한 곳은 없었다. 아버지 사후(1493), 오스트리아와 신성 로마 제국의 황제라는 고귀한 자리를 물려받은 후에도 막시밀리안의 수도는 변함없이 인스부르크였다. 이 도시를 축으로 막시밀리안 황제는 평생 전 유럽을 질주했다. 이곳에서 합스부르크 왕조의 세계 전략을 수립하고 진두지휘했다. 자신의 아들, 딸과 스페인의 공주, 왕자의 이중 결혼은 그런 일련의 전략 속에서 성사됐다.

프랑스 왕조의 새로운 기회

합스부르크와 스페인을 결혼 동맹으로 몰고 간 것은 아이러니하게도 프랑스였다. 유럽의 중앙을 차지하고 있는 풍요로운 왕국 프랑스. 그러나 중세 내내 유럽 정치에서 프랑스 왕국의 역할은 제한적이었다. 이유는 중세 봉건제 아래서 프랑스의 왕권은 약하고, 상대적으로 대영주들의 권력이 강했기 때문이다. 프랑스의 대제후인 앙주Anjou 백작은 남서 프랑스 대부분을 지배하는 아키텐의 공작인 동시에 노르망디Normandie 공작이었고, 잉글랜드의 왕이었다. 전성기 때 앙주 가문의 프랑스 영지는 프랑스 왕보다 훨씬 컸다. 또 다른 대제후 부르고뉴 공작은 저지대 국가라 불리는 오늘날의 벨기에와 네덜란드의 통치자이기도 했다. 부르고뉴 공작의 부는 프랑스 왕에 맞먹었다. 오랜 세월 동안 대제후들에게 둘러싸인 프랑스의 카페Capet 왕조는 생존조차 버거웠다.

상황은 백년전쟁을 거치면서 달라졌다. 장기간의 위기는 프랑스 왕조에 새로운 기회를 제공했다. 백성들 사이에서는 프랑스인이라는 자각이 생겨나기 시작했다. 전쟁으로 인한 파괴와 무질서, 대영주들의 탐욕

대항해시대의 탄생

과 권력 남용은 강력한 왕조에 대한 광범위한 공감대를 낳았다. 잔인하고 단호하며 유능했던 루이 11세[Louis XI. 재위 1461~1483]는 왕에게 유리하게 전개되고 있는 모든 상황을 잘 활용했다. 대영주들의 힘을 확실하게 제어했고, 프랑스를 왕실을 중심으로 한 강력한 국가로 개조했다. 차원이 다른 국가의 출현이었다.

루이 11세의 후계자인 샤를 8세[Charles VIII. 재위 1483~1498]는 응집된 힘을 바탕으로 눈을 외부로 돌렸다. 목표는 화려하게 르네상스를 꽃피우던 이탈리아였다. 1494년, 프랑스 왕 샤를 8세의 이탈리아 침공이 시작됐다. 신성 로마 제국 황제 막시밀리안에게는 중대한 도전이었다. 역사적으로, 관념적으로 신성 로마 제국 황제는 이탈리아와 독일의 명목상의 군주였다. 이탈리아 중부를 차지하고 있는 교황과 황제는 기독교적 가치와 질서를 지킨다는 측면에서 상호 보완 관계이기도 했다. 프랑스의 이탈리아 침공은 신성 로마 제국 황제의 관할권에 대한 직접적인 침해였고, 황제의 권위에 대한 정면 도전이었다. 동시에 유럽의 새로운 강국으로 부상하고 있던 스페인에게도 위협이었다.

정확하게는 스페인을 구성하는 카스티야와 아라곤 가운데 아라곤 왕국에게 위협이 됐다. 바르셀로나를 중심으로 발전한 아라곤 왕국은 지중해를 터전으로 삼았다. 프랑스 침공 당시, 이탈리아 남부의 나폴리[Napoli] 왕국은 아라곤 왕 페르난도 2세의 친척이 다스리고 있었다. 시칠리아[Sicilia] 왕국의 왕은 페르난도 2세 본인이었다. 프랑스 왕 샤를 8세의 이탈리아 침공 명분이 한때 프랑스 왕실이 차지하고 있던 나폴리 왕위 탈환이었으니 아라곤과의 충돌은 불가피했다. 이는 더 나아가 프랑스와 스페인의 충돌을 의미했다.

프랑스로 인해 왕조의 이해관계를 침범당한 신성 로마 제국 황제 막시

이사벨
카스티야의 여왕
재위. 1474~1504

페르난도 2세
아라곤의 왕
재위. 1478~1516

막시밀리안 1세
신성로마제국 황제
재위. 1493~1519

마리
부르고뉴
1457~1482

이사벨
아라곤
1470~1498

후안
1478~1497

후아나
스페인의 여왕
재위. 1504~1555

마리아
아라곤
1495~1555

카탈리나
아라곤
1485~1536

펠리페 1세
카스티야의 왕
재위. 1506

마르가레테
1480~1530

1496

레오노르
오스트리아
1498~1558

카를 5세
스페인의 왕
재위. 1516~1556
독일의 왕
이탈리아의 왕
신성로마제국 황제
재위. 1519~1556

이사벨
1501~1525

페르디난트 1세
신성로마제국 황제
재위. 1558~1564

마리아
1505~1558

카탈리나
1507~1578

대항해시대의 탄생

밀리안 1세와 스페인 공동왕(그중에서도 아라곤의 페르난도 2세)은 즉각 손을 잡았다.

동맹을 공고히 하기 위해 두 왕실은 이중 결혼을 추진했다. 그 결과 막시밀리안 1세의 후계자인 펠리페 대공은 스페인 공동왕의 차녀 후아나와, 스페인 공동왕의 후계자 후안Juan de Aragón, 1478~1497은 막시밀리안 1세의 딸 마르가레테Margarete von Österreich, 1480~1530와 각각 결혼했다. 후아나와 펠리페의 결혼식은 1496년 10일 20일 벨기에 리르Lier에서 열렸다. 누구도 이 결혼식으로 인해 합스부르크 왕조가 스페인 제국을 상속받게 되리라고는 예상치 못했다. 그것도 불과 20년 후에.

미지의 문이 열리다

펠리페와 후아나의 결혼은 순조로웠다. 무엇보다 후아나가 펠리페를 깊이 사랑했기 때문이다. 정략적 측면에서는 더욱 성공적인 결혼이었다. 펠리페의 때 이른 사망(1506. 9.)에도 불구하고, 둘은 10년의 결혼 기간 동안 여섯 명의 건강한 아이들을 낳았다. 장차 두 아들 카를과 페르디난트Ferdinand I. 재위 1556~1564는 모두 신성 로마 제국 황제에 오르게 된다. 네 딸 레오노르Leonor, 1498~1558, 이사벨Isabel, 1501~1526, 마리아María, 1505~1558, 카탈리나Catalina, 1507~1578는 각각 포르투갈·프랑스, 덴마크, 헝가리, 포르투갈의 여왕이 된다. 자식 복은 있는 부부였다. 그러나 이는 먼 훗날의 일이다. 순조롭던 결혼 생활에 그림자가 드리우기 시작한 것은 후아나가 광증을 보이면서부터였다(1503). 후아나가 오빠, 언니, 조카의 연이은 사망으로 인해 카스티야 왕국과 아라곤 왕국의 코르테스로부터 각각 어머니 이사벨 여왕과 아버지 페르난도 왕의 후계자로 공식 인정을 받은 직후였다(1502).

이사벨과 페르난도, 가톨릭 공동왕의 심정은 참담했을 것이다. 어떻게 만들고, 어떻게 지켜온 나라인가? 건강한 육체와 정신을 갖고도 견뎌내기 어려운 자리가 권좌다. 그런데 비정상적인 상태의 딸이 그 권좌를 물려받는다? 거의 30년 가까운 긴 세월 동안 쉬지 않고 달려온 이사벨 여왕이었다. 연이은 아들, 장녀, 손자의 죽음으로 입은 타격으로 지친 상태에서 후계자 후아나의 병증은 결정타였다. 후아나에게 간헐적인 광증이 나타나기 시작한 지 1년여 만인 1504년 11월 26일, 이사벨 여왕은 삶을 마감했다. 후아나의 상태가 정상이 아니었음에도 이사벨 여왕은 카스티야의 왕위를 남편인 페르난도가 아닌 딸 후아나에게 넘겼다.

이제 '광녀'라 불리는 후아나가 카스티야의 실질적인 군주였다. 그녀의 정신 상태로는 통치가 불가능했기 때문에 후아나의 아버지인 아라곤 왕 페르난도 2세와 남편 펠리페 대공이 대신 통치하기로 합의했다(살라망카 합의, 1505. 11. 24.). 그러나 살라망카 합의는 펠리페 대공의 갑작스런 죽음으로 무의미해졌다(1506. 9. 25.). 사랑하는 남편의 죽음은 안 그래도 정신적으로 불안정한 카스티야의 여왕 후아나에게 치명타였다. 그녀의 상태는 돌이킬 수 없을 정도로 악화됐다. 카스티야의 권력은 아버지 페르난도 2세에게 돌아갔고, 후아나는 토르데시야스로 은거했다.

1516년 1월, 페르난도 2세가 죽으면서 상황이 다시 요동치기 시작했다. 카스티야와 아라곤의 많은 귀족과 여론은 카를에 대해 비판적이었다. 그가 스페인어조차 못한다는 사실에서 드러나듯이, 카를은 스페인이라는 나라에 대해 철저하게 무지했다. 카를의 측근들도 스페인을 모르기는 마찬가지였다. 그러나 후아나가 카를의 즉위를 인정함으로써 상황은

대항해시대의 탄생

〈광녀 후아나〉(Francisco Pradilla Ortiz, 1877)

끝났다. 결국 카를이 정통 후계자가 된 것이다.

　1519년, 카를의 할아버지 막시밀리안 1세가 죽었다. 신성 로마 제국 황제 자리를 놓고 몇몇 왕들 사이에 치열한 경쟁이 벌어졌다. 부유한 프랑스 왕 프랑수아 1세François, Ⅰ 재위 1515~1547의 거센 도전을 물리치고, 카를은 프리드리히 3세 때부터 합스부르크 왕조가 독차지해온 신성 로마 제국 황제 자리를 지켜냈다. 이로써 카를은 누구도 범접할 수 없는 기나긴 호칭의 소유자가 됐다.

〈파비아 전투〉(Bernard van Orley, 1528∼1531)

　　로마의 왕, 황제 당선인, 셈페르 아우구스투스Semper Augustus, 스페인·시
칠리아·예루살렘·발레아레스 제도·카나리아 제도·서인도 제도·대서양
건너편 본토의 왕, 오스트리아 대공, 부르고뉴·브라반트Brabant·슈타이어
마르크Steiermark·케른텐Kärnten·카르니올라Carniola(지금의 크란스카)·룩셈부
르크Luxembourg·림뷔르흐Limburg·아테네Athens·파트라스Patras의 공작, 합스
부르크·플랑드르·티롤의 백작, 부르고뉴·에노Hainaut·페헤트Ferrette·팔
라틴Palatine 백작, 알자스Alsace의 영주, 슈바벤Schwaben의 백작, 아시아와 아
프리카의 영주

대항해시대의 탄생

호칭에서 알 수 있듯이 스페인은 자신들의 왕을 통해서 명실상부하게 제국이 됐다. 그러나 제국이 된다는 것이 꼭 좋은 일만은 아니다. 권위와 권력만큼이나 져야 할 책임도 많은 법이니까. 이제 막 시작된 세계 경영은 스페인을 어디로 이끌게 될까? 미지의 문이 활짝 열렸다.

카를 5세 시대의 합스부르크 제국의 판도

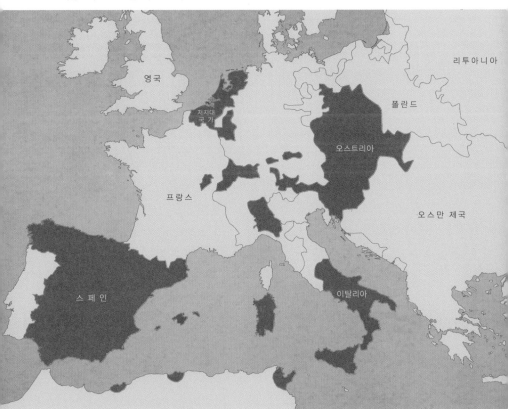

리투아니아

영국

폴란드

저지대 국가

오스트리아

프랑스

오스만 제국

스페인

이탈리아

1519년 세비야
마젤란의 세계 일주

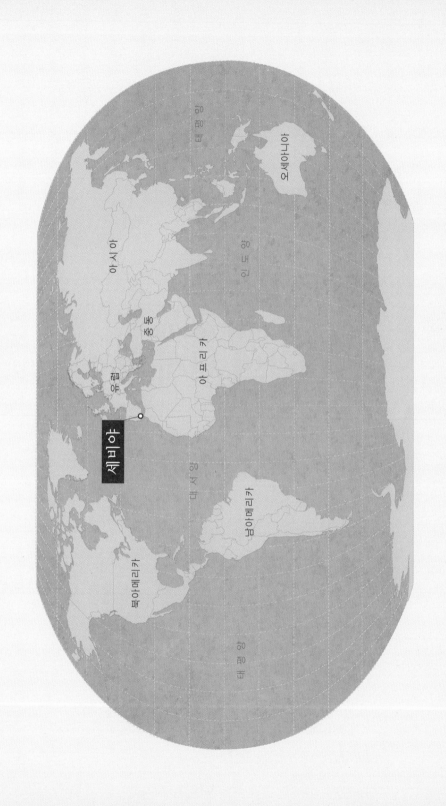

1519년 8월 10일, 다섯 척의 배로 이뤄진 함대는 요란하게 축포를 쏘며 세비야 항구를 출발했다. 배의 이름은 각각 트리니다드Trinidad, 산안토니오San Antonio, 콘셉시온Concepción, 빅토리아Victoria, 산티아고Santiago였다. 선원 270여 명의 표정은 복잡했다. 희망과 기대, 걱정과 불안이 교차했다. 그러나 그 누구의 표정도 함대 총사령관 마젤란보다 복잡할 수는 없었다. 포르투갈의 자부심 넘치는 귀족이자 항해가인 본인이 스페인 왕의 깃발을 들고 바다로 나아가는 모습은 2년 전만 해도 상상할 수 없었다. 그러나 지금의 낯섦이 현실이었다. 출항 직전 스페인 왕 카를 5세가 대리인을 통해 건넨 왕기가 바람에 펄럭이고 있었다. 마젤란은 왕기 앞에 무릎을 꿇고 고개를 숙여 충성을 맹세했다.

　　자신의 계획을 믿고 후원해준 데 대한 감사와 더불어 자신을 무시하고 내친 포르투갈 마누엘 1세에 대한 분노가 교차했다. 제안을 거절해놓고, 막상 스페인이 후원을 결정하자 포르투갈이 보인 방해 공작의 치졸함은 마젤란을 더욱 화나게 했다. '반드시 성공하고야 말겠다'는 결심이 아무도 가보지 않은 길을 가는 데서 비롯된 두려움을 눌렀다. 누구도 결과를 예측할 수 없는 항해는 그렇게 시작됐다. 그들은 남아메리카를 타고 내려갈 것이다. 마젤란 해협을 건널 것이다. 태평양을 횡단할 것이다. 그리고 그들은 인류 역사상 처음으로 지구를 한 바퀴 돌 것이다. 대항해가 시작됐다.

마젤란은 왜 스페인으로 갔을까?

〈페르디난드 마젤란의 초상〉
(Charles Legrand, 1841년경)

페르디난드 마젤란Ferdinand Magellan, 1480?~1521은 영어식 이름이고, 포르투갈어로는 페르낭 드 마갈량이스Fernão de Magalhães다. 스페인으로 귀화한 이후에는 페르난도 데 마가야네스Fernando de Magallanes로 불렸다. 그는 포르투갈 출신의 뱃사람이며 탐험가였다. 그는 대항해시대를 만들어간 위대한 선구자 중 한 사람이다. 마젤란은 포르투갈 왕실과 밀접한 관계를 맺고 있는 귀족 가문에서 태어났다.

대귀족은 아니었지만 마젤란이 십 대 초반에 궁정에 시동으로 들어가 커리어를 시작할 정도의 지위는 됐다. 마젤란이 뱃사람이자 군인으로서 경력을 시작한 것은 1505년이었다. 스물다섯의 청년 마젤란은 초대 인도 총독으로 파견된 프란시스코 데 알메이다 함대의 일원으로 아프리카를 돌아 인도로 향했다. 이 당시 마젤란의 활약에 대한 기록은 빈약하지만, 그가 항해에 대해 많은 지식을 얻었다는 것만은 확실하다.

인도 서부 해안과 아프리카 동부 해안을 오가며 활동하던 마젤란은

대항해시대의 탄생

1509년 2월 디우Diu 전투에 참전했다. 인도 북서부의 전략적 요충지였던 디우를 둘러싼 공방전은 인도양에 기반을 마련하려는 포르투갈 입장에서는 물러설 수 없는 전투였다. 치열한 전투 끝에 결국 포르투갈은 승리를 거뒀고, 인도양 전역에 대한 우위를 확립하기 시작했다. 디우 전투 이후 마젤란은 인생에 중요한 변화를 가져올 항해에 참여하게 된다. 디오구 로페스 데 세퀘이라Diogo Lopes de Sequeira 함대의 일원으로 말레이 반도 남단의 도시국가 말라카로 파견된 것이다. 말라카는 말레이 반도 끝에 위치한 전략적 요충지로 인도와 동남아시아를 연결했다. 중국과 일본으로 가는 출발점이고, 향료 제도의 향신료가 통과하는 중간 기착지였다. 아시아 상업 네트워크의 핵인 말라카를 방문함으로써 마젤란은 향료 제도와 아시아에 대해 더 많은 것을 알게 됐다.

마젤란이 말라카를 다시 방문한 것은 1511년이었다. 첫 방문의 목적이 말라카의 상황을 파악하기 위한 정찰과 교역 관계를 맺기 위한 협상이었다면 이번 방문의 성격은 완전히 달랐다. 말라카의 정복이었다. 알메이다의 뒤를 이은 인도 총독 알부케르크는 말라카 정복이야말로 아시아에 포르투갈 상업 제국을 세우는 초석이라고 판단했다. 포르투갈은 말라카 정복에 성공했다. 이제 더 동방으로, 전설 속의 향료 제도를 찾으러 갈 준비를 마친 것이다.

알부케르크는 즉시 탐험대를 파견했다. 이들은 향료 제도의 반다Banda 섬에 도착했고, 향신료를 싣고 돌아왔다(1512). 마젤란이 이 항해에 참여했는지는 불확실하지만, 그의 절친한 동료인 프란시스코 세하웅Francisco Serrão은 참여했다. 심지어 세하웅은 향료 제도 지배자들과 우호적인 관계를 맺어 그곳에 정착하기까지 했다. 마젤란은 세하웅과의 편지 교신을 통해 향료 제도에 대한 많은 정보를 얻을 수 있었다. 훗날 마젤란이 대서양을 돌아 향료 제도로 가겠다는 계획을 세우는 데 도움이 되었다.

1513년 중반 마젤란은 아시아를 떠나 북아프리카로 갔다. 그곳에서 마젤란은 모로코 왕국의 아자모르Azamor 요새를 점령하는 군사작전에 투입됐다. 이 공성전에서 마젤란은 다리에 상처를 입었고, 그 결과로 평생을 절름발이로 살게 된다. 물론 육체적 장애가 그가 불멸의 존재가 되는 데 방해가 된 적은 없었다.

1514년 11월, 리스본으로 돌아온 마젤란은 마누엘 1세에게 보상으로 연금을 올려줄 것을 요청했다. 왕은 거절했고, 마젤란에게 다시 북아프리카로 갈 것을 명했다. 몇 년 후 마젤란은 다시 왕에게 연금 인상과 함께 향료 제도를 찾기 위한 새로운 항해에 대한 후원을 요청했다. 마젤란을 신뢰하지도 좋아하지도 않았던 마누엘 1세는 단호하게 이 청을 뿌리쳤다. 모든 위대한 모험가가 그렇듯이 오만하고 자기 확신으로 똘똘 뭉쳐 있었던 마젤란은 너무나 매몰찬 왕의 반응에 충격을 받았다.

마젤란은 최후의 수단으로 '포르투갈을 떠나 다른 나라의 군주에게 봉사해도 되겠냐'고 물었고, 왕은 '어디든 좋다'고 답했다. 서로에게 모욕적인 문답이었다. 인류 최초의 세계 일주라는 위대한 업적의 주인공이 포르투갈이 아닌 스페인으로 바뀌는 순간이기도 했다. 그날 마누엘 1세의 화려하기 그지없던 궁전의 홀에 있던 많은 사람 중 누구도 그런 결과를 예상치 못했다. 마젤란 본인조차도.

역사적인 항해가 시작되다

마젤란은 미련 없이 고국을 떠나 스페인으로 갔다. 그가 세비야에 도

대항해시대의 탄생

착한 날은 1517년 10월 20일이었다. 마젤란은 바야돌리드로 가 이제 막 스페인의 왕이 된 카를 5세(훗날의 신성 로마 제국 황제)에게 서쪽으로 대서양을 건너 아시아의 향료 제도로 가겠다는 제안을 했다. 카를 5세는 마젤란의 제안을 받아들였다. 향신료를 차지하기 위한 경쟁에서 포르투갈에서 뒤지고 있다는 강박관념이 크게 작용했다.

이사벨 여왕이 콜럼버스에게 그랬듯이, 카를 5세도 마젤란에게 관대한 보상을 약속했다. 그가 발견하는 모든 대륙과 군도의 총독직과 그곳에서 얻는 이익의 20분의 1을 마젤란과 그의 후손에게 주기로 한 것이다. 동시에 마젤란은 스페인에서 가장 권위 있는 산티아고 기사단의 기사로 임명됐다. 카를 5세가 이 항해와 마젤란에게 건 기대가 얼마나 큰지를 보여주는 대목이다.

1519년 8월 10일 마젤란이 이끄는 다섯 척의 배와 270여 명의 선원은 세비야를 떠났다. 과달키비르강을 따라 내려온 마젤란 함대는 대서양 진입의 관문인 산루카르 데 바라메다Sanlúcar de Barrameda에 도착했다. 이 항구는 1498년 콜럼버스가 세 번째 신대륙 탐사를 떠났던 곳이었다. 마젤란은 마지막 점검을 위해 이 작은 해안 도시에 한 달 가까이 머물렀다. 9월 20일, 드디어 마젤란 함대는 드넓은 대서양으로 나아갔다. 대서양을 건너고 적도를 지난 함대는 리우데자네이루Rio de Janeiro에 잠시 머문 후 다시 남쪽 바다를 향해 전진했다. 누구도 가보지 못한 길을 만들며 나아갔다.

마젤란은 반대쪽으로 나아가는 통로를 찾기 위해 해안을 정밀하게 탐사했으나 어디에도 출구는 보이지 않았다. 1520년 3월 31일 함대는 정박하기에 적당한 자연 항구를 찾아냈다. 산 훌리안San Julián으로 이름 지은 그곳에서 마젤란은 긴 겨울을 나기로 했다. 만일에 대비해 마젤란은 식량 배급량을 줄였다. 가뜩이나 끝이 보이지 않는 항해에 지쳐가던 선원들 사이에서는 불만이 터져 나왔다.

출발 전부터 포르투갈 출신 사령관을 불신했던 스페인 출신 선장들은 이 기회에 마젤란을 죽이고 귀환하기로 했다. 부활절인 4월 1일, 반란이 일어났다. 야음을 틈탄 기습이었다. 그러나 마젤란은 다음 날 낮에 반란자들을 기습해 진압했다. 모두의 예상을 뒤엎는 과감한 행동으로 절체절명의 순간을 승리로 이끈 것이다. 처벌은 가혹했다. 처형과 고문이 자행됐다. 모든 배의 선장은 포르투갈인으로 교체됐다. 단호한 진압과 잔인한 처벌을 통해 마젤란은 함대를 처음으로 완벽하게 손에 넣었다. 이때 마젤란이 보여준 공포는 아이러니하게도 앞으로 항해 도중 닥칠 무수히 많은 고난과 회의를 극복하는 원동력이 된다.

마젤란 해협

산 훌리안에서 거의 5개월을 보낸 마젤란은 함대를 이끌고 다시 남쪽으로 향했다(1520. 8. 24.). 그러나 남미 대륙은 쉽게 태평양으로 가는 길을 보여주지 않았다. 마젤란 함대는 다시 2개월이란 시간을 폭풍과 싸우며 전진했다. 10월 21일, 드디어 일행은 오늘날의 마젤란 해협으로 들어가는 입구를 발견했다. 매서운 바람과 태곳적 고요가 공존하는 해협을 따라 함대는 전진했다. 나아가는 매 순간이 역사의 처음이었고, 불멸의 업적이었다.

11월 28일, 함대는 해협을 빠져나와 바다로 들어섰다. 마젤란은 이 바다에 '태평양Mar Pacifico'이라는 이름을 부여했다. 마젤란은 물론이고 모두가 그들이 새로운 역사를 개척했다는 것을 알았지만 시련이 끝난 것은 아니었다. 함대는 갈증, 굶주림, 괴혈병에 시달리며 미지의 바다를 건넜다. 마젤란 해협을 떠난 지 99일째가 되는 1521년 3월 6일 새벽, 함대는

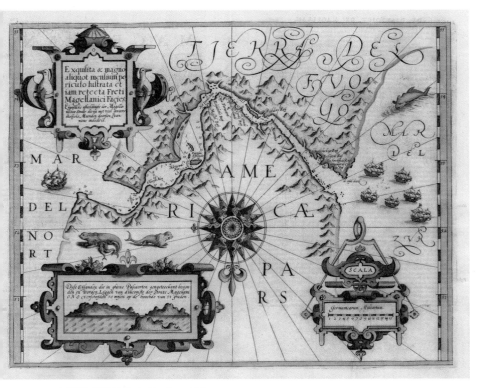

〈마젤란 해협〉(Jodocus Hondius, 1606)

기적적으로 육지를 발견했다! 마리아나^{Mariana} 제도의 괌^{Guam}이었다. 마젤란이 스페인 왕에게 약속했던 향료 제도에서 멀지 않은 곳이었다. 마젤란은 목적지를 눈앞에 두고 있었다.

필리핀에서 패배하다

괌을 떠난 마젤란 함대는 오늘날의 필리핀에 해당하는 지역에 도착했다. 마젤란은 이미 포르투갈의 세력권인 향료 제도에 가기 전에 필리핀

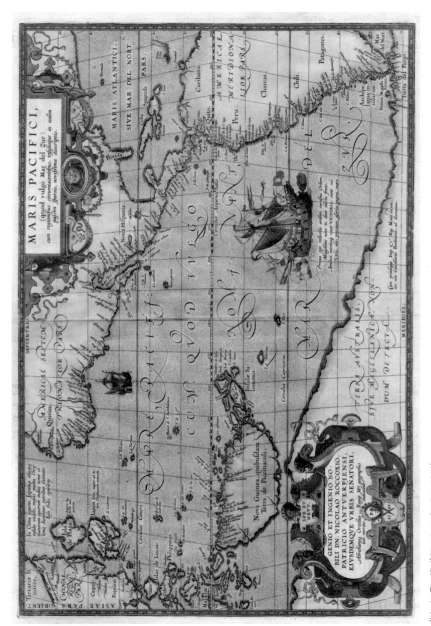

〈Maris Pacifici〉(Abraham Ortelius, 1589)

대항해시대의 탄생

에 후방 기지를 마련하고 싶었던 것으로 보인다. 그는 세부Cebu섬 일대의 추장들을 기독교로 개종시키고, 필리핀 전역을 스페인의 영토라고 선언했다. 지나친 성공에 취해서였을까? 아니면 힘을 과시하려 했던 것일까? 마젤란은 기독교 개종에 저항하고 자신에게 고분고분하지 않은 세부섬 인근 막탄Mactan섬의 추장 라푸라푸Lapulapu를 응징하기로 결정했다. 원주민의 무장이 보잘것없다는 것을 알고 있었던 마젤란은 고작 60명의 부하만을 이끌고 막탄섬으로 갔다. 11명은 남아 배를 지켰고, 해안에 상륙한 인원은 49명에 불과했다. 무장은 조악했으나, 원주민의 저항은 예상을 뛰어넘었다. 마젤란의 소부대를 향해 달려온 원주민 전사는 1,500명에 달했다. 용감하게 맞서 싸웠으나 마젤란 부대의 인원이 너무 적었다. 원주민 전사는 필사적으로 마젤란을 향해 돌진했다. 결국 마젤란은 쓰러졌다.

> "적들은 쇠창과 죽창과 투창을 들고 한꺼번에 함장에게 달려들었다. 그들은 우리의 거울이자 빛이며 기둥인, 우리의 진정한 지도자를 살해했다."
> _마젤란 선단의 항해 기록 담당관, 안토니오 피가페타Antonio Pigafetta

1521년 4월 27일의 일이었다. 마흔을 갓 넘긴, 아직 한창인 나이. 영광의 절정에서 맞이한 허망하고 비참한 죽음이었다.

완성된 세계 일주 항해

마젤란의 죽음은 살아남은 선원 모두에게도 비극이었다. 마젤란은 비록 지나치게 엄격했고 가끔은 잔인한 면모를 보이기도 했지만 필리핀까지 그들을 이끌어 온 리더였다. 남미 대륙을 돌아 마젤란 해협을 통과해

태평양을 건너기까지, 누구도 가보지 못한 미지의 길을 개척하면서 함대가 살아남을 수 있었던 것은 마젤란이라는 절대자의 존재 때문이었다. 망망대해에서 그는 진정 선원들의 빛이자 기둥이었다. 필리핀이라는 낯선 땅에서 마젤란을 잃은 함대의 운명은 비극이었다.

천신만고 끝에 후안 세바스티안 데 엘카노Juan Sebastian de Elcáno, 1476?~ 1526가 지휘를 맡은 빅토리아호만이 세비야로 귀환하는 데 성공했다 (1522. 9. 8.). 270명이 넘게 떠났지만 살아 돌아온 이는 18명에 지나지 않았다. 마젤란도 돌아오지 못했다. 카를 5세가 마젤란에게 약속했던 보상도 수포로 돌아갔다. 마젤란의 유산을 요구할 수 있는 혈육들이 그가 항해를 떠난 동안 죽었기 때문이다.

그러나 마젤란의 세계 일주(정확하게는 그의 부하 엘카노가 마무리한)는 세계사에 하나의 큰 획을 그었다. 1419년에 포르투갈의 항해왕 엔히크가 사그레스에서 시작한 바다로 나아가고자 했던 열망이 마젤란의 항해로써 의미 있는 결실을 맺었다. 백 년의 시간 동안 포르투갈과 스페인은 모두가 버려둔 바다로 나아갔고, 개척했고, 쟁취했다. 그것은 곧 인식의 혁명이었고, 지식의 혁명이었으며, 인류의 혁명이었다. 그러나 대항해시대는 이제 시작에 불과했다.

〈후안 세바스티안 데 엘카노〉(작자 미상)

대항해시대의 탄생

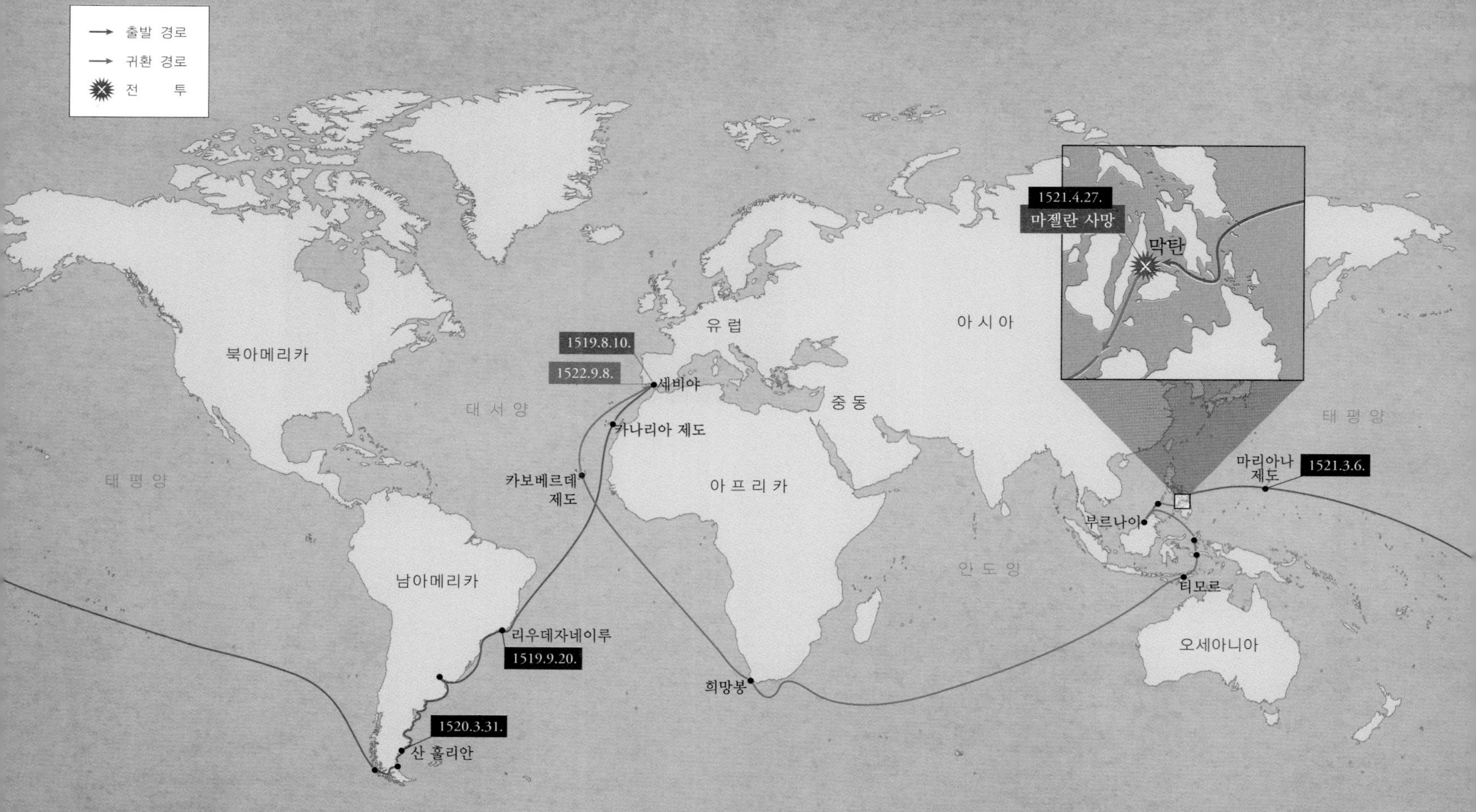

마젤란 항해 지도 (1519-1522)

북아메리카

남아메리카

유럽

아프리카

아시아

오세아니아

그린란드

북극해

대서양

태평양

인도양

중동

희망봉

카나리아 제도

세비야
1519.8.10.
1522.9.8.

카보베르데 제도

리우데자네이루
1519.9.20.

산훌리안
1520.3.31.

마리아나 제도
1521.3.6.

티도르

세부

보르네오

막탄

1521.4.27.
마젤란 사망

출발 경로
귀환 경로
전투

정복자의 시대

마젤란의 위대한 항해가 바다에서 진행될 무렵 육지에서는 또 다른 의미의 역사가 펼쳐지고 있었다. 스페인의 중남미 대륙 정복이었다. 콜럼버스의 신대륙 발견 이후 서인도 제도 여러 섬에 대한 스페인의 탐험은 빠르게 진행됐다. 다음 탐험의 대상은 중남미 대륙이었다. 광활한 대륙에는 브라질에 우선권을 주장하는 포르투갈을 제외하고는 경쟁자조차 없었다. 브라질을 두고 포르투갈과 싸울 이유도 여력도 없었다. 대륙은 넓고 정복할 곳은 많았기 때문이다.

'콩키스타도르Conquistador(정복자)의 시대'를 이끈 사람들은 스페인 안에서도 카스티야 귀족의 차남 이하 젊은이들이었다. 그들은 자신의 힘으로 운명을 개척하고 부와 명예를 거머쥐기 위해 대서양을 건넜다. 야심만만하고 강인했으며 열정적이었다. 그중 대표적인 정복자가 에르난 코르테스Hernán Cortés, 1485~1547다. 코르테스는 수백 명의 부하들과 함께 당시 스페인의 서인도 제도 근거지였던 쿠바를 떠났다.

1519년 2월 멕시코만 연안의 베라크루스Veracruz 해안에 상륙한 코르테스는 배수의 진을 치기 위해 타고 온 배를 불살랐다. 코르테스의 일행은 멕시코 고원을 향해 나아갔고,

산루카르 데 바라메다에 있는 세계 일주 기념비

대항해시대의 탄생

고원의 중심부를 지배하던 아즈텍Azteca 제국을 정복했다. 아즈텍 제국의 기술과 무기 수준은 조악했고, 아즈텍인들은 코르테스를 언젠가 돌아올 것으로 기대했던 신으로 착각했다. 특히 코르테스는 아즈텍 지배에 신음하는 멕시코 고원의 인디오Indio들을 자기편으로 끌어들이는 놀라운 외교 수완을 발휘하기도 했다. 아즈텍의 잔혹한 지배에 대한 현지 인디오들의 불만을 감안하더라도 코르테스의 아즈텍 제국 정복은 믿기 힘들 정도로 대단한 일이었다.

프란시스코 피사로Francisco Pizarro, 1475?~1541는 1531년 안데스 산맥Andes에 자리 잡은 잉카Inca 제국을 상대로 코르테스와 비슷한 정복을 감행했다. 황금을 찾아 열대 밀림을 헤매며 유능하고 잔인한 지휘관으로 성장한 피사로는 180명의 부하와 함께 5년 만에 잉카 제국을 정복했다. 정복자의 시대를 거치며 스페인은 브라질을 제외한 중남미에 확고하게 자리 잡았다. 15세기 중후반 스페인 사회를 특징지었던 활력과 역동성이 아직까지는 살아 있다는 증거였다. 그런 활력과 역동성이 불과 한 세대 만에 시들기 시작하리라 예상한 사람은 아무도 없었다.

1558년 유스타 수도원
카를 5세와 시대의 종말

스웨덴

폴란드

영 국

네덜란드

벨기에   독 일   체 코

슬로바

오스트리아   헝가

스위스   크로아티아

프 랑 스

이탈리아

유스타 수도원

포
르
투
갈

스 페 인

지 중 해

유스타 수도원Monasterio de San Jerónimo de Yuste에 침묵이 흘렀다. 최근 2년 동안 수도원답지 않게 북적였던 탓에 오랜만에 찾아온 낯선 고요였다. 수사들은 애써 침묵을 유지했다. 그 외의 사람들은 삼삼오오 모여 심각한 표정으로 속삭였다. 수도원에는 전혀 어울리지 않는, 누가 봐도 고위 귀족으로 보이는 사람들이었다. 모두가 지금 수도원에 머물고 있는 한 노인을 모시는 수행원들이었다. 지금 그 노인은 죽어가고 있었다. 1556년 그는 은퇴를 선언하고 스페인 중서부 엑스트레마두라Extremadura 지방에 위치한 이곳으로 왔다. 온 세상을 떠들썩하게 했던 은퇴였다. 그의 이름은 카를. 신성 로마 제국의 황제이며 스페인 제국의 왕이었다. 오스트리아 합스부르크 왕조의 수장으로 오스트리아의 대공이었으며, 부르고뉴 공작령의 군주였다. 직함이 많아 부르기조차 벅찼던 카를. 그는 40년의 긴 통치를 정리하고 살아서 권좌에서 내려왔다. 방대한 제국은 아들 펠리페 2세Felipe Ⅱ. 재위 1556~1598와 동생 페르디난트 1세에게 나눠줬다. 카를이 스페인의 왕위에 오를 무렵, 유럽에는 다음과 같은 말이 널리 퍼져 있었다.

"다른 이들은 왕관을 차지하기 위해 전쟁을 한다네. 그대, 행운의 오스트리아는 결혼을 하라."

왕이 되기 위해, 땅을 차지하기 위해서는 피를 흘리며 싸워야 하지만, 유독 오스트리아 합스부르크 왕조만은 그럴 필요가 없었다. 결혼만 하면 왕관이 저절로 굴러들어 왔기 때문이다. 그 행운의 절정에 카를 5세가 있었다. 그러나 인간은 아무리 많은 권세와 왕관을 가지고 있어도 유한하다. 세상을 지배하고 호령했던 카를 5세에게도 최후의 순간은 다가오고 있었다. 그의 죽음은 곧 한 시대의 종말을 의미할 터였다.

유럽의 지배자 카를 5세

카를 5세는 1500년에 부르고뉴 공작령이 위치한 저지대 국가의 헨트에서 태어났다. 아버지는 부르고뉴의 대공 펠리페이며 미래의 신성 로마 제국 황제였다. 카를의 할아버지 막시밀리안이 황제였기 때문이다. 어머니 후아나는 스페인 제국의 상속녀였다. 카를의 외할아버지는 아라곤 왕국의 페르난도 2세였고, 외할머니는 카스티야의 이사벨이었다. 카를은 이들에게 유럽의 절반에 이르는 영토와 가장 고귀한 신성 로마 제국 황제의 타이틀, 가장 부유한 부르고뉴 대공의 타이틀, 가장 강력한 스페인 국왕의 타이틀을 물려받을 운명을 타고났다. 지나치게 넘치는 행운이었다.

카를이 스페인 왕위를 물려받은 것은 외할아버지 페르난도 2세가 세상을 떠난 1516년이었다. 저지대 국가에서 태어나 저지대 국가에서 자란 카를에게 스페인은 낯설고 먼 땅이었다. 그는 스페인어도 못했고, 스

스페인 트라스타마라

오스트리아 합스부르크

이사벨
카스티야의 여왕
재위. 1474-1504

페르난도 2세
아라곤의 왕
재위. 1478-1516

막시밀리안 1세
신성로마제국 황제
재위. 1493-1519

마리
부르고뉴
1457-1482

후아나
스페인의 여왕
재위. 1504-1555

펠리페 1세
부르고뉴의 대공
1478-1506
카스티야의 왕
재위. 1506

카를 5세
스페인의 왕
재위. 1516-1556
독일의 왕
이탈리아의 왕
신성로마제국 황제
재위. 1519-1556

카를 5세와 시대의 종말

페인의 풍습에도 무지했다. 그러나 가야만 했다. 스페인은 아라곤을 통해 지중해를, 카스티야를 통해 대서양을 지배하는 거대 제국이었기 때문이다. 카를이 물려받은 혹은 앞으로 물려받을 지역 중에 가장 중요한 곳을 꼽으라면 단언컨대 스페인이었다. 1517년 스페인에 도착한 카를은 정신병으로 통치가 불가능한 어머니 후아나를 만나 통치의 정당성을 인정받았다.

그 후 2년이 안 되는 짧은 기간 동안 카를은 스페인 각지를 돌며 신민들로부터 충성 맹세를 받고, 존재감을 과시했다. 1519년 1월, 카탈루냐 지방의 핵심 도시인 바르셀로나로 가던 카를에게 슬픈 소식이 전해졌다. 할아버지이자 합스부르크 가문의 최고 어른인 신성 로마 제국 황제 막시밀리안 1세가 사망한 것이다. 가문의 전통에 따라, 왕조의 이해에 따라 카를은 신성 로마 제국 황제 선거에 입후보했다.

신성 로마 제국 황제는 일곱 명의 선제후들에 의해 뽑히는 선출직이었다. 프리드리히 3세와 막시밀리안 1세를 연이어 배출한 합스부르크 왕조가 유리하기는 했지만, 이번 선거에는 막강한 경쟁자가 있어서 결과를 낙관하기가 어려웠다. 바로 프랑스의 왕 프랑수아 1세였다. 젊고 열정적인 프랑수아 1세는 강력하게 중앙집권화된 프랑스의 힘을 바탕으로 선거에 뛰어들었다. 카를도 지지 않고 선제후들을 매수했다. 결국 황제 선출은 누가 선제후에게 더 큰 이익을 안겨주느냐가 관건이었다. 5개월 후 카를이 이겼다. 카를은 자신이 신성 로마 제국의 새로운 황제로 선출됐다는 소식을 역시 스페인에서 들었다. 이제 스페인 군주 카를로스 1세 Carlos I 는 신성 로마 제국 황제 카를 5세 Karl V 라 불리게 됐다.

스페인 군주의 권위가 역사와 전통을 자랑하는 신성 로마 제국 황제를 겸하게 된다는 것은 대외적으로 나쁘지 않았다. 그렇다고 스페인 입장에

대항해시대의 탄생

서 최선도 아니었다. 카를이 부재 군주가 될 가능성이 컸기 때문이다. 안 그래도 카를은 합스부르크 가문의 근거지인 오스트리아와 할머니로부터 물려받은 저지대 국가를 정기적으로 방문할 가능성이 있었다. 이제 신성 로마 제국의 황제 자리에까지 올랐으니 황제의 관할권에 해당하는 독일 과 이탈리아 문제를 비롯해, 유럽에서 벌어지는 온갖 일에 카를이 개입 해야 할 가능성이 컸다. 카를은 더 이상 스페인만의 왕이 아니라 유럽 전 체의 황제였기 때문이다.

그러나 스페인은 부재 군주를 원하지 않았다. 안 그래도 복잡한 역사 를 가진 이 나라는 불과 50년 전인 1469년 카스티야 왕국의 이사벨과 아 라곤 왕국의 페르난도의 결혼을 통해 통합의 여정을 시작했다. 이사벨이 카스티야의 군주가 되고(1474), 페르난도가 아라곤의 군주가 된 해(1479) 에 두 사람은 공동왕으로 스페인을 공식 출범시켰다. 스페인은 여전히 사상누각이었다. 카스티야 왕국과 아라곤 왕국의 통합은 오직 국왕의 결 혼과 개인 상속을 통해 이뤄졌을 뿐이었다. 두 왕국은 역사적, 경제적, 사회적, 문화적으로 상이했다. 유일한 통합의 상징은 왕이었다. 스페인 은 왕을 반드시 필요로 했다. 그런데 왕이 황제로서의 책무를 다하기 위 해서는 스페인을 떠날 수밖에 없었다.

또 다른 문제는 왕의 통치 비용이 늘어남에 따라 스페인의 과세 부담 이 커질지 모른다는 우려였다. 결국 이 두 가지 걱정은 다가오는 미래에 적중하게 된다. 카를은 40년이란 긴 재위 기간 동안 스페인에는 고작 16 년밖에 머물지 못했다. 또 스페인은 수많은 적과 싸우는 황제를 위해서 막대한 재정을 지출해야만 했다.

우려가 현실이 되기 전에, 이미 불만은 반란으로 표출됐다. 자부심 강 한 카스티야 사람들은 새로운 외국 출신 왕에 대한 불만을 여과 없이 터트렸다. 여러 도시의 대표자들은 카를에게 스페인을 떠나지 말 것, 스페인의 돈을 한 푼도 외국으로 빼돌리지 말 것, 왕의 측근인 플랑드르계 사람들을 스페인의 관직에 앉히지 말 것 등을 요구했다. 황제 카를로서는 받아들이기 힘든 요구였다.

1520년 5월 20일 카를은 황제에 취임하기 위해 스페인을 떠났다. 자신들의 합리적인 요구가 무시당했다고 생각한 사람들은 반란의 기치를 들었다. 반란은 급속하게 확산됐다. 1521년 4월까지 약 1년 가까이 계속된 반란은 특히 도시를 중심으로 일어났다. 그러나 반란은 1년밖에 지속되지 못하고 용두사미로 끝나고 말았다. 반란이 실패한 이유는 명확한 목표, 일목요연한 프로그램, 카리스마 있는 리더가 없었기 때문이었다.

처음에는 반란이 외국인 체제에 반대하는 민족주의적 성격을 띠고 있었다. 그러나 반란이 과격화되자 주동 세력들은 왕을 겨냥했고, 더불어 귀족 정치에도 반대하기 시작했다. 반란이 일종의 사회혁명적 색채를 띠자 귀족들이 이탈하기 시작했다. 이것으로, 도시를 중심으로 일어났다고 해서 '코무네로 반란Comunero Movement'으로 규정된 이 저항 운동의 운명은 결정됐다. 국왕을 지지하는 군대가 반란군을 격파했고, 스페인 전역에서 왕의 권위는 다시 세워졌다. 1522년 7월 왕이 돌아왔을 때 스페인은 평화를 되찾은 상태였다. 아이러니하게도 민족주의적 성격을 띠며 시작된 스페인 내부 분란의 최종 승자는 외국 왕조인 합스부르크의 카를 5세였다.

카를 5세 시대의 스페인은 이사벨 여왕과 페르난도 왕 시대의 열정과 모험심을 간직하고 있었다. 콜럼버스가 발견한 아메리카 대륙에서는 본격적인 정복 및 정주 활동이 시작됐다. 코르테스는 멕시코를 정복했고 (1521), 피사로는 잉카 문명을 무너트렸다(1533). 마젤란은 인류 역사상 처음으로 세계 일주에 도전했다. 비록 그는 필리핀에서 죽었지만 살아남

대항해시대의 탄생

〈코무네로 반란〉(Manuel Picolo Lopez, 1887)

은 마젤란의 부하들은 그의 도전을 완성했다. 스페인은 더 이상 유럽 귀
퉁이에 자리 잡은 낙후된 왕국이 아니었다. 비상하는 세계 제국이었다.
사회에는 자부심과 자신감이 넘쳐흘렀다.

카를 5세는 유럽 문제를 해결하기 위해 더 많은 시간 스페인을 비워
야 했지만 다행스럽게도 부재중에 스페인을 다스릴 대리인을 잘 선택했
다. 비천한 가문 출신인 프란시스코 델로스 코보스Francisco de los Cobos는 유
능하고 근면했다. 대인 관계도 좋았다. 그는 1529년부터 1547년 죽을 때
까지 스페인에서 막강한 권력을 행사했다. 그의 지도력이 워낙 뛰어났기
때문에 오랜 세월 스페인은 평화를 누렸다. 스페인은 평화를 누렸지만
유럽은 그렇지 못했다. 유럽의 지배자인 카를 5세도 마찬가지였다. 적이
많았기 때문이다.

황제의 적들

카를 5세의 적은 크게 셋이었다. 첫째는 이슬람 세력의 대표 주자인 오스만 튀르크였다. 1453년 콘스탄티노플을 정복한 이래 오스만 튀르크 제국은 확장 일로였다. 육지로는 발칸 반도를 넘어 동유럽으로 진출해 오스트리아의 수도인 빈을 공격했고, 바다로는 에게해는 물론이고 동지 중해 전체를 장악했다. 카를 5세는 기독교 세력의 대표 주자로서, 또 외할아버지 페르난도로부터 아라곤 왕국을 물려받을 때 남부 이탈리아까지 같이 상속받은 군주로서 오스만 튀르크의 서진西進에 맞서야 했다.

둘째는 종교개혁 세력이었다. 1517년 마르틴 루터Martin Luther, 1483~1546의 '95개조 반박문'으로 시작된 종교개혁은 독일에 대한 황제의 권력과 권위에 심각한 타격을 입혔다. 중세로부터 황제와 교황은 동전의 양면과 같았다. 카를 5세는 교회의 보호자로서 정통 교회인 가톨릭을 수호해야 할 책임이 있었다. 그러나 이 문제는 이슬람인 오스만 튀르크를 상대로 기독교를 지켜내는 것보다 더 어려웠다. 오랜 세월 동안 축적된 교황청과 사제 집단의 부정부패와 탐욕, 무지에 대한 동시대 유럽인들의 염증과 경멸은 황제의 말 몇 마디로 해결될 문제가 아니었다. 여기에 독일의 제후들과 북유럽 군주들의 이해관계가 얽히면서 종교개혁은 이제 종교의 문제가 아니라 정치·경제·사회 문제로 비화됐다. 종교개혁을 주장하는 신교 세력과의 싸움은 끝이 없어 보였다.

오스만 튀르크 제국, 신교新敎 세력에 이은 황제의 세 번째 적은 프랑스였다. 유럽 대륙의 한가운데 위치한 프랑스는 가장 풍요롭고 가장 강력한 나라였다. 그런 프랑스가 중세 내내 이웃 나라들에게 크게 위협이 되지 못했던 것은 봉건 영주들의 힘이 세고, 왕의 권력이 약했던 탓이다.

대항해시대의 탄생

이웃 나라들 입장에서는 다행스런 일이었다. 그러나 잉글랜드와의 백년 전쟁을 거치면서 프랑스는 국왕을 중심으로 뭉치기 시작했다. 백성들의 마음속에는 '나는 프랑스 사람이다'라는 의식이 생겨나기 시작했다. 제도 측면에서는 백년전쟁을 수행하는 데 필요한 군대를 육성하기 위한 전국적인 규모의 세금을 걷을 수 있는 권한을 왕들이 가지게 됐다. 왕들은 이 세금으로 상비군을 갖추었다.

백년전쟁이 끝난 이후에 등극한 루이 11세는 불굴의 의지와 다양한 책략으로 왕의 권력을 강화시켰다. 프랑스는 유럽에서 가장 강력한 나라로 거듭났다. 루이 11세의 아들 샤를 8세Charles Ⅷ, 재위 1483~1498는 아버지가 남긴 막강한 군사력을 이용해 이탈리아 원정을 시작했다(1494). 이는 이탈리아에 이해관계를 갖고 있던 황제 막시밀리안과 스페인의 가톨릭 공동왕의 심기를 건드렸다. 이탈리아라는 먹잇감을 놓고 프랑스와 반反 프랑스 진영 사이에 치열한 전쟁이 벌어졌다. 이때 시작된 이탈리아 쟁탈 전쟁은 대를 이어 계속됐다.

신성 로마 제국 황제의 타이틀과 스페인을 물려받은 카를 5세에게 프랑스와의 전쟁은 선대가 남긴 피할 수 없는 것이었다. 프랑스 입장에서도 합스부르크와의 전쟁은 생존을 위한 투쟁이었다. 프랑스는 불과 몇십 년 만에 합스부르크 왕가의 영토에 의해 지리적으로 포위당했다. 프랑스 북부의 노르망디와 브르타뉴Bretagne로 이어지는 긴 해안선을 제외하면 스페인, 벨기에, 독일, 이탈리아 모두가 합스부르크령이거나 그들의 영향권에 포함됐다. 위기감에 휩싸인 프랑스는 합스부르크의 포위로부터 벗어나기 위해서라면 무엇이든 했다. 프랑스 왕 프랑수아 1세가 카를 5세에 맞서기 위해 오스만 튀르크의 술레이만 1세Süleyman Ⅰ, 재위 1520~1566와 손을 잡은 것이 대표적인 예다.

〈프랑수아 1세의 초상〉　　　　　　〈술레이만 1세의 초상〉
(Tiziano, 1539)　　　　　　　　　　(Tiziano, 1530년경)

　카를 5세는 이 세 적과 평생을 싸웠다. 좀 더 평화로운 시대였다면 카를은 더 많은 시간을 스페인에서 지낼 수 있었을 것이다. 그랬다면 카를은 스페인의 미래를 위해서 근본적인 계획을 짜고 실행에 옮길 수 있었을 것이다. 불행히도 시대는 이 행운의 황제에게 휴식을 허락하지 않았다. 거대한 세 적을 상대하느라 황제는 시간과 열정뿐 아니라 엄청난 전쟁 비용도 써야 했다. 스페인은 황제가 된 자신의 군주를 위해 너무나 많은 전쟁 비용을 제공했다. 아메리카에서 발견된 금과 은이 스페인으로 계속 옮겨졌지만 황제의 제국을 지키는 데는 끝이 없었다. 카를 황제도, 스페인도 지쳐갔다.

　1554년 황제가 후계자인 펠리페 왕자를 잉글랜드의 여왕 메리 튜더 Mary Tudor, 재위 1553~1558와 결혼시킨 것은 후계 구도를 위한 포석이었다. 오랜 세월 제국을 통치한 끝에 황제는 자신의 제국이 너무나 방만하다는

　　　　　　　　　　　　　　　　　　대항해시대의 탄생

것을 절감했다. 만약 펠리페와 메리 튜더 사이에 아이가 생긴다면, 펠리페는 영국과 네덜란드, 스페인과 이탈리아 그리고 아메리카의 세 부분으로 이뤄진 좀 더 정돈된 제국을 지배하게 될 터였다.

무엇보다 잉글랜드를 통해 스페인에서 저지대 국가로 이어지는 보급선을 확보할 수만 있다면, 프랑스의 방해를 받지 않고 저지대 국가의 안전과 번영을 보장받을 수 있었다. 당시에 아메리카-스페인-잉글랜드-저지대 국가로 이어지는 무역 라인은 유럽 역사상 존재한 적 없는 '황금의 바닷길'이었다. 카를 5세의 상상력은 지정학적, 경제적, 군사적 현실에

〈포토시 광산의 채굴〉(Theodor de Bry, 1596)

합스부르크와 튜더의 가계도

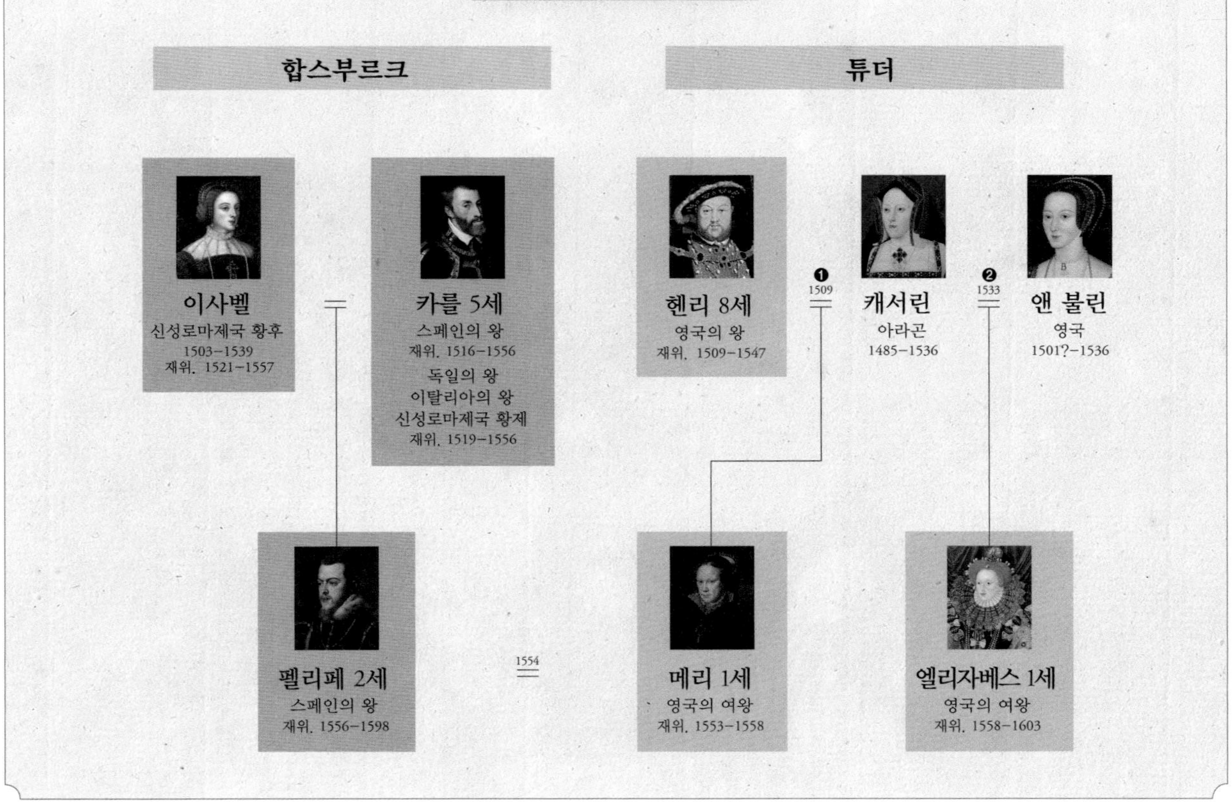

튜더

합스부르크

앤 불린
영국
1501?~1536

캐서린
아라곤
1485~1536

헨리 8세
영국의 왕
재위, 1509~1547

가를 5세
스페인의 왕
재위, 1516~1556
독일의 왕
이탈리아의 왕
신성로마제국 황제
재위, 1519~1556

이사벨
신성로마제국 황후
1503~1539
재위, 1521~1557

엘리자베스 1세
영국의 여왕
재위, 1558~1603

메리 1세
영국의 여왕
재위, 1553~1558

펠리페 2세
스페인의 왕
재위, 1556~1598

대항해시대의 탄생

대한 날카로운 통찰력을 바탕으로 했다. 스페인 제국과 합스부르크 왕조의 미래를 위한 황제의 대전략에서 유일한 약점은 다름 아닌 메리 여왕의 나이였다.

1556년 너무나 지친 황제는 더 이상 버틸 여력이 없었다. 그는 아들과 동생을 불렀다. 아들 펠리페에게는 스페인 제국과 저지대 국가, 이탈리아를 물려줬다. 신성 로마 제국 황제의 자리와 오스트리아, 헝가리, 보헤미아로 이뤄진 동방 제국은 동생 페르디난트에게 물려줬다. 황제는 스페인 산골의 한 수도원에 은거했다. 카를은 저지대 국가에서 태어나 외국인으로 처음 스페인에 왔지만, 최후의 안식처로 스페인을 선택했다. 황제는 1558년 9월 21일 스페인 사람으로 인생을 마감했다.

〈유스타 수도원에서 카를 5세를 알현하는 오스트리아의 주앙〉(Eduardo Rosales, 1836~1837)

유스타 수도원. 신성 로마 제국의 황제 카를은 은퇴를 선언하고 산골의 수도원에 은거했다.

몇 개월 후 며느리인 잉글랜드의 여왕 메리 튜더도 결국 후사를 남기지 못하고 죽었다. 카를 황제의 마지막 대전략은 그녀의 죽음과 함께 수포로 돌아갔다. 이제 제국을 지킬 새로운 전략이 필요했다. 그것을 만드는 역할은 황제의 아들, 스페인의 왕 펠리페에게 남겨졌다.

대항해시대의 탄생

1578년 알카세르-키비르

무너지는 포르투갈

프 랑 스

포
르
투
갈

스 페 인

알카세르-키비르
(지금의 크사르 엘-케비르)

대 서 양

페스

알 제 리

모 로 코

7월 29일 포르투갈 군대가 내륙으로 진격을 시작하자 해안가의 시원한 바닷바람은 사라지고 뜨거운 북아프리카의 태양이 작열했다. 갈증과 열기가 병사들을 사로잡았다. 무슬림 군대는 끊임없이 소규모 충돌을 야기하며 병사들의 휴식을 방해하고 지치게 했다. 세바스티앙Sebastião, 재위 1557~1578의 군대는 본격적인 전투를 시작하기도 전에 지쳤고, 기가 꺾였다. 이런 비참한 상태가 8월 3일까지 계속됐다. 포르투갈 군대는 알카세르-키비르Alcacer-Quibir에 진을 쳤다. 사방이 뚫려 있어서 군사적인 관점에서는 방어하기에 최악의 위치였다. 모로코 왕국의 무슬림 군대는 전투가 시작되기도 전에 승리를 예감했다.

8월 4일 동이 터오자 모로코 군대의 공격이 시작됐다. 무슬림 기병대는 지친 기독교 군대를 포위하며 압박했고, 네 시간 동안 세바스티앙 왕의 군대는 방어에 급급했다. 결과는 예상대로였다. 싸움 시작 전부터 지쳐 있었던 포르투갈군은 거의 전체가 괴멸됐다. 모로코 진영에서도 변수가 발생했다. 연로한 술탄 아브드 알 말리크'Abd al-Malik, 재위 1575~1578가 과로로 쓰러져 사망한 것이다.

정상적인 전투였다면 모로코군 입장에서는 치명적인 패배의 원인이 될 수도 있는 총사령관의 부재였다. 그러나 술탄의 동생인 아흐마드 알 만수르 Aḥmad al-Manṣūr, 재위 1578~1603가 즉각 새로운 술탄으로 선포되며 지휘권의 공백을 메웠고, 세바스티앙의 군대는 적의 혼란을 활용할 처지가 못 되었다.

전투 현장에서는 참혹한 살육전이 전개됐다. 9,000명 이상이 살해됐다. 살아남은 자는 모두 포로로 잡혔다. 가까스로 도망친 사람의 수는 수백 명 미만이었다. 세바스티앙 왕 본인도 전사했다. 왕과 함께 수백 명의 대귀족과 성직자들도 살해당했다. 전하는 이야기에 따르면 왕의 시신은 발가벗겨진 채로 발견됐으며, 온몸이 상처투성이였다고 한다. 비극적인 최후였다. 그러나 어리석은 왕을 뒀다는 이유 때문에 장차 포르투갈이 겪게 될 일들은 더 비극적이다.

북아프리카에서 전사한 세바스티앙은 사실상 아비스 왕조의 마지막 왕이었다. 포르투갈 제국의 최전성기를 누렸던 마누엘 1세가 죽은 때가 1521년이었다. 57년이라는 짧은 시간 동안 포르투갈은 급격하게 무너졌고, 이제 왕조의 대가 끊기는 절체절명의 위기로까지 몰린 것이다. 전 세계에 펼쳐져 있던 포르투갈 제국의 위상을 생각하면 어이없을 정도로 빠른 몰락이었다. 그 짧은 시간 동안 도대체 무슨 일들이 있었던 것일까?

주앙 3세와 무너지는 국가

포르투갈 몰락의 씨앗들은 최전성기를 누렸던 마누엘 1세 때 뿌려졌다. 역사에는 언제나 명암이 공존한다. 마누엘 1세의 후임인 주앙 3세에게 맡겨진 역사의 소명은 몰락의 씨앗을 제거하고 성장의 동력을 되살리는 것이었다. 그러나 주앙 3세에게는 그럴 생각도, 의지도, 능력도 없었

대항해시대의 탄생

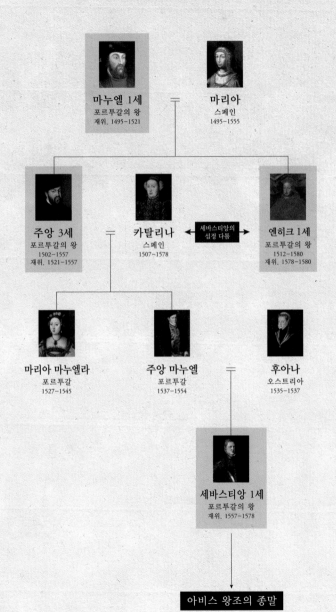

아비스 왕조

마누엘 1세
포르투갈의 왕
재위. 1495-1521

마리아
스페인
1495-1555

주앙 3세
포르투갈의 왕
1502-1557
재위. 1521-1557

카탈리나
스페인
1507-1578

세바스티앙의
섭정 다툼

엔히크 1세
포르투갈의 왕
1512-1580
재위. 1578-1580

마리아 마누엘라
포르투갈
1527-1545

주앙 마누엘
포르투갈
1537-1554

후아나
오스트리아
1535-1537

세바스티앙 1세
포르투갈의 왕
재위. 1557-1578

아비스 왕조의 종말

〈1578년 알카세르-키비르 전투〉(작자 미상)

다. 주앙 3세만 탓할 수도 없다. 태생과 교육의 한계로 왕은 그렇게 길러
졌을 뿐이다.

주앙 3세João Ⅲ, 재위 1521~1557는 1502년 마누엘 1세와 그의 두 번째 왕
비 마리아 사이에서 장남으로 태어났다. 왕의 어머니 마리아는 스페인의
가톨릭 공동왕인 이사벨 여왕과 페르난도 왕의 딸이었다. 그녀에게는 스
페인 특유의 가톨릭 신앙에 대한 독실함과 가문에 대한 강한 자부심이
있었다. 그런 어머니 밑에서 주앙 3세는 독실한 가톨릭 신자로 자랐다.
그의 별칭이 '성스러운 사람'을 뜻하는 'o Piedoso'인 이유다.

아버지 마누엘이 세 번의 결혼을 모두 스페인 공주와 한 데서 알 수 있
듯이 당시 포르투갈과 스페인의 왕실 사이는 밀접했다. 즉위 직후 주앙 3
세가 스페인 공주 카탈리나와 결혼한 것은 어쩌면 당연했다. 카탈리나는

대항해시대의 탄생

신성 로마 제국 황제이며 스페인 왕이었던 카를 5세의 여동생이었다. 가톨릭 공동왕의 외손녀로 주앙 3세와는 사촌지간이었다. 친척 간의 결혼은 유럽 왕실 내에서 흔한 일이었고, 특히 합스부르크 왕조는 근친결혼을 선호했다. 포르투갈과 스페인은 왕조 동맹을 더욱 강화하기 위해 주앙 3세의 여동생인 이사벨과 카탈리나의 오빠인 카를 5세의 결혼도 추진했다. 이 두 결혼으로 인해 포르투갈의 아비스 왕조와 스페인의 합스부르크 왕조가 하나가 될 가능성도 커졌다.

스페인과의 우호 관계는 포르투갈 대외 정책에 긍정적인 방향으로 작용했다. 실질적으로 세계의 바다를 양분했던 두 대서양 제국은 협의와 조약을 통해 이해관계를 조정할 수 있었다. 1529년 마드리드 조약Treaty of Madrid을 통해 향료 제도에 대한 포르투갈의 소유권을 인정받은 것이 대표적인 예다. 만약 두 나라의 관계가 우호적이지 않았다면, 황금 알을 낳는 거위인 향료 제도에 대한 권리를 스페인 제국이 그토록 쉽게 포기하지는 않았을 것이다.

스페인과의 안정적인 관계를 바탕으로 포르투갈 제국은 해외 팽창을 이어갈 수 있었다. 1533년 포르투갈은 본격적으로 브라질에 자국민을 이주시켜 드넓은 남미 대륙을 개척하기 시작했다. 1535년에는 인도의 디우를 정복함으로써 고아와 더불어 인도 서해안에 대한 포르투갈의 지배권을 튼튼하게 했다. 태국의 시암Siam, Ayutthaya Kingdom 왕국과 통상 관계를 수립했고, 중국 남부의 마카오Macao에 주둔할 권리도 획득했다(1557). 아시아와 남미에 자리 잡은 포르투갈 제국의 위상은 오히려 높아지는 것 같았다. 문제는 밖이 아니라 안이었다.

경제 위기의 징후들이 곳곳에서 나타나고 있었다. 주앙 3세는 아시아로부터 오는 향신료 무역을 독점하다시피 했다. 그러나 수입량이 늘면서 가격이 떨어지고 무역 이익은 줄기 시작했다. 반대로 향신료를 구해 유럽까지 실어 오는 비용은 증가했다. 비대해진 제국의 조직은 관료주의를, 관료주의는 비효율을 가져왔기 때문이다. 중앙정부와 멀리 떨어져 있는 탓에 모럴 해저드moral hazard가 불가피했고, 이는 부정부패와 횡령으로 이어졌다. 그러나 더 큰 경제 위기의 징후는 아시아의 제국 영토가 아니라 포르투갈 본국 안에서 나타났다.

인구 감소와 사회의 활력 저하

바다를 개척하고, 제국을 건설하는 데는 성공했지만 포르투갈 정부는 국내 산업을 육성하는 것에 실패했다. 아시아 교역에 필요한 제품을 생산하는 대신 네덜란드를 비롯한 북유럽 국가들로부터 사들여 아시아로 가져갔다. 그 결과 무역 수입의 많은 부분이 포르투갈이 아닌 네덜란드·잉글랜드 등으로 빠져나갔다. 아시아 교역의 결과로 부자가 된 포르투갈 상류층의 사치도 자본 유출에 한몫했다.

농업의 사정도 좋지 않기는 마찬가지였다. 포르투갈은 소국이다. 국토의 면적도 좁았지만, 인구도 적었다. 대항해시대 초기부터 노예무역이 이어졌던 이유도 노동력 부족으로 버려진 남부의 토지를 개간하는 데 노예가 절실했기 때문이었다. 노예 수입은 계속 늘었고, 노예의 노동력을 바탕으로 한 대규모 플랜테이션 농업도 발전했다.

그 결과, 자영농들은 가격 경쟁력을 잃고 몰락하기 시작했다. 일자리를 잃은 농민들 중 일부는 포르투갈의 해외 영토로 이주했다. 초창기에는 마데이라가, 그다음으로는 브라질이 포르투갈 사람들을 빨아들이기 시작했다. 상인, 선원, 군인이 되어 아시아 제국으로 떠나는 사람도 많았다. 인구가 급격하게 줄었고, 사회의 활력도 떨어졌다.

라구스에 있는 노예 박물관

　경제·사회적 위기 현상은 일반 백성뿐 아니라 귀족 계층에서도 나타났다. 귀족 문제의 근본 원인은 아이러니하게도 탁월한 왕이었던 주앙 2세로부터 비롯됐다. 주앙 2세는 무너진 왕권을 바로 세우고, 귀족들의 과도한 권한 남용을 제어하기 위해 대귀족들을 무자비하게 제거했다. 그 과정에서 왕권은 한없이 강해졌고, 귀족은 한없이 작아졌다. 주앙 2세가 왕으로 있을 때까지는 그럼에도 불구하고 귀족들에게 최소한의 자부심과 열정이 남아 있었다. 그들은 국내에서 권력 다툼에 몰두하거나 왕에게 기생하는 대신, 해외 개척에 매진함으로써 국가 발전에 기여했다. 그들이 아시아에서 보인 과도한 용기와 불굴의 의지는 제국 건설의 초석이 됐다.

　주앙 2세가 죽고 마누엘 1세가 왕이 되면서부터 상황이 달라졌다. 시간이 흐를수록 거세된 귀족들의 자부심과 열정은 사라져갔다. 밖으로 나가 고단함을 자초하는 대신 왕 주변으로 몰려 안락함을 다퉜다. 제국이 확장되고 교역이 늘어날수록 포르투갈의 왕은 부자가 됐다. 항해왕 엔히크의 주도로 시작된 탓에 아시아 교역은 사실상 왕의 독점사업이었기 때문이다. 자신의 노력 하나 없이 행운에 힘입어 유럽 최고의 부자 왕이 된 마누엘 1세는 돈을 물 쓰듯 했다. 아첨하는 귀족들 모두에게 작위, 연금, 특권이 하사됐다.

비생산 계층의 폭발적 증가

궁정 귀족과 관료의 수가 급격하게 늘었고, 정부 예산도 덩달아 늘었다. 아비스 왕조를 개창한 주앙 1세 때 왕실 관리는 200여 명에 불과했다. 마누엘 1세 시대에 이르러 그 수는 4,000명 이상으로 폭발했다. 마누엘 1세 때는 제국의 수입이 급속도로 커지고 있었기 때문에 문제가 크게 부가되지는 않았다. 주앙 3세 때부터 왕실의 지출이 수입을 넘어서기 시작했다. 부채가 늘고 국가 재정이 악화됐다. 파멸의 순간이 시시각각 다가오고 있었지만 뿌리는 왕도, 받아먹는 궁정 귀족도 진실을 외면했다.

왕국의 또 다른 특권 세력인 교회도 위기를 키우는 데 한몫했다. 중세부터 교회는 언제나 대지주였기 때문에 성직자가 된다는 것은 상대적으로 안락한 삶이 보장되는 길이었다. 노예 노동과의 경쟁에 밀려 농촌에서 쫓겨난 농민 중에 왕실에 들어갈 능력도 없고, 해외로 나갈 용기도 없는 사람들에게 교회는 매력적인 도피처였다. 교회는 로마 제국 말기부터 로마의 교황과 교황청을 정점으로 상대적으로 우수한 관료 체제에 의해 유지되고 있었다. 그들에게 자기 복제와 확대는 어려운 일이 아니었다. 16세기 후반에 이르러 포르투갈 내 수도원의 수는 전 세기보다 배 이상 증가한 400여 곳에 이르렀다. 교회와 수도원에 적을 둔 사람의 수도 급증했다.

농민 계층의 붕괴와 인구 감소는 포르투갈 사회의 근간을 흔들고 사회의 활력을 고갈시켰다. 궁정 귀족·관료·성직자와 같은 비생산 계층의 폭발적인 증가도 마찬가지였다. 포르투갈이 해결해야 하는 가장 시급한 문제는 대항해시대를 개척하고, 아시아 제국을 건설했던 때 넘쳐났던 사회의 활기를 되찾는 것이었다. 인구 감소를 막아야 했고, 비생산 계층의 증가를 멈춰야 했다. 그러나 주앙 3세는 정반대로 갔다. 철저하게 스페인 사람이었던 어머니 마리아로부터 편협하고 퇴행적인 종교교육을 받고 자란 탓이다. 평범한 왕은 오늘날의 자신을 만든 태생과 교육의 한계를 벗어나지 못했다. 오늘의 국가와 내일의 사회가 필요로 하는 시대정신이 뭔지 알 수 없었다.

국가 위의 국가, 종교재판소

왕은 포르투갈에 종교재판소를 세웠다(1536). 기독교로 개종한 유대인을 뜻하는 '신기독교인'을 박해했던 리스본 대학살(1506)이 있은 지 30년 만이다. 한 세대가 지나면서 겨우 잦아들었던 '순수의 시대'를 향한 광풍이 다시 불기 시작했다. 신기독교인을 고발하는 행렬이 줄을 이었다. 대학살에서 살아남았던 신기독교인들의 일부는 투옥됐고, 일부는 탈출했다. 가뜩이나 인력난에 허덕이던 포르투갈에 남아 있던 그나마 가장 쓸모 있는 집단은 그렇게 시들어갔다.

반면에 종교재판소는 스스로 강력하고 부유한 권력기관으로 성장했다. 종교재판소장의 임명권은 국왕에게 있었지만 일단 임명되고 나면 그는 죽을 때까지 왕으로부터 간섭받지 않고 독자적으로 권한을 행사했다. 또 이론적으로 종교재판소에 적발된 불순 세력들의 재산은 왕의 소유였으나, 현실적으로는 종교재판소 운용의 명목으로 활용됐다. 종교재판소는 강력했을 뿐 아니라 부유해졌다. '국가 안의 국가'였고, 몇몇 사안에서는 '국가 위의 국가'였다. 공포와 독선을 양대 축으로 한 종교재판소의 이 같은 성장은 개인의 자유와 사회의 활력을 고갈시켰다. 바다를 개척했던 용기, 아프리카와 아시아를 누볐던 진취적인 기상, 부와 명예를 추구했던 야망은 더 이상 포르투갈 국내에서는 설 자리가 없었다.

더 나아가 주앙 3세는 예수회Jesuit를 받아들여 교육을 맡겼다(1540). 예수회는 루터로부터 시작된 종교개혁에 맞서 싸우기 위해 조직된 가장 열렬하고 가장 반동적인 가톨릭 조직이었다. 그들에게 포르투갈 사회의 교육을 맡김으로써 주앙 3세는 후손들로부터 더 나은 사회에서 살아갈 자유와 권리를 빼앗았다. 그렇게 중세를 깨고 근대를 열었던 나라에 철 지난 중세가 견고하게 똬리를 틀었다. 왕의 독실한 신앙이 제국을 파멸로 몰아간 것이다.

파멸의 종결자 세바스티앙

제국의 파멸에 앞서 왕조의 멸망이 먼저 찾아왔다. 주앙 3세의 후계자는 같은 이름의 주앙João Manuel, 1537~1554 왕자였다. 주앙 왕자는 1554년에 죽었다. 유일한 혈육인 세바스티앙은 왕자가 죽은 며칠 후 유복자로 태어났다. 52세의 주앙 3세에게 남은 유일한 남자 후손이었고 왕위 계승권자였다. 3년 후 주앙 3세가 죽자 세 살의 세바스티앙이 왕위에 올랐다. 이 어린아이가 아비스 왕조를 파멸로 이끄리라고 예상한 사람은 많지 않았을 것이다.

어린 세바스티앙을 대신해서 할머니 카탈리나가 섭정을 맡았다. 스페인 카를 5세의 여동생으로 뼛속까지 스페인 사람인 그녀의 통치를 포르투갈 사람들은 달가워하지 않았다. 우습게도 당시 어린 왕의 후계자는 주앙 3세의 동생으로 세바스티앙의 작은할아버지 엔히크^{Henrique I, 재위} _{1578~1580}였다. 추기경이며 종교재판소 소장이었던 엔히크는 아직 45세에 불과했다. 그는 섭정의 자리를 두고 형수인 카탈리나와 싸웠다.

포르투갈 사람들의 마음속에 뿌리 깊게 자리 잡고 있는 반^反스페인 감정이 엔히크의 가장 큰 우군이었다. 포르투갈 사람들은 섭정 카탈리나가 자신의 사랑하는 조카인 스페인의 펠리페 2세에게 포르투갈을 물려주기 위해 음모를 꾸미고 있다고 믿었다. 버티던 섭정은 권력 투쟁을 포기하고 스페인으로 돌아갔다(1562). 추기경 엔히크가 야심을 이뤘다. 이제 포르투갈 정부는 추기경–섭정을 비롯한 성직자들의 손아귀에 들어갔다.

어린 왕의 기독교를 향한 열정

어린 왕의 교육은 예수회 신부들에게 맡겨졌다. 어린 왕은 완벽하게 중세 교육을 받고 자랐다. 그는 중세의 기사 수업을 받았고, 기독교 군주에게 가장 중요한 의무는 십자군 전쟁이어야 한다고 배웠다. 세바스티앙의 꿈은 왕이 아니라 무슬림을 박멸하는 기독교의 영웅이 되는 것이었다. 세바스티앙은 15세에 친정을 시작했다. 그는 십자군의 열정에 불타오르고 있었다. 이미 300년 전에 전성기가 지나버린 옛 꿈에 매몰된 최첨단 국가의 절대군주. 거대한 비극은 이미 예정된 것이었다.

세바스티앙은 할아버지 주앙 3세와는 또 달랐다. 어린 왕의 기독교를 향한 열정은 국내에서의 이단에 대한 체계적인 박해에 만족할 수 없었다. 그는 기독교를 더욱 널리 전파해야 한다고 믿었다. 무슬림을 격멸해야 한다고 믿었다. 그것도 자신의 손에 쥐어진 검으로 직접! 완고하고 오만한 성격에 신념에 대한 열정이 더해지자 그를 막을 수 있는 건 아무것도 없었다.

당시 포르투갈의 상황은 급속하게 악화되고 있었다. 주앙 3세 때는 예리한 사람만이 느낄 수 있었던 쇠퇴의 징후들이 이젠 모두의 눈에 보였다. 왕국의 과다한 지출을 체계적으로 관리하고, 국가의 모든 분야에서 급증하는 부정부패와 비효율을 줄이기 위한 진지하고도 장기적인 노력이 필요한 시점이었다. 인구를 늘려야 했고, 국가사업의 우선순위를 책정해야 했으며, 사회의 활력을 되찾아야 했다. 실용적인 마인드, 냉철한 판단력, 강철 같은 의지, 지속적인 실행력을 갖춘 리더가 절실히 필요했다. 세바스티앙은 그런 왕이 아니었다. 그에게 포르투갈의 쇠퇴는 중요하지 않았다. 결혼과 후계자 문제에 대한 왕의 태도는 더욱 심각했다.

포르투갈 왕국과 아비스 왕조에게 가장 중요한 국가 대사는 왕의 결혼과 후계자 생산이었다. 왕조시대에 왕은 한 개인이 아니라, 왕국의 주인이었기 때문이다. 당시 아비스 왕조는 흔들리는 촛불과 같았다. 세바스티앙은 자신의 할아버지인 선왕 주앙 3세의 유일한 적손이었다. 왕을 제외하고 가문에 남은 남자라고는 주앙 3세의 동생인 엔히크가 유일했는데, 그는 고령인 데다 추기경이었다. 당연히 엔히크에게도 자손이 없었다. 만약 이 두 사람이 죽는다면 왕위 후보들 간에 내전이 벌어질 게 뻔했다.

후보 중에 가장 강력한 사람은 스페인의 펠리페 2세였다. 그가 승리한다면 포르투갈은 스페인에 합병될 터였다. 세바스티앙은 이런 문제를 전혀 고려하지 않았다. 그는 결혼도 미루고 하나님의 적인 무슬림과의 전쟁 준비에 몰두했다. 그의 목표는 북아프리카였다. 주앙 3세 시절에 전체 제국 운용이라는 측면에서 가장 실익이 없는 땅이라는 전략적 판단아래 포기한 땅을 이제 와서 되찾겠다고 나선 것이다.

1574년, 스무 살의 왕은 갑작스럽게 아프리카로 건너가겠다고 결심했다. 모로코 내부의 복잡한 정치 상황이 결정적인 계기가 됐다. 왕위를 둘러싸고 내전이 벌어진 것이다. 그러나 당시 포르투갈은 국력의 대부분을 아시아에 집중하고 있었기 때문에 단독으로 모로코를 침공하기에는 벅찼다. 포르투갈은 스페인에 원군을 요청했다. 십자군에 대한 대의를 공유하고 있다 여겼기 때문이다. 그러나 스페인의 펠리페 2세는 포르투갈의 세바스티앙이 요청한 원군을 거부했다. 세바스티앙은 직접 외삼촌인 펠리페 2세를 찾아가 부탁했다(1576. 12.). 펠리페 2세는 오히려 조카의 무리한 계획에 반대했고, 말렸다. 펠리페 2세의 설득은 실패했다.

세바스티앙은 모로코를 정복하는 영광을 본인이 독차지하기로 결심했다. 어떤 반대로도 왕의 열정을 제어할 수 없었다. 국고가 텅 비어 있었기 때문에 왕은 모든 수단을 동원해서 원정 자금을 마련했다. 새로운 세금이 부과됐고, 개종한 유대인인 신기독교인을 쥐어짰다. 국내의 남자들만으로는 부족했기 때문에 왕은 유럽 여러 나라로부터 용병을 고용해야 했다. 군사전략에 무지했던 왕은 해안 도시를 공략하는 것과 막강한 육상 제국을 침공하는 것의 차이도 몰랐다. 북아프리카 내륙에 위치한 모로코 왕국의 수도 페스 공략은 불가능에 가까웠지만 왕은 무시했다.

가까스로 급조된 원정군의 수준은 참담했다. 포르투갈 제국이 자랑하는 최고의 장군과 베테랑 군인들은 모두 인도를 중심으로 한 아시아에 포진되어 있었다. 원정군 대부분은 어린 신병이었다. 장교들 역시 대개 실전 경험이 전무한 궁정의 젊은 총신이었다. 왕은 당연히 직접 지휘봉을 들고 나섰다. 왕은 군사전략을 짜지도, 군대를 훈련시키지도, 보급 대

산타크루즈 수도원에 있는 아폰수 1세의 무덤

책을 마련하지도 않았다. 왕의 가장 큰 관심사는 코임브라의 산타크루스 수도원Mosteiro de Santa Cruz으로부터 포르투갈 왕국의 초대 왕인 아폰수 1세의 검을 빌리는 것이었다. 전설적인 영웅이자 포르투갈 왕국의 개국 군주 아폰수 1세의 검이 도착하자 왕이 생각하는 전쟁 준비는 끝났다.

왕조가 끊기다

그렇게 시작된 전쟁은 알카세르-키비르에서의 비극으로 막을 내렸다. 모두가 우려했던 최악의 사태가 벌어졌다. 1385년 알주바로타 전투 승리를 토대로 세워진 아비스 왕조의 대가 사실상 끊겼다. 이제 주앙 1세의 후손 중에 살아 있는 남자는 죽은 왕의 작은할아버지인 추기경 엔히크가 유일했다. 그의 나이는 66세였다. 당시로서는 장수에 해당했다. 그

대항해시대의 탄생

가 왕위에서 몇 년을 더 버틸 수 있을까? 추기경의 나이로 봤을 때, 교황의 허가를 얻어 성직을 내려놓고 결혼한다고 해도 자식을 낳을 가능성은 거의 없었다. 포르투갈 전체가 충격에 빠졌다.

누가 포르투갈의 다음 왕이 될 것인가? 가장 유력한 후보는 스페인의 왕 펠리페 2세였다. 그는 주앙 3세의 여동생 이사벨의 아들인 동시에 전사한 세바스티앙의 외삼촌이었다. 마누엘 1세와 주앙 3세, 2대에 걸친 스페인 왕가와의 계속된 결혼이 낳은 난맥상이었다. 그 결과 포르투갈은 수백 년 동안 카스티야-스페인으로부터 지켜온 자유와 독립을 한꺼번에 잃을 위기에 처했다. 유럽 최강을 자랑하는 스페인 보병대를 상대로 싸울 군인들은 북아프리카에서 모두 죽었다. 포르투갈을 도와줄 동맹도 찾기 어려웠다. 포르투갈이 스페인에게 병합되는 것은 시간문제였다.

몇 개월 전까지만 해도 북아프리카 군사 원정의 성공에 대한 기대감으로 들떴던 민심은 현실을 받아들이기 어려웠다. 절망한 민심은 현실로부터 도피하는 길을 선택했다. 세바스티앙 왕이 죽지 않고 살아 있다는, 돌아와서 다시 포르투갈을 통치할 준비를 하고 있다는 가짜 뉴스가 돌기 시작했다. 가짜 뉴스가 확신으로 바뀌는 데는 오랜 시간이 걸리지 않았다. 자신이 세바스티앙이라고 주장하는 사기꾼들이 출몰했다. 믿을 수 없게도 민심은 사기꾼들에게 흔들렸다.

사기꾼들이 사라진 후에도 '왕의 귀환'에 대한 열망은 수그러들지 않았다. 오히려 하층민들 사이에서는 종교 수준으로 비화됐다. 어리석은 왕에 의해 위에서 무너지기 시작한 왕국은, 무기력한 민심에 의해 아래에서도 붕괴되기 시작했다. 왕국이 애써 이룬 아시아의 광대한 해상 제국이 몰락하는 것도 이제는 시간문제였다. 포르투갈의 봄날은 갔다. 돌아오지도 않을 터였다.

1589년 엘 에스코리알

펠리페 2세와 무적함대의 패배

1589년, 새해가 밝았다. 정확하게 1년 전, 희망과 흥분으로 들떴던 것과 달리 엘 에스코리알El Escorial은 침묵 속에 가라앉아 있었다. 모두가 조심했고, 서로의 눈치를 봤으며, 가끔은 한숨을 내쉬었다. 왕에게 가까이 다가가려는 사람도 없었다. 이곳이 대大스페인 제국의 심장이 맞나 하는 의구심이 들 정도였다.

　펠리페 2세는 언제나처럼 서재에 틀어박혀 일에 열중했다. 제국 전역에서 날아오는 공문서와 편지를 읽고, 검토하고, 자신의 의견을 첨부해 비서들에게 보냈다. 그러나 모두 알고 있었다. 아르마다Armada Invencible(펠리페 2세가 잉글랜드 침공을 위해 편성한 대규모 함대로 '무적함대'라는 뜻이다)의 치명적인 패배 이후 모든 것이 달라졌다는 것을. 왕은 최근 들어 확 늙어 보였고, 바깥출입은 더욱 줄었다. 사람들과의 만남 대신 고독을 벗 삼아 홀로 밥 먹고 일했다. 그렇다고 절망에 빠진 것은 아니었다. 왕은 엘 에스코리알에 있는 모든 은그릇과 은촛대를 녹여서라도 지난번보다 더 강력한 함대를 구축해서 잉글랜드로 보내겠다고 외교사절들에게 단언하기까지 했으니까.

　아르마다의 패배라는 국가적인 재난을 '신이, 신을 위해 싸우는 이들에게 겸손을 통해 승리하는 방법을 가르치고자 하는 것'이라는 측근의 의견에 기꺼이 동의하면서 펠리페 2세는 기력을 되찾으려 했다. 신 앞에서 겸허하게 자신을 돌아보며 잘못된 점을 찾으려 했다. 왕은 스물아홉의 한창 나이에 제국을 물려받아 30년 넘도록 질주했다. 신이 자신에게 부여한 소명을 확신했고, 잊은 적도 없다. 그런데 왜 이런 가혹한 징벌이 내려졌을까? 펠리페 2세가 어떤 결론을 내렸는지는 알 수 없지만, 정답을 찾지 못했다는 것만은 확실하다.

1556년 카를 5세는 장남 펠리페 2세에게 스페인 제국을 물려주고 은퇴했다. 제국의 상황은 간단치 않았다. 무엇보다 재정난이 심각했다. 지난 40년 동안 제국을 유지하기 위해 지속됐던 오스만 튀르크, 신교, 프랑스와의 전쟁의 결과였다. 즉위 직후인 1557년 펠리페는 파산을 선언하지 않을 수 없었다. 제국의 신용도에 빨간불이 켜졌다. 펠리페로서는 가장 우선적으로 이 문제를 해결해야 했다. 그러나 그럴 수 없었다. 그보다

엘 에스코리알 수도원의 전경

대항해시대의 탄생

더 심각한(오늘날의 관점으로는 아니지만, 그 당시 기준으로는) 문제가 발생했기 때문이다. 바로 이단이었다. 스페인의 몇몇 주요 도시에서 신교 세력의 움직임이 감지됐다. 스페인이야말로 순수한 가톨릭의 땅이라 믿었던 왕의 충격은 컸다. 정부와 교회도 마찬가지였다. 이단에 대한 우려는 종교재판소에게는 기회였다.

종교재판소와 순혈 논쟁

스페인의 종교재판소는 15세기 후반 가톨릭 공동왕이 도입했다. 그들은 종교재판소를 통해 스페인 전역에 순수한 종교적 대의를 세우고자 했다. 종교적 대의를 레콩키스타라는 국가적 열망과 일치시키고자 했다. 의도는 성공적이었다. 스페인은 최후의 무슬림 왕국인 그라나다를 정복했다(1492). 통합을 위한 다음 단계는 유대인을 추방하는 것이었다. 유대인 공동체는 오랜 세월 스페인에 존재했고, 중요한 역할을 해왔다. 특히 스페인 경제에 자본·기술·활력을 불어넣고 있었다. 그러나 통합의 대의를 위해서는 불가피했다. 많은 기독교 신민들이 이 결정에 환호했다.

장기적인 관점에서는 소탐대실小貪大失이었다. 유럽의 대서양 변방에 위치했던 스페인을 15세기 후반에 갑작스럽게 유럽의 중심 국가로 만든 역동성을 제거했기 때문이다. 그럼에도 불구하고 가톨릭 공동왕이 살아 있는 동안에는 종교재판소의 폐해가 크지 않았다. 강력한 왕들은 종교재판소를 엄격하게 통제했다. 비록 유대인은 추방했지만, 기독교로 개종한 유대인인 콘베르소는 보호했다. 종교재판소가 왕의 권위와 통제를 넘어서는 월권행위는 용납되지 않았다. 종교재판소가 왕의 손아귀로부터 벗어나기 시작한 것은 가톨릭 공동왕의 사후였다.

이사벨 여왕의 사망(1504) 이후 카스티야 권력은 후계자인 딸 후아나를 대신해 남편인 페르난도 왕에게 맡겨졌다. 페르난도는 아라곤 왕국에 집중하기 위해 추기경 시스네로스Francisco Jiménez de Cisneros, 1436~1517에게 카스티야를 맡겼다. 추기경은 미천한 출신이었으나 탁월한 능력의 소유자였다. 스페인 교회의 최고위직인 톨레도 대주교였으며, 이사벨 여왕의 측근이었다. 추기경-섭정 시스네로스는 1507년부터 1517년까지 카스티야의 종교재판소 소장을 겸했다. 시스네로스 치하에서 종교재판소는 비대해지기 시작했다. 권력 남용 역시 심해졌다. 귀족 사회는 반발했다.

〈시스네로스 추기경 초상〉(작자 미상)

페르난도 2세가 죽고, 합스부르크 왕조의 카를 5세가 왕위에 오르자 많은 귀족과 신료들이 종교재판소의 폐단을 지적하며 근본적인 개혁을 요구했다. 그러나 카를 5세는 아무런 조치도 취하지 않았다. 왕 본인이 스페인에 대해 무지했던 탓도 있지만, 카를의 측근 위트레흐트Utrecht의 아드리안Adrian Floriszoon Boeyens, 1459~1523(훗날의 교황인 하드리아누스 6세Hadrianus Ⅵ, 재위 1522~1523)의 역할도 컸다. 1515년부터 카를의 대리인으로 스페인에 머물던 아드리안은 1517년부터 아라곤 왕국의 종교재판소장을 겸했다. 많은 사람들이 카를에게 종교재판소의 폐단을 지적할 때 아드리안

대항해시대의 탄생

은 종교재판소 편을 들었다. 카를은 아드리안의 손을 들어줬다.

1517년 시스네로스가 죽자, 카스티야 종교재판소도 아드리안을 새로운 우두머리로 영입했다 (1518). 카를의 신성 로마 제국 황제 선출은 종교재판소 입장에서는 호재였다. 카를은 황제 취임과 유럽에 산재한 문제들을 해결하기 위해 스페인을 떠났다. 스페인의 통치는 아드리안에게 맡겨졌다. 독일에서 시작된 종교개혁은 더 큰 호재였다. 종교개혁과 신교의 확산은 종교재판소에 새로운 존재의 이유를 제공했다. 루터교로부터 스페인을 지킨다는 명분하에 종교재판소는 날로 성장했다.

그들은 이단의 위험으로부터 순수한 사회를 지킨다며 모든 새로운 것을 배격했다. 조금이라도 개혁적이거나, 새롭거나, 변화를 추구하는 움직임은 원천 봉쇄되기 시작했다. 처음에는 종교에 국한됐으나 점차 모든 학문과 예술 분야로 확산됐

그라나다의 종교재판소 박물관에 전시된 고문 도구. 종교재판소가 성장할수록 스페인은 자유와 역동성을 잃어갔다.

다. 공포의 산물인 종교재판소가 성장할수록 스페인은 역동성을 잃기 시작했다. 개인의 자유와 사회의 활력은 고갈됐다. 사실 펠리페 2세가 풀어야 할 가장 중요한 숙제는 재정 문제가 아니었다. 바로 이 문제였다. 그러나 사태는 악화 일로를 걸었다. 순수한 종교에의 열정에 순수한 핏줄에의 집착이 더해진 탓이다.

순혈 논쟁의 본질은 권력투쟁이었다. 무슬림을 중심으로 기독교인과

유대인이 공존하던 시간이 길었던 탓에 이베리아 반도 내에서 유대인들의 사회·경제적 지위는 확고했다. 능력과 부를 소유한 일부 유대인은 무슬림 국가들은 물론이고 카스티야, 아라곤 등 주요 기독교 국가의 주류 사회에도 진출했다. 많은 귀족 가문이 이들과 통혼했다. 아라곤 왕 페르난도 2세의 조상 중에도 유대인이 있을 정도였다.

이와 달리 신분이 미천한 사람들은 유대인과 통혼할 일이 없었다. 자연스럽게 핏줄의 순수성을 출세의 무기로 삼는 비천한 계급 출신의 야심가들이 나타났다. 그들은 교묘하게 신앙의 순수성을 핏줄의 순수성과 연결시켰다. 순수 기독교인은 순수한 신앙을 간직하고 있고, 유대인과 유대인의 피가 섞인 사람은 이단이라는 논리였다. 억지였으나 통했다. 결정적으로 왕의 마음을 움직였다. 펠리페 2세는 '독일, 프랑스, 스페인의 모든 이단은 유대인 후손들에 의해서 씨가 뿌려졌다'고 생각했다.

순혈령이 제정됐고(1556), 스페인의 모든 공직과 교직에서 조금이라도 핏줄이 의심스러운 사람은 추방됐다. '순수한 피'를 지키기 위한 '더러운 피'에 대한 청산 작업이었다. 순혈령의 부정적 효과는 종교재판소에 버금갔다. 이제 온 스페인 사회는 자신의 조상을 뒤지거나, 남의 조상을 뒤졌다. 사회의 모든 구성원이 불안감에 휩싸였고, 이 틈을 이용해 한몫 잡으려는 사람들이 극도로 늘어났다. 르네상스, 대항해시대, 종교개혁이라는 대변화의 시대에 오직 스페인만 과거로 빠르게 역주행하고 있었다. 자신만이 옳다고 확신했던 펠리페 2세에게는 세상의 변화가 보이지 않았다. 왕은 최선을 다해 제국의 적, 하나님의 적을 상대로 싸웠다.

참다못한 스페인령 네덜란드의 신교도들이 왕의 강압적이고 독선적인 정책에 반발해 들고 일어났다. 저지대 국가라 불렸던 스페인령 네덜란드는 중세 초부터 유럽에서 가장 상업이 발달한 부유한 지역이었다. 펠리

대항해시대의 탄생

페 2세의 증조할아버지인 막시밀리안 황제가 이 지역의 상속녀와 결혼하면서 합스부르크 제국의 일부가 됐다. 합스부르크 왕조 입장에서 보면 스페인보다 먼저 획득한 알짜배기 땅이었다. 스페인령 네덜란드는 상업이 발달한 지역답게 자유가 보장된 사회였다. 자연스럽게 루터와 칼뱅의 교리에 동조하는 사람들이 많았다. 스페인의 계속되는 전쟁으로 조세 부담이 가중되자 불만이 확산됐고 봉기로 번졌다.

왕을 둘러싼 반종교개혁파와 친순혈파는 스페인령 네덜란드의 봉기를 순수한 신앙에 대한 거역이며 핏줄이 오염된 유대인이 배후에 있다고 떠들어댔다. 왕은 알바 공작을 스페인령 네덜란드의 새로운 총독으로 임명했다. 강경 진압을 천명한 것이다. 알바 공작의 본명은 페르난도 알바레스 데 톨레도Fernando Álvarez de Toledo, 1507~1582로 스페인의 대귀족이었다. 이십 대부터 군인이었던 알바 공작은 모든 면에서 강경파였다. 왕은 이번 기회에 자신의 핵심 영지에서 반란을 일으킨 이단 세력을 완전히 뿌리 뽑기로 결심했다.

피의 법정과 네덜란드의 반란

알바는 1567년 스페인령 네덜란드에 부임하자마자 훗날 '피의 법정'으로 알려진 가혹한 법정을 열었다. 그는 스페인령 네덜란드의 저명한 정치·경제 지도자들을 법정으로 소환해 제물로 삼았다. 그는 힘으로 제압할 수 있을 거라 생각했다. 착각이었다. 도시와 교역을 근간으로 한 스페인령 네덜란드는 자치에 대한 자부심과 강인함을 갖춘 시민들의 땅이었다. 알바의 탄압은 반란을 진압하기는커녕 전면전으로 비화시켰다. 스페인령 네덜란드가 펠리페 2세에게 중요했던 이유는 이곳이 제국 재정의 25퍼센트 가까이를 부담하는 지역이었기 때문이었다. 그곳의 전면적

〈종교재판소〉(Francisco Goya, 19세기)

인 반란은 곧 제국 재정의 붕괴를 뜻했다.

신속하게 제압해야 했다. 그러나 방법이 마땅치 않았다. 스페인령 네
덜란드는 부유할 뿐 아니라 역동적인 지역이었다. 유럽에서 가장 선진
적인 사회의 구성원들은 생존, 자유, 권리를 위해 모든 것을 걸었다. 스
페인의 대서양 경제를 호시탐탐 노리던 잉글랜드가 신교의 대의를 이유
로 네덜란드 편에 서자 문제는 더욱 심각해졌다. 반란 세력을 제압하려
면 스페인령 네덜란드로 군대와 자금이 원활하게 공급되어야 했으나, 가
는 길은 모조리 잉글랜드와 프랑스에 막혀 있었다. 스페인의 군대는 반
란 세력을 압도할 수 없었다.

무적함대, 잉글랜드로!

펠리페 2세에게 반격의 기회가 찾아온 것은 1580년대 들어서였다. 오스만 튀르크 제국과 프랑스와의 휴전, 아메리카 은의 대량 유입은 펠리페 2세에게 행동의 자유를 주었다. 1580년에 펠리페 2세가 포르투갈 제국을 상속받은 것도 왕에게 유리하게 작용했다. 비록 쇠약해졌다고 하지만 포르투갈은 여전히 브라질, 아프리카, 인도, 동남아의 향료 제도로 이어지는 바닷길과 전략적 항구도시들을 지배하는 해양 강국이었다. 대항해시대를 개척했던 두 제국, 스페인과 포르투갈을 손에 넣음으로써 펠리페 2세는 명실상부하게 바다의 주인이 됐다. 이제 펠리페 2세의 칼끝은 반란의 땅 네덜란드와, 네덜란드의 보루 역할을 해주고 있는 잉글랜드를 향했다.

당시 스페인령 네덜란드에서 반란 세력을 타도하는 역할은 당대의 명장이었던 파르마의 공작 알레산드로 파르네세Alessandro Farnese, 1545~1592가 맡고 있었다. 파르네세 공작은 펠리페 2세의 조카로 카리스마 넘치는 명장이었다. 오늘날 벨기에에 해당하는 스페인령 네덜란드의 남쪽 지방을 수복하고 지켜낸 것은 오로지 파르마 공작의 업적이었다. 그러나 그러한 파르네세에게도 북쪽으로의 진군은 무리였다. 잉글랜드가 군대와 자금으로써 네덜란드를 지원했기 때문이다. 결국 펠리페 2세와 파르마 공작은 네덜란드를 수복하기 위해

〈알레산드로 파르네세〉
(Jean Baptiste de Saive Ⅰ. 연대 미상)

〈무적함대〉(작자 미상)

서는 먼저 잉글랜드를 제압해야 한다는 결론에 도달했다. 그 유명한 스페인 무적함대의 잉글랜드 침공은 그렇게 시작됐다(1588).

침공은 스페인 무적함대의 대패로 끝났다. 펠리페 2세는 추호도 승리를 의심하지 않았다. 왜냐하면 이 전쟁을 정의를 위한, 참신앙을 위한 성전聖戰이라고 여겼기 때문이다. 많은 병사와 백성들도 왕과 같은 생각을 했다. 그랬기 때문에 패배의 후유증은 컸다. 그들은 패배를 '신이 선택한 민족에게 내린 시련'이라고 자위했다. 그러나 패배의 진짜 원인은 잉글랜드의 더 좋은 배와 더 좋은 대포였다. 드레이크 경Sir Francis Drake, 1540?~1596을 비롯한 잉글랜드의 더 과감하고 경험 많은 뱃사람들이었다.

대항해시대의 탄생

무적함대의 패배 이후, 스페인 제국이 네덜란드와 잉글랜드를 중심으로 한 북구 프로테스탄트Protestant(신교도) 세력을 상대로 이길 수 없다는 사실은 자명해졌다. 유럽의 종교적 통일성은 완전히 깨어진 것이다. 1596년에 펠리페 2세는 다시 파산을 선언했다. 물론 펠리페 2세는 스페인 제국이 몰락하고 있다는 사실을 인정하지도 않았고, 제국을 되살리기 위한 노력을 멈추지도 않았다. 그러나 국가는 의지나 열정만으로 움직여지지 않는다. 바닥난 재정과 피폐한 국가라는 가혹한 현실 앞에서는 스페인 왕의 강철 같은 의지도 무용지물이었다. 그가 할 수 있는 더 나은 선택은 종교재판소와 순혈령을 폐지하는 것이었다. 스페인에서 사라지고 있는 자유와 활력, 관용과 개방을 되살리는 것이었다. 그러나 그렇게 하지 않았다.

1598년 9월 13일, 펠리페 2세는 42년간의 긴 통치를 끝으로 삶을 마감했다. 아버지 카를 5세는 그에게 강력한 스페인 제국을 물려줬다. 펠리페 2세는 자신의 아들에게 그만 못한 제국을 물려줬다. 오롯이 왕 자신의 탓이다. 그렇다고 스페인 제국에 재기의 기회가 완전히 사라진 것은 아니었다. 여전히 스페인은 많은 자원과 기회를 가진 나라였다. 다만 결핍된 것은 통찰력과 실행력을 갖춘 리더십이었다.

1609년 마드리드
스페인 제국의 위기

1609년 4월 9일, 오랜만에 마드리드의 궁정에는 활기가 넘쳤다. 왕이 드디어 모리스코Morisco 추방령에 사인했기 때문이다. 정부 입장에서는 민심이 원하는 일을 해낸 셈이다. 이 추방령이 앞으로 스페인 경제에 가져올 파국을 예측한 사람도 많았지만, 그저 침묵했다. 권력자들의 눈치가 보였고, 사나운 민심이 두려웠기 때문이었다. 이날 스페인 제국 정부는 네덜란드와의 12년 휴전협정Twelve Years' Truce에도 서명했다. 모리스코 추방령과 달리 최대한 조용하게 진행됐다. 사실 추방령을 승인한 날짜가 4월 9일로 잡힌 것은 우연이 아니었다. 네덜란드와의 휴전이라는 굴욕적인, 사실상의 항복을 은폐하기 위한 수단이었다.

　왕을 대신해 전권을 휘두르는 총신 레르마Lerma 공작이 예상했듯이 누구도 휴전 조약에 신경 쓰지 않았다. 민심은 그저 모리스코의 추방에 열광할 뿐이었다. 레르마 정부는 교묘하게 패전의 치욕으로부터 도망치는 데 성공했다. 자칫하면 정권의 몰락을 가져왔을 1609년을 패배가 아닌 승리의 해로, 굴욕이 아닌 영광의 해로 조작하는 데 성공했다. 아니 성공했다고 믿었다.

〈안트베르펜 시청에서의 12년 휴전협정 발표〉(Simon Frisius, 1613년경)

펠리페 3세와 레르마 공작

펠리페 3세^{Felipe Ⅲ, 재위 1598~1621}는 펠리페 2세가 쉰이 넘어 얻은 귀한 아들이었다. 그는 창백하고 개성 없는 얼굴에, 분위기에서 풍기는 유약함을 뼛속까지 간직하고 있었다. 아들을 잘 알았던 펠리페 2세가 총신에게 아들이 측근들에게 휘둘릴까 걱정이라고 털어놓을 정도였다. 불행 중 다행인 것은 펠리페 2세가 장수한 덕분에 펠리페 3세는 꽃다운 스무 살 청춘에 나라를 물려받을 수 있었다는 것 정도였다. 그러나 그가 물려받

대항해시대의 탄생

은 나라는 중병을 앓고 있었다. 특히 제국의 핵심인 카스티야가 심각했다. 계속되는 흉작으로 인한 기근과 역병 때문에 인구가 급격하게 줄었다. 인구 감소는 노동력 품귀와 임금 상승으로 이어졌고, 결국 카스티야의 산업은 경쟁력을 잃었다.

한때 스페인 사회에 넘쳐났던 역동성은 거의 사라졌다. 종교재판과 순혈주의의 결과였다. 무적함대의 패배와 네덜란드 전쟁에서의 고전도 어두운 분위기 조성에 한몫했다. 사회 전반에서 낙관론이 사라지고, 냉소와 패배 의식만이 팽배했다. 개혁을 외치는 목소리가 전국에 메아리쳤다. 정책 입안자라 불리는 이들이 앞장섰다. 그들은 정부 지출을 대폭 삭감하고, 제국 재정에서 카스티야가 차지하는 비중을 낮추며, 이민을 장려해 카스티야 인구를 늘리고, 관개 사업을 추진해 농업을 살리고, 강과 하천을 정비해 물류의 이동을 원활하게 하고, 각종 산업을 보호하고 장려해야 한다고 주장했다.

모두 가능한 일이었고, 정상적인 정부라면 누가 요구하기 전에 시행했어야 할 정책들이었다. 왕에게 약간의 리더십과 통찰력, 실행력만 있으면 됐다. 그러나 펠리페 3세는 그 '약간'조차 없는 평범한 사람이었다. 재앙이었다. 스스로 통치할 능력도 열정도 없는 왕은 자신을 대신해 전권을 행사할 총신을 지명하고 사실상 이선으로 물러났다. 평범한 왕은 사람 보는 안목조차 없었다. 왕이 선택한 총신은 발렌시아 귀족 데니아 Denia 후작 프란시스코Francisco de Sandoval, 1553~1625였다.

최악의 선택이었다. 게으른 데다가 우울증까지 심해 며칠이고 방 안에 틀어박혀 나오지 못하는 '국왕 권한대행'의 체제에서 국가 운영은 시도 때도 없이 브레이크가 걸렸다. 더 최악인 것은 그의 관심사가 국가도 개혁도 아니었다는 사실이다. 데니아 후작은 오로지 출세와 가문의 영달

〈펠리페 3세의 초상〉(Andrés López Polanco, 연대 〈레르마 공작의 초상〉(Peter Paul Rubens, 1603)
미상)

에만 신경을 썼다. 레르마 공작으로 자신을 스스로 승격시키고 능력·품
성과 상관없이 자기 사람 심기에 열중했다. 스페인에서 가장 중요한 관
직인 카스티야 평의회 의장에 사위를 앉혔다. 스페인에서 가장 중요하고
막강한 교회직인 톨레도 대주교 자리에는 삼촌을 임명했다. 관직 독점에
대한 비난을 무마하기 위해 많은 사람들에게 특혜를 베풀었다. 펠리페
3세는 이런 레르마 공작에게 모든 것을 맡기고 사냥, 연회, 연극에 몰두
했다. 개혁이 절실하게 필요한 시점에, 스페인의 권력자들은 개혁을 피
하고 인생을 즐겼다.

대항해시대의 탄생

전쟁 패배와 모리스코 추방

만성적인 재정 적자로 허덕이는 와중에 레르마 정권은 네덜란드와의 전쟁을 재개했다. 전쟁 승리로 내정의 실패를 호도하려는 꼼수였다. 스페인은 전성기 때도 네덜란드를 꺾지 못했었다. 기울기 시작한 스페인이 어떻게 상승세를 탄 네덜란드를 상대로 승리를 거둘까? 결국 총체적 위기에 몰린 레르마 정권은 네덜란드와의 휴전을 추진했다. 처음부터 시작하지 말았어야 할 전쟁이었다. 때늦은 휴전 제의였지만 그나마도 정권 내부의 강력한 반대에 직면했다.

체면이 문제였다! 대스페인 제국이 이단이며 혼혈의 후손인 네덜란드 따위에게 지는 일은 있을 수 없었다. 레르마 공작도 무분별하기로는 둘째라면 서러웠지만 이번만큼은 단호했다. 재정이 파산 직전이었기 때문이다. 전쟁을 강행하면 파산과 패전의 책임을 동시에 져야 했다. 그러나 휴전을 하면 체면은 깎이겠지만 파산과 패전이라는 최악의 상황은 피할 수 있었다. 1609년 스페인의 레르마 정권은 네덜란드와 12년간의 휴전 협정에 조인했다.

여론이 좋을 리가 없었다. 반대 여론을 무마하기 위해, 민중의 관심을 다른 곳으로 돌리기 위해 이벤트가 필요했다. 레르마는 모리스코에 주목했다. 모리스코는 기독교로 개종한 이슬람교도를 뜻했다. 1492년 그라나다 왕국을 정복한 직후 스페인은 유대인을 추방했다. 남은 유대인들은 기독교로 개종해야 했다. 종교 통일을 통한 국가 통합을 위해서였다. 이슬람교도에 대해서도 같은 조치가 취해졌다(1502). 이사벨 여왕은 카스티야 왕국의 모든 무슬림에게 이주와 개종 중 선택을 강요했다.

이슬람교도들은 유대인과 달리 대부분 개종을 선택했다. 유대인에게

〈그라나다 왕국의 모리스코〉
(Christoph Weiditz, 16세기)

대항해시대의 탄생

는 어디에서든 살아남을 노하우와 네트워크가 있었지만, 무슬림은 달랐다. 대부분 농업이나 허드렛일에 종사했던 그들은 수백 년 동안 살아온 선조의 땅을 떠날 수 없었다. 그렇게 기독교로 개종한 이슬람교도를 중심으로 모리스코 사회가 형성됐다. 아라곤 왕국으로 이 정책이 확장된 것은 1526년, 카를 5세 때였다. 아라곤에서 이 정책의 도입이 늦었던 것은 무슬림 노동에 의존하고 있는 지역 경제의 특성 때문이었다. 페르난도 2세는 아라곤의 경제를 고려해 무슬림의 개종을 최대한 보류했던 것이다.

그러나 모리스코의 존재는 언제 폭발할지 모르는 뇌관이었다. 사회가 갈수록 폐쇄적으로 변하면서 폭발의 위험성은 커져갔다. 모리스코 문제가 가장 심각했던 곳은 아라곤이었다. 발렌시아 지역은 인구의 3분의 1에 해당하는 13~14만 명이 모리스코였다. 모리스코를 바라보는 스페인 사회의 시각은 갈렸다. 모리스코의 노동력에 의존한 아라곤의 귀족과 농장주, 이들에게 돈을 대는 금융가와 부유한 시민들은 온정적이었다. 모리스코 노동으로 부유해진 사람들을 질투하는 이들, 특히 하층 기독교인들은 적대적이었다.

레르마 정권에 더 문제가 됐던 것은 아라곤이 아니라 카스티야의 모리스코였다. 아라곤과 달리 카스티야의 모리스코들은 주로 짐꾼 등의 업종에 종사했다. 기독교인들에 비해 임금은 쌌고, 일은 열심히 했다. 고용주들은 당연히 모리스코를 선호했다. 하층 기독교인들은 모리스코가 자신들의 일자리를 빼앗는다고 불평했다. 전반적으로 스페인 경제가 무너지고 재정이 악화되면서 불평의 목소리도 높아져 폭발 직전에 이르렀다. 선동가들은 최근 스페인이 겪고 있는 경제 위기와 일자리 부족은 물론이고 이단인 잉글랜드와 네덜란드를 상대로 한 전쟁에서 스페인이 패배한 것이 모리스코 때문이라고 주장했다. 하나님의 땅이 이교도들에게 더럽혀진 탓이라고, 이 땅을 정화해야 한다고! 민심이 요동치고, 모리스코를 향한 적개심이 고조됐다.

레르마는 바로 이 부분에 주목했다. 모리스코는 멋진 희생양이었다! 모리스코 추방이 스페인 경제를 파멸로 이끌 것이라는 합리적이며 절박한 목소리는 대중의 분노에 묻혔다. 레르마 정권은 모리스코 추방을 결정했다. 28만 명에 달하는 모리스코들이 남부 스페인 항구도시로 내몰

〈데니아 항구에서의 모리스코 추방〉(Vicente Mostre, 1613)

대항해시대의 탄생

렸다. 그들은 북아프리카로 떠났으나 대부분 굶어 죽거나 지쳐 죽었다. 운 좋게 살아남은 이들은 적대적인 북아프리카의 무슬림 형제들에게 살해됐다.

몰락을 향해 가는 제국

모리스코 추방의 기쁨은 짧았고, 폐해는 오래갔다. 그리고 다양했다. 대부분 장기간에 걸쳐 심각하게 나타났으나 세비야처럼 즉각적으로 피해를 입은 곳도 있었다. 세비야에서 추방된 7,000명에 달하는 모리스코들은 대개 짐꾼, 마부, 조선소 일용직처럼 비천하지만 없어서는 안 될 직업에 종사했다. 이들의 증발로 안 그래도 어려워지고 있었던 세비야의 상황은 더욱 악화됐다. 세비야가 스페인 제국 경제를 받치고 있던 동량임을 고려하면 심각한 문제였다.

그렇게 펠리페 3세의 치세는 더 큰 분열과 몰락으로 점철됐다. 펠리페 2세의 정권이 가지고 있던 최소한의 책임감과 소명 의식조차도 펠리페 3세 정권에서는 찾아볼 수 없었다. 펠리페 2세는 결정하는 군주였으나 그의 아들은 모리배의 꼭두각시에 불과했다. 펠리페 2세의 제국은 자신의 자리를 지키기 위해 몸부림쳤으나, 아들의 제국은 무기력했다.

무너져 내리던 제국에서 유일하게 활기를 띠었던 곳은 마드리드, 궁정, 교회였다. 모든 계층 사람들이 생계를 보장받기 위해, 사회적으로 출세하기 위해 교회와 정부로 몰려들었다. 도미니크와 프란체스코, 두 수도회의 수사만 3만 2,000명에 달할 정도였다. 성직자들조차 성직자가 너무 많다고 불만을 토로하고, 걱정했다.

정부는 또 다른 선망의 대상이었다. 펠리페 2세는 스스로에게 엄격하고 절약하는 왕이었다. 지나친 소명 의식과 완고한 오만함이란 약점에도 불구하고 그의 궁정은 절제돼 있었다. 아들 펠리페 3세의 궁정은 달랐다. 유약하고 관대한 왕의 궁정은 한량으로 넘쳤다. 무능한 왕은 자신에게 아부하는 귀족들에게 작위와 국부를 마음껏 베풀었다. 그가 재위한 23년 동안 공작 작위 3개, 후작 작위 30개, 백작 작위 33개가 새로 만들어졌다. 작위의 인플레이션이었다.

많은 사람이 그렇게 궁정과 교회를 찾아 마드리드로 몰리면서, 제국의 수도는 급성장했다. 대부분이 왕에게 잘 보이는 것밖에 할 일이 없는 귀족들과 그런 귀족을 상대로 한밑천 잡으려는 사람들이었다. 마드리드는 스페인의 한량과 건달 집합소였다. '궁정에서 할 일 없이 빈둥거리면서 놀고먹는 귀족들은 자신의 영지로 돌아가라'는 칙령이 내려질 지경이었다(1611). 대제국은 서서히, 그러나 성실하게 몰락을 향해 나아갔다.

대항해시대의 탄생

포르투갈의 독립과 브라간사 왕조의 출범

잉굴랜드 네덜란드

리스본

태평양

인도양

1640년 12월 1일의 날이 밝았다. 아침부터 리스본 거리 곳곳에서 은밀하게 움직이던 사람들이 왕궁 앞으로 속속 집결했다. 40명의 포르투갈 귀족들이 이끄는 혁명의 전위부대였다. 그들의 목표는 스페인 합스부르크 왕조의 포르투갈 지배를 끝장내고, 자유와 독립을 회복하는 것이었다. 비밀 유지가 철저했기 때문에 합스부르크 지배의 본산인 리스본 왕궁에서는 전혀 대비가 되어 있지 않았다. 누군가가 피스톨을 발사했다. 신호였다. 혁명가들과 그들을 따르는 사람들이 각자가 맡은 지역을 향해 돌진했다.

왕궁 수비대를 손쉽게 진압한 혁명가들은 가장 중요한 표적인 국무대신 미겔 데 바스콘셀루스Miguel de Vasconcelos, 1590?~1640의 거처로 쇄도했다. 스페인 출신의 부왕副王을 도와 포르투갈의 국사를 총괄하는 바스콘셀루스는 합스부르크 압제를 상징하는 인물이었다. 왕국 내에서 가장 미움 받는 사람이기도 했다. 국무대신은 거처에 숨어 있다 발각됐다. 혁명가들은 주저 없이 국무대신을 살해한 뒤 시신을 창문 밖으로 던져버렸다. 다음 목표는 국가수반인 부왕 만토바Mantova 공작부인 마르게리타Margherita di Savoia, 1589~1655였다. 혁명가들은 스페인의 왕으로 포르투갈의 왕을 겸한 펠리페 4세Felipe Ⅳ, 재위 1621~1665의 사촌인 만토바 공작부인을 포로로 사로잡았다.

왕궁의 정변 소식은 순식간에 리스본 전역으로 퍼졌다. 시민들은 기쁨의 환호성을 지르며 거리로 뛰쳐나왔고, 리스본은 혁명 세력의 통제하에 들어갔다. 브라간사 공작 주앙에게 거사의 성공을 알리고, 그를 리스본으로 모셔 오기 위한 사절단이 급하게 출발했다. 공작은 현재 리스본 서부의 포르투갈과 스페인 국경 지대에 있는 빌라 비소자의 공작 궁에 머물고 있었다. 공작은 이제 며칠 후면 주앙 4세João Ⅳ, 재위 1640~1656의 이름으로 리스본에 도착할 터였다. 그리고 포르투갈은 60년에 걸친 스페인의 굴레에서 벗어나 자유와 독립을 되찾기 위한 대장정을 시작할 것이다.

이베리아 반도의 통합

북아프리카 알카세르-키비르에서의 패배와 세바스티앙 왕의 전사로 시작된 포르투갈 왕위 계승 레이스는 예상대로 스페인 펠리페 2세의 승리로 돌아갔다. 세바스티앙 왕의 작은할아버지로 아비스 왕조의 유일한 남자였던 추기경 엔히크의 즉위는 펠리페 2세의 즉위를 2년 정도 늦추는 효과밖에 거두지 못했다. 엔히크는 추기경으로, 대주교로, 종교재판소장으로, 평생 단호하게 사회를 통제해 포르투갈의 자유와 활력을 앗아가는 데 일조했던 사람치고는 너무나 무기력하게 갈팡질팡하다 왕위 계승에 대한 어떤 결정도 내리지 못하고 죽었다. 한심한 유형의 리더였던 셈이다.

왕의 사후에 열린 코르테스는 여러 후보를 검토했으나 결국 막강한 군사력과 자금력을 동원한 스페인의 펠리페 2세를 국왕으로 인정했다. 1383년에 지금과 비슷한 사태가 벌어졌을 때, 코르테스는 단호하게 카스티야 왕의 계승권을 부인하고, 서자 출신의 왕자 주앙 1세를 왕으로 선출했다. 그리고 함께 카스티야에 맞서 싸웠다. 포르투갈의 자유와 독립을 위해서. 그러나 자유와 활력을 잃은 16세기 후반의 포르투갈 사회에는 14세기 후반의 열정이 존재하지 않았다. 그들은 마누엘 1세의 직계인 브라간사 공작부인 카타리나Catarina, 1540~1614에게 왕위 계승권이 있

〈바스콘셀루스의 살해와 혁명의 진행〉(작자 미상)

음에도 애써 그녀의 정당한 권리를 외면했다.

1581년 4월, 펠리페 2세는 그리스도 기사단의 본부가 있는 토마르에서 열린 대★코르테스에 참석해 포르투갈의 전통적인 자유와 특권을 모두 인정하겠다고, 포르투갈의 통치는 포르투갈 사람들에게 맡기겠다고, 포르투갈의 자산과 인력을 제국의 이해관계를 위해 전용하지 않겠다고, 코르테스를 자주 열어 포르투갈의 민심을 청취하겠다고 엄숙하게 맹세했다. 그리고 펠리페 2세는 포르투갈의 왕위에 올랐다. 그는 드디어 그토록 오랜 세월, 그토록 많은 왕이 꿈꿔왔던 이베리아 반도 전체를 한 명의 군주, 하나의 왕조 아래 통합하는 대단한 업적을 이뤄냈다.

쇠락하는 제국과 네덜란드의 도전

포르투갈의 왕관을 차지한 1580년부터 죽는 1598년까지 18년은 펠리페 2세에게 가장 좋은 시절이었다. 1588년에 잉글랜드로 무적함대를 보낼 수 있었다는 것이 경제적으로 군사적으로 그만큼 여유가 있었다는 반증이기도 하다. 비록 패배하고 말았지만. 포르투갈의 아시아 제국도 이때가 전성기였다. 본국의 상황은 악화 일로였지만 아시아는 선전하고 있었다.

중요한 것은 선전의 이유였다. 포르투갈의 해양 패권을 위협할 경쟁자가 존재하지 않았기 때문이다. 그러나 펠리페 2세 사후에 찾아온 펠리페 3세와 펠리페 4세의 시대에는 상황이 급변하게 된다. 국내에서는 연이어 무능한 국왕이 왕위를 계승했고, 그런 왕을 둘러싼 총신들은 비루하고 탐욕스러웠다. 국외에서는 포르투갈과 스페인을 위협할 경쟁자가 나

대항해시대의 탄생

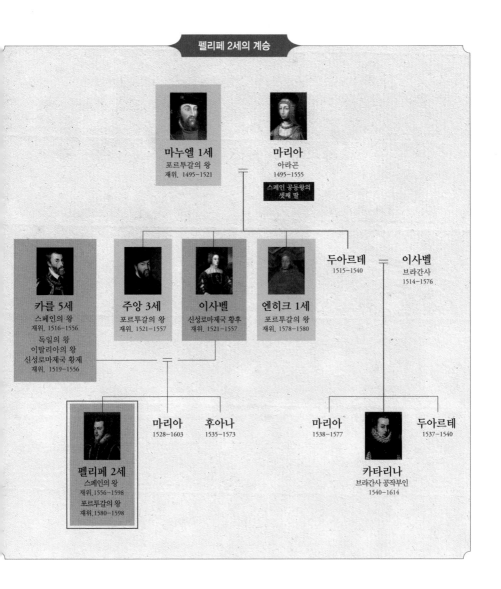

마누엘 1세
포르투갈의 왕
재위, 1495-1521

마리아
아라곤
1495-1555

스페인 공동왕의
셋째 딸

두아르테
1515-1540

이사벨
브라간사
1514-1576

카를 5세
스페인의 왕
재위, 1516-1556
독일의 왕
이탈리아의 왕
신성로마제국 황제
재위, 1519-1556

주앙 3세
포르투갈의 왕
재위, 1521-1557

이사벨
신성로마제국 황후
재위, 1521-1557

엔히크 1세
포르투갈의 왕
재위, 1578-1580

마리아
1528-1603

후아나
1535-1573

마리아
1538-1577

두아르테
1537-1540

펠리페 2세
스페인의 왕
재위, 1556-1598
포르투갈의 왕
재위, 1580-1598

카타리나
브라간사 공작부인
1540-1614

1602년, 네덜란드는 아시아 개척을 총괄할
동인도회사를 설립했다.

타났다. 네덜란드와 잉글랜드였다.
내우외환을 맞이한 스페인과 포르
투갈은 함께 추락하기 시작했다.

펠리페 3세가 재위했던 1598년
부터 1621년 사이에 아시아, 아프
리카, 아메리카에 걸쳐 있던 방대한
포르투갈 제국은 네덜란드와 잉글
랜드의 거센 도전에 직면하기 시작

했다. 특히 포르투갈에 가장 위협적인 경쟁자는 네덜란드였다. 스페인에
굴복한 포르투갈과 달리, 네덜란드는 자유와 독립을 위해 투쟁을 선택했
다. 그 결의와 활력을 토대로 네덜란드는 이제 포르투갈과 스페인의 무
역 체제에 의존하려 하지 않고, 자신들만의 상업 네트워크를 건설하고자
했다.

네덜란드 선박들은 1595년부터 아프리카를 돌고 인도양을 건너 동남
아에 이르는 해로를 개척하기 시작했다. 1602년에는 아시아 개척을 총
괄할 동인도회사Vereenigde Oost-Indische Compagnie, VOC가 설립됐다. 동인도회
사는 전쟁의 선포와 수행 및 협정의 권한까지 보유한 사실상 '국가 안의
국가'였다. 조직의 효율성을 극대화하고, 그 수익을 국가가 아닌 민간에
게 돌리기 위해 창안됐다. 네덜란드 동인도회사의 주 타깃은 포르투갈이
아시아에 보유하고 있는 전략적 요충지들이었다.

VOC는 1605년 향신료의 본고장인 향료 제도를 포르투갈로부터 빼
앗고 자바섬의 바타비아Batavia를 근거지로 인도의 고아, 동아프리카의
모잠비크, 동남아시아의 말라카, 중국의 마카오 등 포르투갈 상업 제국
의 요충지들을 계속해서 공격했다. 포르투갈은 가까스로 이곳들을 지

대항해시대의 탄생

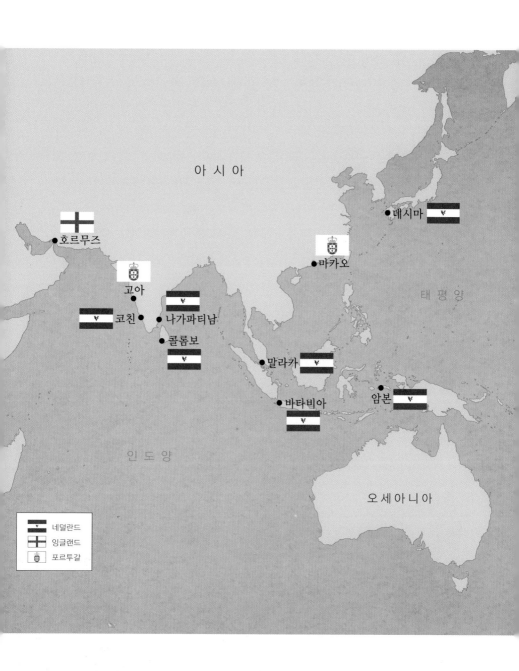

켜냈지만, 1640년이 지나면서부터는 급속도로 허물어졌다. 동인도회사는 말라카(1641), 콜롬보Colombo(1656), 실론Ceylon(1658), 나가파티남Nagapattinam(1660)과 코친(1662)을 빼앗았다. 그들의 잠식은 끝이 없어 보였다.

잉글랜드는 인도양과 페르시아만 지역에서 포르투갈의 지위를 위협했다. 1622년 잉글랜드의 동인도회사Governor and Company of Merchants of London Trading into the East Indies·East India Company가 페르시아를 도와 호르무즈를 포르투갈에서 빼앗은 것이 대표적이었다. 호르무즈의 경제적 중요성은 계속 줄어드는 상황이었지만 이 도시의 상실은 경제적인 타격보다는 상징성에 있었다. 백 년 전 알부케르크가 건설한 포르투갈의 아시아 제국이 허

〈VOC 함대와 포르투갈 함대의 고아 전투〉(Johannes Janssonius Waasbergen, 1672년경)

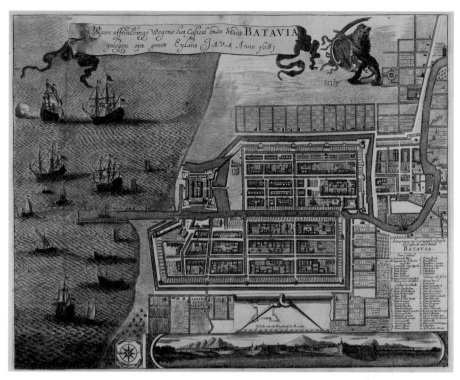

〈바타비아 지도〉(Clemendt de Jonghe, 17세기)

물어지고 있었던 것이다. 호르무즈 상실이 아시아 제국 붕괴의 징조였다면, 말라카 상실은 붕괴의 현실화였다.

　네덜란드는 1636년부터 포르투갈 아시아 제국의 수도인 고아를 정기적으로 봉쇄해 무역에 심대한 타격을 주기 시작했다. 동시에 인도네시아 바타비아의 네덜란드 동인도회사 수뇌부는 동남아시아 향신료 무역에서 포르투갈을 완전히 배제시키기 위해 말라카를 빼앗기로 최종 결정을 내렸다. 1640년 가을, 네덜란드 함대가 말라카를 포위했다. 포르투갈 수비대는 4개월간 완강하게 저항했으나 외부의 도움을 받을 수 없는 상태에서 그 이상은 무리였다. 지친 도시는 결국 항복했다(1641. 1.). 알부케르크가 말라카를 차지한 지 130년 만의 일이었다. 이로써 포르투갈은 동남아 향신료 무역에서 쫓겨났고, 동아시아 교역에서도 차츰 밀려나기 시작했다.

거대한 브라질에서 포르투갈의 저항은 좀 더 효과적이었다. 네덜란드도 포르투갈처럼 작은 나라였기 때문에 아시아와 아메리카 양쪽에서 정복과 교역을 진행하기에는 무리가 있었다. 포르투갈이 브라질에서는 좀 더 정착과 개척에 집중했다는 것, 예수회의 적극적인 활동으로 인해 원주민·정착민과 포르투갈의 관계가 훨씬 우호적이었다는 것도 네덜란드의 브라질 진출을 어렵게 만들었다.

30년 전쟁과 포르투갈의 독립

이처럼 포르투갈 제국 전체가 흔들리는 상황을 스페인은 수수방관했다. 스페인 입장에서는 유럽 내 상황이 더 긴박했기 때문이다. 1621년, 펠리페 3세가 죽고 고작 16세의 소년이 펠리페 4세라는 이름으로 위기의 제국을 물려받았다. 아버지와 마찬가지로 열정과 능력을 갖추지 못했던 왕은 역시 아버지처럼 총신에게 제국 경영을 맡겼다. 그의 이름은 올리바레스Olivares 백작, 가스파르 데 구스만Gaspar de Guzmán, 1587~1645이었다. '스페인 제국 최후의 정치가'로 불릴 만한 능력 있는 사람으로 1622년부터 21년간 실질적으로 스페인 제국을 다스렸다. 그는 충성, 의지, 열정, 근면을 갖춘 대단한 능력자였다. 스페인 제국이 필요로 하는 개혁을 열정적으로 밀어붙였으나 개혁할 곳은 너무나 많았고, 개혁에 대한 저항은 너무나 거셌다.

대항해시대의 탄생

무엇보다 국제 정세가 좋지 않았다. 대부분의 개혁은 안정을 필요로 하는데 당시 스페인을 비롯한 대부분 유럽 국가들은 30년 전쟁Thirty Years' War, 1618~1648이라는 파멸적인 대규모 분쟁으로 빨려 들어가고 있었다. 전쟁이 불가피하다면 개혁을 통해 돈을 확보하고, 그 돈으로 전쟁에서 승리를 거두며, 승리를 바탕으로 개혁을 완성한다는 전략을 올리바레스는 세우고 추진했다. 과감한 전략이었지만 실패했다. 제국 각지에서는 가중되는 부담, 군사적인 실패, 강압적인 정부 태도로 인한 불만이 팽배했다.

〈가스파르 데 구스만의 초상〉(Diego Velázquez, 1636년경)

스페인의 주적인 프랑스의 리슐리외Cardinal de Richelieu, 1585~1642가 내부 불만에 불을 질렀다. 포르투갈과 카탈루냐에 독립을 지원하겠다고 약속한 것이다. 포르투갈보다는 카탈루냐가 훨씬 적극적으로 호응했다. 1637년 프랑스군이 국경을 넘어 카탈루냐 지역으로 진격하면서 전선이 스페인 제국 안으로 확산됐다. 올리바레스에게는 카탈루냐에서 프랑스군을 몰아내는 것이 최우선 과제였다. 가까스로 상황을 정리했다고 생각한 순간 다시 카탈루냐에서 소요가 발생했다(1640. 6.). 소요는 순식간에 폭동으로, 폭동은 전면적인 반란으로 비화됐다. 리슐리외의 프랑스는 이때를 놓치지 않고, 다시 개입했다.

카탈루냐 반란은 포르투갈에도 지대한 영향을 미쳤다. 포르투갈은 1580년부터 스페인 제국의 지배를 받고 있었다. 펠리페 2세는 왕으로 즉위하기 전에 토마르의 대코르테스에서 여러 가지 약속을 했다. 시간이 흐를수록 왕의 공약公約은 공약空約이 되어갔다. 특히 스페인 체제가 자신들의 해외 제국이 붕괴되어가는 것을 수수방관하고 있다고 포르투갈 사람들은 느꼈다. 이런 상황을 언제까지 참아내야 하는 걸까? 무력하게 나라를 스페인에 가져다 바친 포르투갈 지배 계층에 대한 여론도 좋지는 않았지만, 그보다는 스페인에 대한 증오가 더 강했다. 할머니로부터 포르투갈의 왕위 계승권을 물려받은 8대 브라간사 공작 주앙의 허락이 떨어지자 거사는 일사천리로 진행됐다. 당시 포르투갈에는 카스티야의 군대가 전무했기 때문에 혁명은 순식간에 성공했고, 혁명의 주동자들은 브라간사 공작을 새로운 국왕, 주앙 4세로 즉위시켰다.

이제 스페인 제국은 본국인 이베리아 반도 서쪽의 포르투갈과 반도 동쪽의 카탈루냐 양쪽에서 동시에 위기를 맞았다. 자칫 잘못하면 제국이 해체될지도 모를 일이었다. 스페인으로서는 용인할 수 없는 상황이었다. 스페인 군대가 바르셀로나와 리스본을 향해 진격했다. 그러나 스페인 군대는 카탈루냐와의 몬주익 전투Battle of Montjuïc(1641. 1.)와 포르투갈과의 몬티조 전투Battle of Montijo(1644. 5.)에서 모두 졌다. 절망적인 상태에서 올리바레스는 해임됐고(1643), 제국은 또 한차례 파산을 선언했다(1647). 1648년 스페인은 네덜란드와 조약을 맺고, 그들의 독립과 주권을 인정했다. 무려 80년 동안의 전쟁 끝에 패배한 것이다. 스페인이 비록 네덜란드의 독립은 인정했지만, 포르투갈의 독립은 쉽게 인정하지 않았다. 스페인이 공식적으로 포르투갈의 독립을 인정한 것은 1668년에 이르러서

　　　　　　　　　　　　대항해시대의 탄생

였다.

포르투갈은 1640년의 거사로 자유와 독립을 되찾았지만, 그들의 아시아 제국은 이미 와해의 수순을 밟고 있었다. 그리고 포르투갈에는 더 이상 옛 포르투갈 제국의 위상을 재현할 수단도, 사람도, 리더도 남아 있지 않았다. 지난 200년간 대항해시대를 개척하고 선도하며 누렸던 부와 영광은 간 데 없이 사라졌다. 스페인도 상황은 마찬가지였다.

지중해 패러다임의 가장자리에서 대서양 패러다임의 선구자로 나섰던 두 나라. 바다를 개척하고 인식의 혁명을 이뤄 새로운 시대를 열었던 포르투갈과 스페인은 그렇게 역사의 망루에서 내려오기 시작했다. 이제 그들이 시작했던 대항해시대를 잇는 역할은 더 나은 자격을 갖춘 나라들의 몫이었다.

맺음말

'시작이 있으면 끝이 있다.'

역사의 자명한 이치다. 포르투갈 제국과 스페인 제국도 그 자명함으로부터 벗어날 수 없었다. 시작은 보잘것없었다. 항해왕 엔히크가 사그레스에 터를 잡고 바다를 향해 나아가고자 했을 때, 그곳에 무엇이 있었을까? 아무것도 없었다. 포르투갈인들은 그 무無에서 유有를 창조했다. 질 이아네스를 비롯한 수많은 뱃사람들이 엔히크의 명을 받들어 무지의 바다를 가르며 나아갈 때 그 앞에 무엇이 있었을까? 공포와 무지가 있었다. 그곳에서 포르투갈인들은 그 공포와 무지를 극복하고 인도로 가는 길을 개척했다. 바스쿠 다가마가 인도에 도착했을 때, 알부케르크가 말라카에 도착했을 때 그 앞에 무엇이 있었을까? 풍요롭고 거대한 선진 문명이 있었다. 포르투갈인들은 그 문명들을 정복하고 통치했다.

스페인도 별반 다르지 않았다. 이사벨 여왕과 콜럼버스가 서쪽으로 항해하기로 합의했을 때 그 앞에 무엇이 있었을까? 역시 아무것도 없었다. 콜럼버스는 그곳에서 신대륙을 발견했다. 페르디난드 마젤란이 카를 5세의 후원을 받아 향료 제도에 가겠다고 했을 때 그 앞에 무엇이 있었

대항해시대의 탄생

을까? 역시 공포와 무지의 바다뿐이었다. 그 바다와 싸워 마젤란은 지구를 한 바퀴 돌았다. 에르난 코르테스가 멕시코 고원에 도착했을 때 그 앞에 무엇이 있었을까? 선진적이지는 않았지만 거대한 문명이 있었다. 코르테스는 그 문명을 정복하고 지배했다.

그때 그들의 무기는 열정이었다. 호기심이었고, 용기였고, 도전 정신이었다. 욕망 또한 무시할 수 없는 원동력이었다. 누구도 나아가지 않았던 바다로 나아갔고, 누구도 가보지 못했던 뱃길을 개척했으며, 누구도 보지 못했던 신대륙을 탐험했다. 그들의 전진 하나하나가 인류의 '최초'였다.

그렇게 최초로 놓인 가느다란 길을 더 많은 포르투갈인이, 스페인인이 따라가면서 거대한 흐름이 만들어졌고, 역사가 됐다. 지중해라는 갇힌 바다에 기대어 발전한 유럽 문명권의 변방에서 포르투갈과 스페인은 대서양과 태평양이라는 열린 바다로 나아갔다. 문명의 패러다임을 전환시키고 그 중심에 섰다. 역사에서 찾아보기 힘든 대성공이었다.

그러나 포르투갈과 스페인도 시작이 있으면 끝이 있다는 역사의 자명한 이치 앞에 예외일 수 없었다. 언제나 끝은 절정에서 시작된다. 선대의 노력과 희생으로 역사의 절정을 누리게 된 세대는 과거를 기억하지 못한다. 지금의 번영과 힘을 당연한 것으로, 지속될 것으로 착각한다. 그 오만과 무지 속에서 번영의 조건들을 스스로의 손으로 하나하나 제거하기 시작한다. 어이없을 정도로 어리석어 보이지만 그 어떤 문명도, 그 어떤 제국도, 그 어떤 권력자도 벗어나본 적 없는 또 하나의 자명한 이치다. 물론 역사는 한두 가지 이유로 포르투갈과 스페인 제국이 쇠퇴했다고 단정 지을 만큼 단순하지 않다. 많은 원인이 있었고, 시간의 흐름 속에 그 원인들은 켜켜이 쌓여 제국을 쇠락으로 이끌었다. 그러나 그 과정 속에 근본적인 원인 몇 가지는 존재하기 마련이다.

포르투갈과 스페인이 세상을 향해 나아갈 때 그들 사회에는 자유와 활력이 넘쳤다. 관용과 다양성이 존재했다. 왕은 유능했고, 귀족들은 용감했다. 물론 상대적으로 다른 유럽 국가들에 비해 그랬다는 것이다. 절정에 이른 포르투갈과 스페인은 그 자유와 활력을 걷어차기 시작했다. 종교재판소가 위세를 떨쳤고, 무리한 확장과 전쟁을 일삼았다. 타 종교와 타 문화를 받아들이던 관용 대신 통제와 획일성을 사회에 강요하기 시작했다. 왕은 무능해졌고, 귀족들은 안주하기 시작했다. 제국은 서서히 고사하기 시작했다.

포르투갈은 1640년에 스페인으로부터 독립했지만 그들이 한때 아시아에서 차지했던 제국의 위상은 네덜란드가 차지한 지 오래였다. 포르투갈에는 네덜란드로부터 그 바다를 되찾아 올 힘이 없었다. 브라질을 되찾고 지켜낸 것만으로도 대단한 업적이었다. 두 세대 후에 브라질에서 막대한 금과 보석이 발견됨으로써 포르투갈은 제2의 호황을 맞았으나, 그뿐이었다. 왕과 귀족들이 일시적으로 잘살게 됐고, 경제가 가까스로 숨 쉴 여유를 가졌을 뿐이었다. 브라질의 부만으로 활력을 잃은 소국 포르투갈이 제국의 위치로 되돌아갈 수는 없었다. 그런 거대한 비전, 불가능에 가까운 욕망을 품은 리더도 존재하지 않았다.

스페인의 상황도 마찬가지였다. 1659년 프랑스와 맺은 피레네 조약은 스페인 제국의 사망 증명서와 다름이 없었다. 제국이 와해되지는 않았지만 껍데기만 남았다. 아메리카 식민지 교역의 이익은 스페인이 아닌, 잉글랜드, 프랑스, 네덜란드 등 다른 유럽 열강들의 몫이 됐다. 1700년 합스부르크 왕조의 마지막 왕인 카를로스 2세Carlos Ⅱ, 재위 1665~1700의 죽음으로 시작된 스페인 왕위 계승 전쟁(1701~1714)으로 유럽 내에서 스페

대항해시대의 탄생

인의 입지는 더욱 줄어들었다.

공석이 된 스페인 제국의 왕위를 누가 계승할 것이냐를 두고 벌어진 이 중요한 전쟁의 후보는 두 가문 소속이었다. 한 가문은 당시 유럽에서 가장 강력한 군주였던 프랑스 루이 14세의 부르봉 왕조였고, 다른 한 가문은 스페인 합스부르크 왕조와 뿌리가 같은 신성 로마 제국 황제의 자리를 차지하고 있는 오스트리아 합스부르크 왕조였다. 전 유럽이 양편으로 나뉘어 전쟁을 벌였다.

치열한 전쟁 끝에 스페인의 왕위는 루이 14세의 손자인 펠리페 5세 Felipe V 에게로 돌아갔다. 그 대가로 펠리페 5세는 스페인의 유럽 영토 중 스페인 네덜란드(오늘날의 벨기에 지역)와 이탈리아 북부의 밀라노 공국과 남부의 나폴리 왕국, 지중해의 거대한 섬인 시칠리아와 사르데냐를 오스트리아 합스부르크와 사보이 왕국에 양도했다. '스페인 제국은 절대로 분열될 수 없다'는 카를로스 2세의 유언은 가볍게 무시됐다. 스페인이 강국의 반열에서 밀려났음을 보여주는 대표적인 사례였다.

왕조가 합스부르크에서 부르봉으로 바뀌었다고 스페인의 운명이 달라지지는 않았다. 상황은 오히려 악화되어갔다. 누구도 15~16세기 전성기의 스페인이 가지고 있던 자유와 활력을 되찾으려는 조치를 적극적으로 취하지 않았다. 나락으로 계속 떨어지던 스페인을 사실상 제국의 위치에서 끌어내린 결정타는 프랑스 혁명에서 나왔다. 프랑스 혁명을 통해 권력을 잡은 나폴레옹은 무능하고 부패한 스페인 왕실을 추방하고, 자신의 형을 스페인의 왕위에 앉히기로 결정했다. 그때 나폴레옹은 스페인의 상황을 이렇게 표현했다.

"전제적인 성직자, 탐욕스런 귀족, 시대착오적인 제도가 스페인의 전부

아니야. 스페인 백성들은 나를 해방자로 환영할 것이다."

부르봉 왕조가 다시 스페인으로 돌아온 것은 나폴레옹 몰락 이후였다. 그러나 부르봉 왕조가 왕좌에서 쫓겨나고 프랑스 혁명의 여파가 중남미 대륙으로 밀어닥치면서 스페인 식민지들 사이에서 해방전쟁이 벌어졌다. 그 결과 1820년대에 이르러 중남미의 스페인 식민지 대부분이 독립했다. 한때의 대제국에 남은 식민지는 쿠바와 필리핀 정도였다.

포르투갈과 스페인, 양대 제국이 차지하고 있던 자리를 가진 것은 더 나은 자격을 갖춘 유럽의 경쟁자들이었다. 그들은 바로 네덜란드, 잉글랜드, 프랑스였다. 그들은 포르투갈과 스페인에 이어 뒤늦게 대항해시대에 뛰어들었다. 그들의 장점은 선두 주자였던 두 나라에서 사라지기 시작한 중요한 사회적 자산인 자유와 활력을, 개인적 자산인 용기와 도전 정신을 가지고 있었다는 것이다. 나폴레옹 전쟁 이후 잉글랜드의 후신인 영국이 대영제국의 이름으로 승자가 되기 전까지 이들은 전 세계를 무대로 경쟁하고, 경쟁하고, 또 경쟁했다. 그 과정을 거치면서 유럽의 해양 국가들은 전 세계를 식민화하고 지배하는 제국으로 성장했다. 유럽을 중심으로 한 서구 사회가 역사의 선두에 나섰다.

서문에서 밝혔듯이 21세기를 맞아 제2의 대항해시대가 시작됐다. 바다가 아닌 우주가 대상이다. 500~600년 전과는 비교 자체가 무의미할 정도로 거대한 공간, 우주! 현재로는 미국이 가장 앞서 있고, 중국, 러시아, 일본, 유럽연합, 인도 등이 뒤따르고 있다. 달의 궤도에 우주정거장을 만들고, 그곳을 전진기지 삼아 화성을 식민화하는 계획은 2030년대를 목표로 한창 진행 중이다. 미국이 쏘아 올린 보이저 1·2호는 이미 태양계를 벗어나 무지와 공포의 우주 공간으로 진입했다.

대항해시대에 포르투갈과 스페인의 배들이 바다와 시대를 갈랐듯이, 오늘날 미국의 우주선들은 우주와 시대를 가르고 있다. 우주 시대를 개척하는 선두 주자들이 인류의 역사를 이끌어갈 것이다. 반복되는 역사 속에서 우리 대한민국은 어디에 서게 될까? 우리 대한민국은 어디에 서 있어야 할까?

인명·지명 찾아보기

대항해시대의 탄생

대항해시대의 탄생

지명

참고 문헌

CCTV 다큐멘터리 대국굴기 제작진 엮음, 《강대국의 조건-네덜란드》, 안그라 픽스, 2007.

_____, 《강대국의 조건-영국》, 안그라픽 스, 2007.

_____, 《강대국의 조건-포르투갈/스페인》, 안그라픽스, 2007.

찰스 P. 킨들버거, 《경제 강대국 흥망사 1500-1990》, 주경철 옮김, 까치, 2004.

데이비드 S. 랜즈, 《국가의 부와 빈곤》, 안진환·최소영 옮김, 한국경제신문, 2009.

김형오, 《다시 쓰는 술탄과 황제》, 21세기북스, 2016.

존 H. 엘리엇, 《대서양의 두 제국》, 김원중 옮김, 그린비, 2017.

주경철, 《대항해시대》, 서울대학교출판문화원, 2008.

타임라이프북스, 《라이프 人間世界史-探險時代》, (주)한국일보 타임-라이프, 1978.

주디스 헤린, 《비잔티움》, 이순호 옮김, 글항아리, 2010.

C. V. 웨지우드, 《30년 전쟁》, 남경태 옮김, 휴머니스트, 2011.

조이스 채플린, 《세계 일주의 역사》, 이경남 옮김, 레디셋고, 2013.

송동훈,《세계사 지식향연》, 김영사, 2016.

J. M. 로버츠·O. A. 베스타,《세계사》1·2, 노경덕 외 옮김, 까치, 2015.

윌리엄 맥닐,《세계의 역사》1·2, 김우영 옮김, 이산, 2007.

제인 버뱅크·프레더릭 쿠퍼,《세계제국사》, 이재만 옮김, 책과함께, 2016.

마크 스튜어드·앨런 그린우드,《세상을 바꾼 위대한 탐험 50》, 박준형 옮김, 예
　문아카이브, 2018.

로런스 버그린,《세상의 끝을 넘어서》, 박은영 옮김, 해나무, 2006.

송동훈,《송동훈의 그랜드투어-지중해 편》, 김영사, 2012.

존 H. 엘리엇,《스페인 제국사 1469-1716》, 김원중 옮김, 까치, 2000.

레이몬드 카 외,《스페인사》, 김원중·황보영조 옮김, 까치, 2006.

개릿 매팅리,《아르마다》, 박상이 옮김, 가지않은 길, 1997.

슈테판 츠바이크,《위대한 탐험가 마젤란》, 이내금 옮김, 자작나무, 2014.

로빈 한부리-테니슨 엮음,《위대한 탐험가들》, 이병렬 옮김, 21세기북스,
　2010.

파올로 노바레시오,《위대한 탐험가들》, 정경옥 옮김, 생각의나무, 2004.

베른하르트 카이,《위대한 항해자 마젤란》, 박계수 옮김, 한길사, 2003.

아이라 M. 라피두스,《이슬람의 세계사》1·2, 신연성 옮김, 이산, 2008.

버나드 로 몽고메리,《전쟁의 역사》1·2, 승영조 옮김, 책세상, 1996.

에이미 추아,《제국의 미래》, 이순희 옮김, 비아북, 2008.

스티븐 런치만 경,《1453 콘스탄티노플 최후의 날》, 이순호 옮김, 갈라파고스,
　2004.

주경철,《크리스토퍼 콜럼버스》, 서울대학교출판문화원, 2013.

윌리엄 레너드 랭어 엮음,《호메로스에서 돈키호테까지》, 박상익 옮김, 푸른역
　사, 2001.

Joseph F. O'Callaghan, *A History of Medieval Spain*, Cornell University Press,

1983.

A. R. Disney, *A History of Portugal and the Portuguese Empire 1·2*, Cambridge, 2009.

Bernhard and Ellen M. Whishaw, *Arabic Spain*, Gamet, 2002.

Roger Crowley, *Conquerors: How Portugal Forged the First Global Empire*, Random House, 2015.

Philip Mansel, *Constantinople*, Penguin Books, 1997.

Dorlis Blumel, *Europe and the Sea*, Hirmer, 2018.

John Edwards, *Ferdinand and Isabella*, Pearson/Longman, 2005.

L. P. Harvey, *Islamic Spain 1250 to 1500*, The University of Chicago Press, 1992.

Paulo Pereira, *Jerónimos Abbey of Santa Maria*, Scala, 2002.

Bethany Aram, *Juana the Mad*, The Johns Hopkins University Press, 2005.

Gerhard Benecke, *Maximilian Ⅰ 1459-1519*, Routledge & Kegan Paul, 1982.

Christopher Hare, *Maximilian the Dreamer*, Scribner's, 1913.

Hugh Kennedy, *Muslim Spain and Portugal*, Longman, 1996.

Henry Kamen, *Philip of Spain*, Yale University Press, 1997.

Peter Russell, *Prince Henry 'the Navigator': A Life*, Yale University Press, 2000.

Henry Kamen, *The Escorial*, Yale University Press, 2010.

Martin Page, *The First Global Village*, Casa das Letras, 2006.

José Custódio Vieira da Silva, *The Monastery of Batalha*, Scala, 2007.

A. J. R. Russell-Wood, *The Portuguese Empire, 1415-1808*, The Johns Hopkins University Press, 1998.

787년 코르도바
이슬람 문명의 전성기

17쪽 Charles de Steuben, 〈Bataille de Poitiers, en octobre 732〉, 1837, Galerie des Batailles.

21쪽 Getty Images Bank.

23쪽 Dionisio Baixeras Verdaguer, 〈Català: La civilitzaciódel califat de Còrdova en temps d'Abd-al-Rahman Ⅲ〉, 1885, University of Barcelona.

1212년 라스 나바스 데 톨로사
기독교의 반격

31쪽 Francisco de Paula Van Halen, 〈La batalla de las Navas de Tolosa〉, 1864, Museo del Prado.

33쪽 António de Holanda, 〈Sancho Ⅲ, Rei de Navarra e Conde de Castela〉, 1530~1534, The Portuguese Genealogy.

33쪽 Antonio Maffei Rosal, 〈Fernando Ⅰ rey de León〉, 1855, Museo del Prado.

40쪽 Carlos Múgica y Pérez, 〈Fernando Ⅲ el Santo, rey de Castilla y León〉,

1850, Museo del Prado.

1385년 알주바로타
새로운 포르투갈의 시작

59쪽 Getty Images Bank.
60쪽 Jean de Wavrin, 〈Batalla de Aljubarrota〉, 15세기, British Library.
63쪽 Getty Images Bank.

1415년 세우타
포르투갈의 첫 해외 원정

78쪽 Getty Images Bank.
82쪽 Getty Images Bank.

1419년 사그레스
대항해시대의 전진 기지

87쪽 Getty Images Bank.
89쪽 Getty Images Bank.
95쪽 Getty Images Bank.

1453년 콘스탄티노플
오스만 튀르크 제국의 부상

111쪽 Getty Images Bank.
115쪽 Fausto Zonaro, 〈Mehmed Ⅱ, Entering to Constantinople〉.
118쪽 Getty Images Bank.
119쪽 Getty Images Bank.

1469년 바야돌리드
스페인의 탄생

129쪽 José María Rodríguez de Losada, ⟨Colecta para sepultar el cadáver de don Álvaro de Luna⟩, 1866, Palace of the Senate.

1481년 에보라
다시 바다로

143쪽 Carlos António Leoni, Michel Aubert, ⟨Dom Afonso Ⅰ, 1st Duke of Braganza, founder of the House of Braganza⟩, 1755년경, National Library of Portugal.

145쪽 ⟨Treaty of Alcaçovas, Notification of the treaty to the city of Seville, March, 14. 1480⟩, 1st page, 1480, África vs América.

152쪽 ⟨Original page from the Tratado de Tordesilhas⟩, Biblioteca Nacional de Lisboa, National Library of Portugal.

1492년 그라나다
그라나다 왕국의 멸망과 신대륙 발견

164쪽 Pedro González Bolívar, ⟨Alhamar, rey de Granada, rinde vasallaje al rey de Castilla, Fernando Ⅲ el Santo⟩, 1883, Museo del Prado.

166쪽 Getty Images Bank.

169쪽 Francisco Pradilla Ortiz, ⟨The Capitulation of Granada⟩, 1882, Senate of Spain.

172쪽 Sebastiano del Piombo, ⟨Christopher Columbus⟩, 1519, Metropolitan Museum of Art.

1497년 리스본
바스쿠 다가마의 인도 항로 개척

178쪽 Getty Images Bank.

179쪽 John Henry Amshewitz, 〈Vasco da Gama Leaving Portugal〉, 1936.

181쪽 Ernesto Casanova, 〈Vasco da Gama standing in prow of rowboat〉, 1880
년경, Library of Congress(Illustration for 〈Os Lusíadas〉 by Luís de Camões,
edition of 1880).

185쪽 Francisco Aurélio de Figueiredo e Melo, 〈Pedro Alvares Cabral〉, 1900,
História do Brasil (v.1), Rio de Janeiro: Bloch, 1980.

1504년 메디나 델 캄포
이사벨 여왕과 콜럼버스

195쪽 Justin Winsor, Narrative and critical history of America (v.2), 1889.

197쪽 Emanuel Leutze, 〈Columbus Before the Queen〉, 1843, Brooklyn Museum.

200쪽 John Vanderlyn, 〈Landing of Columbus〉, 1847.

1506년 리스본
유대인 대학살의 비극

212쪽 Roque Gameiro, 〈The Banishment of the Jews〉, 1917.

1510년 고아
알부케르크와 동방 제국 건설

221쪽 〈Retrato de Afonso de Albuquerque〉, 1545년 이후.

223쪽 Jorge Colaço, 〈Afonso de Albuquerque na tomada de Ormuz〉, 1966,
Centro Cultural Rodrigues de Faria.

226쪽 Jan Huyghen van Linschoten, 〈Plattegrond in vogelvlucht van de stad

Goa〉, 1596년경, Koninklijke Bibliotheek.

232쪽 Gaspar Correia, 〈A view over Malacca shortly after it's conquest by the Portuguese〉, 1550~1563.

1517년 토르데시야스
합스부르크 왕조의 시대

238쪽 Getty Images Bank.

240쪽 Albrecht Dürer, 〈Portrait of Emperor Maximilian Ⅰ〉, 1519, Kunsthistorisches Museum.

241쪽 Anton Petter, 〈Marriage of Maximilian Ⅰ and Maria of Burgundy〉, 1813년경.

247쪽 Francisco Pradilla Ortiz, 〈Doña Juana "la Loca"〉, 1877, Museo del Prado.

248쪽 Bernard van Orley, William Dermoyen, 〈The Battle of Pavia〉, 1528~1531, Museo Nazionale di Capodimonte.

1519년 세비야
마젤란의 세계 일주

254쪽 Charles Legrand, 〈Ferdinand Magellan〉, 1841년경, National Library of Portugal.

259쪽 Jodocus Hondius, 〈Map of Strait of Magellan〉, 1606.

260쪽 Abraham Ortelius, 〈Maris Pacifici〉, 1589.

262쪽 Imprenta de Luis Tasso, 〈Juan Sebastian Elcano〉, 1852~1854.

1558년 유스타 수도원
카를 5세와 시대의 종말

275쪽 Manuel Picolo López, 〈La batalla de Villalar〉, 1887.

278쪽 Tiziano, 〈Portrait of Francis Ⅰ〉, 1539, Louvre Museum.

278쪽 Tiziano, 〈Sultan Suleiman Ⅰ〉, 1530년경, Kunsthistorisches Museum Wien.

279쪽 Theodor de Bry, 〈Mining in Potosí〉, 1596.

281쪽 Eduardo Rosales, 〈Presentación de don Juan de Austria al emperador Carlos Ⅴ, en Yuste〉, 1868/1869, Museo del Prado.

282쪽 Getty Images Bank.

1578년 알카세르-키비르
무너지는 포르투갈

288쪽 〈The Battle of Alcácer Quibir〉, 1751.

1589년 엘 에스코리알
펠리페 2세와 무적함대의 패배

304쪽 Getty Images Bank.

306쪽 〈Cardenal Cisneros〉.

310쪽 Francisco Goya, 〈Escena de Inquisición〉, 1808/1812, Real Academia de Bellas Artes de San Fernando.

311쪽 Jean Baptiste de Saive Ⅰ, 〈Miniatura Alessandro Farnese〉.

312쪽 〈English ships and the Spanish Armada〉, 1700년 이전.

1609년 마드리드
스페인 제국의 위기

318쪽 Simon Frisius, 〈Twelve Years' Truce declared in Antwerp in 1609〉, 1613~1615.

320쪽 Andrés López Polanco, 〈Portrait of Philip Ⅲ of Spain〉, 1617년 이후, Kunsthistorisches Museum.

320쪽 Peter Paul Rubens, ⟨Equestrian Portrait of the Duke of Lerma⟩, 1603, Museo del Prado.

322쪽 Christoph Weiditz, ⟨Trachtenbuch⟩, Germanisches Nationalmuseum Nürnberg, 1530년대.

324쪽 Vicente Mostre, ⟨La Expulsión en el Puerto de Denia⟩, 1613, Colección Bancaja.

1640년 리스본
포르투갈의 독립과 브라간사 왕조의 출범

331쪽 ⟨4 scenes representing the murder of Vasconcellos⟩, 17세기, Royal Collection UK.

336쪽 Johannes Janssonius Waasbergen, ⟨Sea battle between the Dutch and the Portuguese in the region of Goa⟩, 1672년경.

337쪽 Clement de Jonghe, ⟨Map of the Castle and the City of Batavia⟩, 1681.

339쪽 Diego Velázquez, ⟨Equestrian Portrait of the Count-Duke of Olivares⟩, 1636년경, Museo del Prado.

출처를 따로 표기하지 않은 사진은 모두 저자가 찍은 것입니다.
일부 저작권자가 불분명하거나 연락이 닿지 않은 경우에는 확인되는 대로 별도의 허락을 받도록 하겠습니다.

2019
세 종 도 서
교양부문

대항해시대의 탄생

초판 1쇄 발행일 2019년 4월 25일
초판 6쇄 발행일 2022년 7월 15일

지은이 송동훈

발행인 윤호권
사업총괄 정유한

편집 최안나 **디자인** 박지은 **마케팅** 윤아림
발행처 ㈜시공사 **주소** 서울시 성동구 상원1길 22, 6-8층(우편번호 04779)
대표전화 02 - 3486 - 6877 **팩스(주문)** 02 - 585 - 1755
홈페이지 www.sigongsa.com / www.sigongjunior.com

글 ⓒ 송동훈, 2019

ISBN 978-89-527-9933-3 03920

*시공사는 시공간을 넘는 무한한 콘텐츠 세상을 만듭니다.
*시공사는 더 나은 내일을 함께 만들 여러분의 소중한 의견을 기다립니다.
*잘못 만들어진 책은 구입하신 곳에서 바꾸어 드립니다.